CHANYE YUANQU
LÜSE XUNHUAN TIXI GOUJIAN JISHU

产业园区

绿色循环体系构建技术

温 娟　冯真真　孙 蕊　等 编著

化学工业出版社

·北京·

内容提要

本书整理收集国内外产业园区发展演变历程，系统介绍并对比分析绿色发展、循环发展、低碳发展的相关理论，总结归纳我国各项支持产业园区绿色发展政策的背景和沿革，运用生命周期评价法、工业代谢分析法、物质流分析法、数据包络分析法及生态足迹/碳足迹分析等方法，研究产业园区生态发展模式的迭代更新，深入分析产业园区绿色循环体系构建技术，结合现有产业园区绿色、循环、低碳发展历程和经验，将基于循环经济、工业生态学原理及清洁生产要求而建设的园区经典案例呈现给读者。

本书具有较强的技术性和针对性，可供具有产业园区建设背景的科研人员、设计人员、工程人员以及城市管理者参考，也可供高等学校城市规划、产业经济、环境科学与工程及相关专业师生参阅。

图书在版编目(CIP)数据

产业园区绿色循环体系构建技术/温娟等编著.—北京：化学工业出版社，2020.3
ISBN 978-7-122-36074-8

Ⅰ.①产… Ⅱ.①温… Ⅲ.①工业园区-绿色经济-经济发展-研究-中国 Ⅳ.①F424

中国版本图书馆CIP数据核字（2020）第021249号

责任编辑：刘兴春 刘兰妹　　文字编辑：陈小滔 杨振美
责任校对：王素芹　　装帧设计：李子姮

出版发行：化学工业出版社（北京市东城区青年湖南街13号 邮政编码100011）
印　　装：涿州市般润文化传播有限公司
787mm×1092mm 1/16 印张14½ 彩插2 字数317千字 2020年6月北京第1版第1次印刷

购书咨询：010-64518888　售后服务：010-64518899
网　　址：http：//www.cip.com.cn
凡购买本书，如有缺损质量问题，本社销售中心负责调换。

定　　价：88.00元

前言

“十八大”以来，党中央、国务院将生态文明纳入“五位一体”战略部署，把绿色发展纳入“五大发展”理念。“十九大”提出“坚持新发展理念”“坚持人与自然和谐共生”，把推进绿色发展提高到前所未有的高度。产业园区作为我国经济的重要增长点，其绿色、循环、低碳发展不仅有助于解决常规环境污染和资源短缺等问题，同时有助于缓解我国能源资源瓶颈、提升国家综合竞争力、促进美丽中国的建设，对我国形成绿色发展方式和生活方式，走生产发展、生活富裕、生态良好的文明发展道路具有重要意义。

本书整理收集国内外产业园区发展演变历程，系统介绍并对比分析绿色发展、循环发展、低碳发展的相关理论，总结归纳我国各项支持产业园区绿色发展政策的背景和沿革，运用生命周期评价法、工业代谢分析法、物质流分析法、数据包络分析法及生态足迹/碳足迹分析等方法，研究产业园区生态发展模式的迭代更新，深入分析产业园区绿色循环体系构建技术，结合现有产业园区绿色、循环、低碳发展历程和经验，将基于循环经济、工业生态学原理及清洁生产要求而建设的园区经典案例呈现给读者。最终归纳总结产业园区在不同发展阶段，通过不同情境耦合选择适宜的绿色循环体系构建技术，为我国产业园区绿色循环发展提供借鉴。

本书具体内容如下：

（1）从产业园区绿色循环发展历史沿革及发展趋势介绍入手，介绍产业园区绿色、循环、低碳发展的辨析与对比关系。通过不同视角的对比，可知三者只是在解决环境保护问题的途径上各有侧重，归结出三者都是生态文明建设的基本要求，都强调资源高效利用、污染减量和物质循环利用。

（2）通过国内外理论研究，技术路线对比，阐明产业园区绿色循环发展理论基础。

（3）基于产业园区绿色循环发展理论和概念，结合园区开发建设实际，从能源、水资源、生态环境、产业发展四个维度，提出基于不同特质禀赋的产业园区绿色循环体系构建模式，对常用技术进行了介绍，并结合案例说明具体应用模式和效果。其中能源维度结合园区所在区域可再生能源禀赋，从余热、地热能、太阳能、风能等方面分析绿色循环能源体系构建方式，以及在重型园区和能源产业中的应用实例研究。水资源维度，以水资源再生利用与水环境自然循环相结合，得出合理的开放型与封闭型再生水总线构建方案，结合实例说明产业园区水资源统一管理、统筹使用模式。生态环境维度，分别从大气、水、固体废物污染防治和环境改善角度，为产业园区提供可借鉴的技术和管理措施。产业发展维度，结合产业链理论，根据产业园区企业主导形式、行业分布特点、资源循环利用方式，有针对性地提出绿色循环产业体系构建方案，给决策者和广大读者充足的可操作案例，便于在今后工作和学习中借鉴。

（4）对产业园区绿色、循环、低碳管理指标及政策做了归纳总结。立足于环境保护，关系到多要素参与及相关政策建设，是实现产业园区绿色循环发展全面覆盖的重要支撑。

（5）结合我国社会、经济以及生态环境现状，提出绿色发展、循环发展、低碳发展的主要途径。从园区管理角度出发，结合实例分析园区发展过程中在规划新建期、开发建设期和优化提升期的不同情境下，园区绿色、循环、低碳发展途径的选择和重点考虑方向，从产业布局、基础设施建设、运行管理、保障体系等方面为园区发展提供可学习参考的方法和案例。

本书在编著过程中参考了国内外绿色循环发展相关领域的众多资料和研究成果，引用了天津滨海高新技术产业开发区、天津港保税区、武清经济技术开发区、天津经济技术开发区等园区的案例，并得到“天津市环科院（天津市环境规划院）生态环境战略与规划创新团队”项目大力支持，参与本书编著的有温娟、冯真真、孙蕊、李燃、邹迪、赵翌晨、尹立峰、宋兵魁、常文韬、张雷波、李怀明、闫平、王子林、刘华、陈锡建、樊在义、卢青、王文浩、徐潇、刘凌、耿世伟、张熹、赵晶磊、李莉、闫佩、李红柳、宋文华、王兴等。 在此向有关作者、各园区相关领导和成果编制人员致以诚挚的谢意。

本书具有较强的技术性和针对性，可供具有产业园区建设背景的科研人员、设计人员、工程人员以及城市管理者参考，也可供高等学校城市规划、产业经济、环境科学与工程及相关专业师生参阅。

本书所做的总结及观点谨供同行交流探讨，期望由此对产业园区绿色循环发展起到抛砖引玉的作用。限于编著者水平及编著时间，书中不足和疏漏在所难免，敬请读者和广大同行批评指正。

编著者

2019 年 12 月

目录

第 1 章 产业园区绿色循环发展概述

1.1 产业园区发展历程

1.1.1 产业园区形成的历史

产业园区是指由政府或企业为实现产业发展目标而创立的特殊区位环境。产业园区类型十分丰富，包括高新技术开发区、经济技术开发区、科技园、工业区、金融后台、文化创意产业园区、物流产业园区等，以及近来各地陆续提出的产业新城、科技新城等。我国产业园区的发展大致经历了以下 3 个阶段。

（1）起步和探索阶段（1979～1989 年）

1979 年我国成立了第一个对外开放的产业园区——深圳蛇口工业区，此后国务院批准设立了 14 个国家级经济技术开发区，包括大连经济技术开发区、秦皇岛经济技术开发区、烟台经济技术开发区、青岛经济技术开发区、宁波经济技术开发区、广州经济技术开发区、湛江经济技术开发区、天津经济技术开发区、连云港经济技术开发区、南通经济技术开发区、福州经济技术开发区、上海闵行经济技术开发区、上海虹桥经济技术开发区、上海漕河泾新兴技术开发区。

在这一阶段，产业园区主要依靠国家的优惠政策开拓一片土地，注重对外资形成一定吸引力，探索基础设施建设模式，逐步建立并完善园区管理机制，逐步明确园区的发展方向。通常园区规模不大，形式较为单一，园区内企业的技术含量低，以劳动密集型为主，服装、食品、饮料等轻工业居多，企业间互相合作很少发生。产业园区大多位于市郊，远离主城区。

（2）快速推进阶段（1990～1996 年）

进入 20 世纪 90 年代，产业园区迅速由国家扩展到省市县及部分乡镇工业园区的地域，也由沿海推进到沿边、沿江乃至内陆省会城市，盲目占用土地的现象也随之出现。国家在 1993～1994 年以宏观调控为契机，压缩了市县级的开发区数量，对不具备条件的园区进行摘牌。

这一阶段产业园区开始呈现综合化发展趋势，园区类型不断丰富，出现了工业区、自由港区、保税区、旅游度假区、高新科技园区等。产业园区已超越了纯工业区的性质，产业结构趋于多元化，从比较单一的轻加工业，转变为多元产业，包括汽车、电子、计算机信息设备、化学化工、装备制造等行业，技术含量和技术水平明显提升。据不完全统计，到 1996 年我国共有上百个国家级园区，其中国家级经济技术开发区 32 个，国家级高新技术产业开发区 52 个，国家级旅游度假开发区 11 个，海关总署审批的保税区 13 个，此外还有 400 多个省级园区，数千个省级以下园区。

（3）发展新阶段（1997 年至今）

1997 年以后，我国产业园区发展规模和发展阶段呈现多样化。这一阶段园区类型进一步丰富，出现了物流园区、科技园区、文化创意园区、总部基地、动漫园、生态农业园区等。这一阶段，随着产业因市场、生产要素、上下游关联产业等相关要求而发生的有目的的集中，形成产业集聚/产业链（垂直/水平），对园区产生相应的配套要求，园区在产业结构调整、综合配套建设、社区功能完善等方面也较之前两阶段有明显变化，部分园区开始准备向后工业化时代转变，更多地把城市功能配套纳入建设内容。

与此同时，产业园区的生态环境压力超过以往各个时期，产业园区产生的环境负荷在不断增加。环保、生态、低碳逐渐成为工业园区的发展方向，也有助于提高产业园区竞争力和品牌效应。

1.1.2 产业园区发展概况

1.1.2.1 发展成果

产业和企业的发展是经济结构不断优化升级的重要载体，是实现全体人民共同富裕的重要途径，中华民族伟大复兴需要有强大的产业体系作为支撑。据不完全统计，目前我国国家级经开区 219 家，国家级高新区 168 家，各类国家级开发区超过 500 家，省级开发区过千家，此外还有数量更加庞大的市县级产业园，各类功能区、集聚区、工业集中区等。

产业园区经济增长速度明显高于全国平均水平，我国最早一批建立的 14 个国家级经济开发区 2010 年工业总产值是 1991 年的 168 倍，而这期间全国工业总产值仅增长了 24.75 倍。2017 年，我国国家级经开区实现地区生产总值 91364 亿元，第三产业增加值 28511 亿元，财政收入 17810 亿元，税收收入 15724 亿元，同比分别增长 9.9%、17.3%、15.9%和 12.2%，增幅分别高于全国 3.0 个、9.3 个、8.5 个和 1.5 个百分点。国家级经开区地区生产总值、第二产业增加值、第三产业增加值、固定资产投资、财政收入、税收收入和进出口总额占全国的比重分别为 11%、18.2%、6.7%、8.5%、10.3%、10.9%和 20.1%。产业园区经济的健康可持续发展，推动并促进了区域以及国家的经济发展。

产业园区在经济结构优化、高新产业发展方面也走在全国前列。2017 年，国家级经开区高新技术产品出口额达到 11128 亿元，同比增长 11.5%，占全国高新技术产品出口总额的 24.6%；高新技术产品进口额达到 7737 亿元，同比增长 5.3%，占全国高新技术产品进口总额的 19.6%。我国产业园区在高新技术产业化方面成果丰硕、优质企业集中、民营经济活跃、创新创业氛围浓厚、金融资源汇聚，在我国社会主义现代化建设中起到了良好的示范、引领和带动作用。

由此可见，产业园区的建设为推动中国经济发展起到了举足轻重的作用，在招商引资，促进产业结构调整，加快地区经济发展方面发挥了积极的带动作用，为我国经济发展做出了突出贡献。产业园区对国家的经济贡献巨大，已成为我国建设现代化经济体系的主要着力点，带动了中国工业化时代的跨越式发展。

1.1.2.2 存在的问题

我国产业园区已经进入了快速发展阶段，产业园区对我国经济发展起到了有力的推动作用，但同时面临着来自社会、环境等方面的巨大压力，环境污染与资源不合理利用等问题不断显现。

首先，我国产业园区从产业结构到生产效率还有待提高。党的十九大报告提出，我国经济正处在转变发展方式、优化经济结构、转换增长动力的攻关期，建设现代化经济体系是跨越关口的迫切要求和我国发展的战略目标。因此，我国继续建设现代化产业体系，全面实现产业结构现代化。2015 年，中国属于产业结构初等发达国家，产业结构现代化指数为 36，排在世界 131 个国家的第 58 位。中国处于产业结构发展中国家的中间水平，与世界先进水平的差距仍比较大。

其次，虽然我国已经成为世界经济大国，但资源和能源利用效率还不高，物质回收和循环利用工作较发达国家尚有很大差距。尽管在我国沿海发达地区，产业结构刚刚实现工业化，正在向后工业化时代转变，碳排放总量增长趋缓，但广大中西部内陆地区仍然处于工业化快速增长阶段。预计未来十年，二氧化碳排放总量和经济总量仍将保持快速增长态势。

此外，粗放发展模式的快速工业化给中国环境带来了巨大的破坏性影响。由于产业园区内各种生产企业相对集中，污染问题特别突出。20 世纪 90 年代以来，我国一直在着力解决企业污染排放环保达标的问题。在中央环保督察工作中，各级各类产业园区作为督察重点，很多园区仍然存在问题需要解决，园区绿色发展方面有待提高。

1.2 产业园区发展趋势分析

随着我国工业化、城镇化的快速推进，产业发展呈现明显的集聚态势，产业园区作为产业发展集聚区，已经成为我国经济社会发展的重要引擎。与此同时，一些产业园区粗放发展、盲目效仿、环保监管薄弱，造成环境污染严重，环境风险隐患突出。

党的十八大报告首次提出“推进绿色发展、循环发展、低碳发展”和“建设美丽中国”，保护生态环境；习近平总书记提出，要加快构建生态文明五大体系，其中包括构建以产业生态化和生态产业化为主体的生态经济体系，为产业园区的发展指明了方向。在我国，产业园区是协调推进“四个全面”战略布局，实现“五位一体”的总体布局的重要阵地。产业园区作为我国经济重要增长点，其绿色、循环、低碳发展不仅有助于解决常规环境污染和资源短缺等问题，同时有助于缓解我国能源资源瓶颈、提升国家综合竞争力、促进美丽中国的建设，对我国形成绿色发展方式和生活方式，走生产发展、生活富裕、生态良好的文明发展道路具有重要意义。

产业、资源、环境是一个互相关联的有机整体，因此针对当前产业园区环境污染、资源浪费问题并存的现象，系统性地推进产业结构优化、物质减量循环、能源高效循环利用、环境污染治理等各方面工作，充分利用和开发绿色、循环、低碳技术，开展产业园区绿色、循环、低碳体系构建，是我国产业园区未来可持续发展的必由之路，是我国产业经济保持持久活力的必然趋势。

1.3 绿色、循环、低碳发展辨析

1.3.1 绿色发展

绿色发展理念的产生受绿色经济的影响，1989 年，英国环境经济学家 Pearce 在

《绿色经济蓝皮书》中提出绿色经济的概念，把生态环境作为重要的生产要素而得到重视。

绿色经济概念被引入我国以后，许多学者就我国实施绿色发展的战略、政策及其制约因素进行了广泛研究，并从有利于绿色经济发展的路径与政策出发，提出绿色发展的理念。刘红明认为，工业绿色发展就是工业企业使环境和生产行为不断朝着减少污染、提高生产效率的目标变化的过程。胡鞍钢则专门针对新世纪背景下人类面对生态环境的约束和限制，提出应该进行工业绿色发展革命，将传统的黑色发展更新为绿色发展，为工业长远发展奠定良好基础。傅志寰认为，我国的工业绿色发展必须将源头削减和末端治理相结合，通过加强信息技术在工业过程中的应用，大力推进循环经济和新兴产业的发展，以加快绿色工业发展步伐。

绿色发展作为解决我国经济快速增长和结构性调整过程中面临的经济、环境、监管等问题的途径，得到越来越多的重视。2011 年，我国《国民经济和社会发展第十二个五年规划纲要》提出，要持续推进产业结构优化调整，实现国民经济与社会发展的绿色转型。2012 年，党的十八大报告中提出要把资源消耗、环境损害、生态效益等纳入经济社会发展评价体系，明确提出构建包括生态文明在内的五位一体的新布局，进一步奠定了绿色发展的地位和方向。

理论上绿色发展的概念涵盖生产、生活、消费等各方面，其理论基础有生态学、环境学、伦理学等。绿色发展的内容包括绿色生产模式、绿色消费方式、绿色经济核算等，是一套全新的价值观和发展理念，本质上是科学发展观。绿色发展内涵为经济、社会、生态三位一体的新型发展道路，以合理消费、低消耗、低排放、生态资本不断增加为主要特征，以绿色创新为基本途径，以积累绿色财富和增加人类绿色福利为根本目标。

产业园区的绿色发展，需要通过经济、生产、采购、生活服务、基础设施等各方面的调整和转化来实现。核心园区在保持或改善环境质量、不影响区域生态稳定的基础上保持持续的经济增长，提高生态效率和资源环境利用效率，需要应用循环发展模式，兼顾低碳发展方式。

1.3.2 循环发展

循环发展理念来自污染物的减少和无害化处理。20 世纪 60 年代，发达国家在石油危机和环境质量恶化的趋势下开始思考改变发展方式和减少污染。1966 年，美国鲍尔丁提出循环经济的初始理念，借用“地球像一艘宇宙飞船”的比喻强调合理开发资源的必要性。世界各国逐渐认识到污染控制应从末端治理转向污染预防，继而开始循环型发展模式的各种探索，提出了循环发展“3R”原则，即“减量化”“再利用”和“资源化”。

21 世纪以来，众多学者对循环经济的内涵和外延以及发展模式展开研究。诸大建指出，循环经济是一种善待地球的经济发展新模式，它要求把经济活动组织成为“自然资源-产品和用品-再生资源”的封闭式流程，所有的原料和能源要能在不断进行的经济循环中得到合理利用，从而把经济活动对自然环境的影响控制在尽可能小的程度，同时提出了我国循环经济发展的“C 模式”。金涌等提出了我国循环经济“爬坡”战略，认为在GDP和科技水平同时增加的条件下，能够较平稳地爬过“环境高山”，进入良性发展阶段。无论是“C模式”，还是“爬坡”战略，其本质都是试图通过合理控制经济发展规模和依靠技术进步与制度设计，达到经济发展模式转型的目的。在实施路径方面，目前国内广为接受的是“3+1”模型，即企业小循环、园区中循环、社会大循环，以及再生资源产业。

循环发展相对于传统经济发展模式而言，突出“减量化”“再利用”和“资源化”原则，强调物质的全生命周期循环和生产方式的转变，理论基础包括生态学、可持续发展、环境学、系统学、热力学等，其主要基础是生态经济学。

循环发展的主要内容是循环经济，是生产、流通和消费等过程中进行的减量化、再利用、资源化活动的总称。循环发展要求在人、自然资源和科学技术的大系统内，在资源投入、企业生产、产品消费及其废弃的全过程中，把传统的依赖资源消耗的线性增长的经济转变为依靠生态型资源循环发展的经济。

产业园区的循环发展，不仅要在园区构建循环发展“中循环”示范，还应积极引导企业展开“小循环”示范，并搭建平台寻求区域“大循环”合作。产业园区需要将循环经济作为整体规划的指导原则，构建相关管理体系和政策体系，推进清洁生产，搭建绿色平台，引导循环产业链构建，提高基础设施循环利用水平。产业园区循环发展的核心是建立循环生产体系，重新配置废物或利用价值相对较低的资源，提高资源、能源的利用效率。

1.3.3 低碳发展

低碳发展理念的产生受全球气候变化的影响。在全球碳排放强度持续快速增加、大气中碳浓度升高导致气候变化、极端天气频发的背景下，低碳发展的理念得到了关注。为解决由于化石能源的缺乏和温室气体导致全球变暖的全球化问题，2003年，英国能源白皮书《我们能源的未来：创建低碳经济》标志性地提出了低碳发展。

我国学者在低碳经济研究领域从中国国情角度出发，将低碳定义为一种发展模式，即具有中国特色的兼顾经济发展与碳减排的“低碳发展”模式。

低碳发展是一种以低耗能、低污染、低排放为特征的可持续发展模式，重点关注资源能源的使用效率、经济核算的合理性等，其理论基础有经济学、资源环境学、生态学和可持续发展。低碳发展是“低碳”与“发展”的有机结合：一方面要降低二氧化碳排放；另一方面要实现经济发展。低碳发展是以能源的清洁与高效利用为基础，以低排放为特征，控制温室气体排放从而达到低污染的社会发展模式。

产业园区低碳发展，是在园区发展过程中采取改善能源结构，提高能源利用效率，大力推进节能降耗，发展可再生能源等手段，其核心是强调能源结构的优化，产业结构调整，产城融合，以较少的温室气体排放实现社会经济可持续发展。

我国产业园区低碳发展的主要手段包括：开发低碳产品、加强低碳技术创新、开发和利用新能源、减少化石能源的消耗和利用、减少碳排放，构建与低碳发展相适应的生产方式、消费模式和鼓励低碳发展的法律体系和市场机制；突出对新型能源的开发与利用，特别是对太阳能、风能、水能、潮汐能、核能等的技术创新与应用，强调传统能源的转型和低碳化利用，强调加大产业活动对污染的治理，减少能耗和碳排放。

1.3.4 绿色发展、循环发展、低碳发展关系对比

园区绿色发展、循环发展、低碳发展都是全社会生态文明意识提高的表现，是实现区域可持续发展的手段，通过在制造业、服务业、商业、公共基础设施、政府服务平台等多方面推行来实现。

绿色发展包含循环发展和低碳发展的概念；循环发展强调社会资源、能源和废物的循环模式；低碳发展重点关注能耗和碳排放的约束；循环发展与低碳发展相互交叉，是实现绿色发展的手段。绿色发展、循环发展、低碳发展之间是相互关联、互有影响的，统一于整体社会经济发展过程中。三者是生态文明建设的基本要求，都强调资源高效利用、污染减量和物质循环利用，只是在解决环境保护问题的途径上各有侧重点。

绿色发展是构建高质量现代化经济体系的必然要求，是解决污染问题的根本之策。在产业园区的生态文明推进过程中，需要在不断深入理解绿色发展、循环发展、低碳发展的基础上，运用循环经济理念，采用清洁低碳路径，促进产业智能化、清洁化改造，从源头防治环境污染，全面推动园区的绿色发展，探索以低碳节能、资源节约、废弃物低排放和零污染为主要特征的新型工业发展模式。绿色发展、循环发展和低碳发展之间关系如图 1-1 所示。

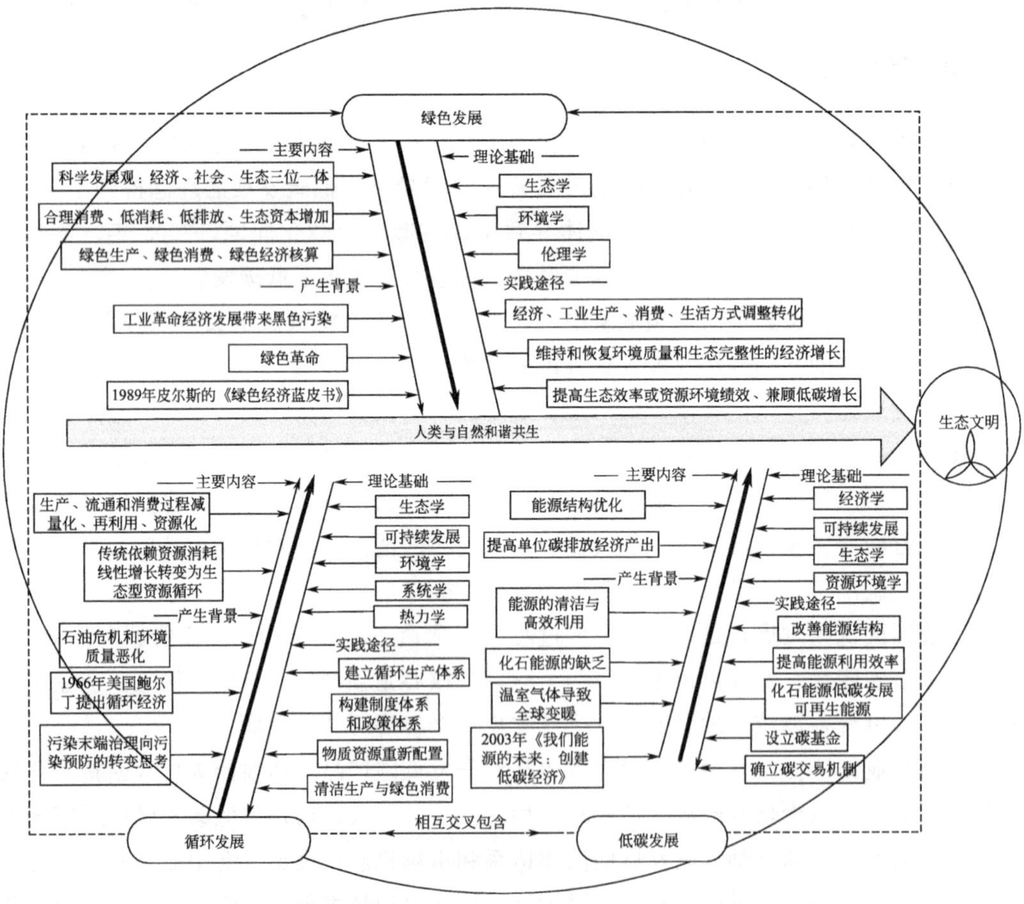

图 1-1 绿色发展、循环发展和低碳发展的多角度辨析（郭静，乔琦，孙启宏，等，2015）

1.4 国内外研究进展

1.4.1 绿色国民经济核算

1981 年，挪威首次公布“自然资源核算”数据；1993 年，联合国统计司（UNSD）将资源环境纳入国民核算体系，提出解释环境资源存量和流量的系统框架——环境经济账户（System of Integrated Environmental and Economic Accounting，SEEA）。墨西哥进行 SEEA 试点建立了墨西哥经济和生态核算体系（SEEAM），对森林资源、石油、大气和水污染等进行核算；随后，泰国、菲律宾、巴布亚新几内亚等发展中国家相继展开核算工作；美国、德国、加拿大、芬兰、丹麦等发达国家在 SEEA 框架的基础上，进行了资源环境核算的探索和实践。

国内对绿色国民经济核算的研究从 2001 年开始（国家统计局开展的自然资源核算工作）。2004～2006 年，国家环境保护总局和世界银行联合启动“建立中国绿色国民核算体系研究”项目，以推进绿色国民经济核算体系的应用。

1.4.2 绿色发展多指标测度体系

1992 年，联合国环境署（UNEP）提出绿色经济衡量的框架（Green Economy Indicators，GEI），包括经济转型、资源效率、社会进步和人类福祉。2009 年，经济合作与发展组织（OECD）制定绿色增长战略，为各国拟定集经济、环境、社会、技术和发展于一体的综合框架，强调从经济活动的过程实现资源环境保护。此后 UNEP 建立的 GEI 更加强调环境保护，OECD 则关注政策对经济活动的影响。联合国亚太经济与社会理事会（UNESCAP）建立了反映经济活动和资源环境关系的生态效率指标体系框架。

1.4.3 绿色发展综合指数

该指数通过排名反映一个国家或地区某时期内绿色发展水平在全球或全国所处的位置和总体水平。2006 年，耶鲁大学和哥伦比亚大学建立了环境绩效指数（Environmental Performance Index，EPI），反映社会环境挑战焦点问题，并于 2010 年尝试从时间序列上监测核心指标，进一步对绩效变化进行跟踪。中国科学院可持续发展战略研究组于 2006 年提出资源环境综合绩效指数（Resource and Environmental Performance Index，REPI），随后有学者认为资源环境综合绩效指数的意义与直观的资源环境绩效水平或者节约程度正好相反，改进后的指数正向表达其节约程度。北京师范大学和北京工商大学的学者对绿色发展综合指数和绿色经济指数进行了研究。

1.4.4 循环发展评价研究

20 世纪 60 年代，日本在面临经济高速增长和生态快速恶化的问题时，提出构建循环型社会的理念和具体计划：第一基本计划为物质流动指标和努力指数，并根据其结果确定实施目标；第二基本计划吸收了资源减少、全球变暖等环境问题与国际组织的意见，增加了反映气候变化的指标。

2007 年 6 月国家发展和改革委员会、国家环境保护总局和国家统计局联合发布了《循环经济评价指标体系》(发改环资〔2007〕1815 号)，针对宏观层面和工业园区进行编制。但我国关注的循环型经济主要集中在工业领域的循环经济建设，缺少全社会的统计，循环经济体系中也未纳入碳减排方面的指标。

有关循环经济的研究发展主要表现为：

① 生命周期评价（LCA）及其应用成为学术界关注的焦点和研究热点。

② 循环经济发展模式的探讨有所进展。

③ 物质流、能量流分析的应用得到了广泛关注。

④ 工业循环经济成为研究热点。

⑤ 工业代谢分析被应用于啤酒等行业的清洁生产审核中。

⑥ 煤炭、造纸等具体行业的循环经济发展模式及指标体系的研究增多。

⑦ 循环经济理念被应用于生态脆弱区域发展与转型的研究上。

1.4.5 低碳发展评价研究

国外低碳经济评价方面的研究起步较早，多侧重低碳经济专项评价，集中在碳排放估算、减排经济成本测算、减排模型构建、低碳技术开发等评价领域。低碳经济研究重点是碳排放，国外学者常将“脱钩”指标运用于切断经济增长与温室气体排放之间的联系。

国外学者研究减排评价模型认为，低碳经济发展水平综合评价模型本质上是一种环境-经济模型，CO_2 减排成本估计模型也是目前国际上使用的对低碳经济进行综合评价的主要模型。国内学者以一些地区为案例建立不同指标层和指标项作为评价低碳发展现状的指标体系。但部分研究存在数据无法获取的问题，所以指标体系与实践操作仍有差距；对多地区低碳发展水平比较的研究较少，且由于不同地区经济结构的差异性导致结论的差异较大。

1.5 我国工业园区绿色循环低碳发展实践

面对产业经济快速发展与生态环境不断恶化的巨大矛盾，我国近年来积极探索针对各级各类产业园区的科学管理方法，为实现环境效益、经济效益和社会效益多赢而出台政策以推进产业园区绿色发展。在我国促进产业园区生态环保工作的各项政策中，影响最广最具代表性的有生态工业园区建设、产业园区循环化改造和低碳工业园区建设。目前全国许多园区已在这些领域展开有益探索，积极建设“生态工业园区”“循环经济园区”“低碳园区”“绿色园区”，并以此为抓手关注全产业链资源综合利用，营造园区优良的投资环境，打造产业园区绿色发展典范。

1.5.1 生态工业园区

生态工业园区的概念来自循环经济和工业生态学理论。包括采用废物交换、清洁生产等手段使一个企业产生的副产品或废物可以用作另一个企业的投入或原材料，实现物质循环流动和能量多级利用，从而形成一个相互依存且类似于自然生态系统食物链过程的工业生态系统，达到物质、能量利用最大化和废物排放最小化的目标。20世纪90年代末开始，生态工业园区的概念进入我国，起初得到政府部门和相关学者的重视，后来逐渐得到社会的关注和认可。

我国生态工业园区建设方式具有多样性，包括自发组织、政府引导、市场催生等多种途径，目前影响最大和最具代表性的是国家生态工业示范园区。2001年8月，我国第一个国家生态工业示范园区示范工程——贵港国家生态工业（制糖）示范园区开始试点建设，标志着我国开始了生态工业园区规划与建设的系统性探索。2003年，国家环境保护总局发布《国家生态工业示范园区申报、命名和管理规定（试行）》(环发〔2003〕208号)，此后逐步在国家经济技术开发区、高新技术产业开发区等企业相对集中的地区创建生态工业示范园区。2006年，国家环境保护总局发布了《行业类生态工业园区标准（试行）》《综合类生态工业园区标准（试行）》和《静脉产业类生态工业园区标准（试行）》，用于指导园区生态化建设、管理和验收，形成了分类管理的基本模式。2007年4月，国家环境保护总局、商务部和科技部联合发布了《关于开展国家生态工业示范园区建设工作的通知》(环发〔2007〕51号)，三部门联合创建模式正式形成，共同推进在国家经济技术开发区、国家高新技术开发区和其他工业集聚区加快生态工业园区建设。同年12月，国家环境保护总局发布了《生态工业园区建设规划编制指南》，规定了编制国家生态工业示范园区建设规划的总体原则、方法、内容和要求，从此我国国家生态工业示范园区建设进入了全面试点阶段。此后环境保护部于2009年、2016年两次对《综合类生态工业园区标准》进行了修订，进一步完善了生态工业园区的评价指标。

除国家生态工业园区外，我国部分省份也积极推进生态工业园区建设。在江苏省、山东省、浙江省、四川省、天津市等省市已开展省级生态工业园区建设，挖掘了很多经济循环型、环境友好型、发展可持续型的产业园区案例，为当地生态文明建设发挥了重要推动作用。

随着我国“十二五”期间节能减排的要求提高，我国生态工业园区的建设得到快速发展，逐渐成为各地加强工业园区管理、树立生态环保型工业园区样板的抓手。而地方工业园区出于自身优化发展的需要，也对生态工业园区建设表现出较高的积极性。经过十余年创建摸索，在我国逐步形成行业类、综合类和静脉产业类3种类型园区创建经验。到2018年，我国三部门已组织专家论证通过93个国家生态工业示范园区的建设规划，其中48家已正式获得了国家生态工业示范园区的命名。生态工业园区成为我国产业结构优化调整、资源能源高效利用、节能减排以及环境管理精细化的重要支撑。

截至2016年年底，我国得到国家批准命名为国家生态工业示范园区的已有48家园区，得到国家批准正式开展国家生态工业示范园区建设的有45家园区，更多园区正在积极组织生态工业园区的规划编制与创建启动工作。生态工业园成为我国产业结构优化调整、资源能源高效利用、节能减排以及环境管理精细化的重要支撑。

在通过国家生态工业示范园区建设规划论证的110家园区中，已覆盖23个省、自治区和直辖市，呈现从东部向中西部扩展的趋势。其中，综合类园区96个，占总数的87%；行业类园区13个，占总数的12%；静脉产业类园区1个，占总数的1%。以资源减量化和物质再生利用为主要理念，绿色生产和消费过程为实现目标，立足产业的生态化建设改造，以清洁生产和低碳、高新技术为手段的生态工业园区的建设实践表明，该种方式提升了工业园区经济发展质量，支撑了区域节能减排。据统计，国家生态工业示范园区COD和SO_2排放量分别下降21%和39%，降幅远高于国家“十一五”期间COD、SO_2减排的平均水平。

1.5.2 循环化改造园区

“园区循环化改造”是我国为贯彻落实《循环经济促进法》，加快转变经济发展方式，推进园区绿色低碳循环发展，提升产业园区综合竞争力和可持续发展能力，并结合我国国情提出的概念。园区的循环化改造，以循环经济的“3R”原则（减量化、再利用、资源化）为指导，重点推进现有的各类园区优化空间布局、调整产业结构。

2005年10月，国家发展和改革委员会（简称国家发改委）、国家环保总局、科技部、财政部、商务部、国家统计局等六部委在重点行业（企业）产业园区、重点领域和省市组织开展循环经济试点工作，正式启动园区循环化改造工作。

2012年，国家发改委与财政部发布了《关于推进园区循环化改造的意见》，不仅明确园区循环化改造的意义、原则、主要任务、组织实施等要求，更提出到2015年，50%以上的国家级园区和30%以上的省级园区实施循环化改造的工作目标。同年国家发改委发布了《园区循环化改造实施方案编制指南》，为地方编制园区循环化改造实施方案、进行循环化改造实践提供了指导，标志着园区循环化改造工作进入全面推进阶段。2017年4月21日，在国家发改委、科技部、工业和信息化部、财政部等14个部门联合发布的《循环发展引领行动》中明确提出：到2020年75%的国家级园区和50%的省级园区开展循环化改造。

通过多年实践，国家循环经济试点工作大力推动了我国循环经济的发展。园区循环化改造工作成为推进现有的各类园区按照循环经济的3R原则和减量化优先原则，优化空间布局，调整产业结构，提高资源产出率，突破循环经济关键链接技术的重要工作。截至2017年，已有122个园区纳入国家园区循环化改造示范试点。此外，除了国家级园区循环化改造示范试点，省级及其他各类园区也在积极开展园区循环化改造工作，浙江、广东、天津等多个省（市）也发布了推进园区循环化改造工作的实施方案或意见。

1.5.3 低碳工业园区

我国重视低碳发展工作，为应对气候变化、促进低碳发展，近年来不断出台各项政策。国家发改委2007年发布了《可再生能源中长期发展规划》。国务院2011年发布了《“十二五”节能减排综合性工作方案》。国务院在2011年发布了《“十二五”控制温室气体排放工作方案》。国家发改委于2012年下发了《关于开展第二批国家低碳省区和低碳城市试点工作的通知》。国家发改委、环保部、科技部、国土部、财政部等多个部委组织起草完成了《国家应对气候变化规划（2014～2020年）》。

2013年10月，工业和信息化部、国家发改委发布了《关于组织开展国家低碳工业园区试点工作的通知》，总体思路和目标是：选择一批基础好、有特色、代表性强、依法设立的工业园区，通过试点建设，大力使用可再生能源，加快钢铁、建材、有色、石化和化工等重点用能行业低碳化改造；培育积聚一批低碳型企业；推广一批适合我国国情的工业园区低碳管理模式，试点园区碳排放强度达到国内行业先进水平，引导和带动工业低碳发展。同时还制定了《国家低碳工业园区试点工作方案》，打造一批掌握低碳核心技术、具有先进低碳管理水平的低碳企业，形成一批园区低碳发展模式。试点园区单位工业增加值碳排放大幅下降，传统产业低碳化改造和新型低碳产业发展取得显著成效，引领和带动工业低碳发展。低碳试点园区创建内容包括：大力推进低碳生产，积极开展低碳技术创新与应用，创新低碳管理，加强低碳基础设施建设，加强国际合作。

初步统计，目前我国已于2014年、2015年公布两批国家低碳工业园区试点，共67家园区通过评审，这些园区将引领和示范全国低碳发展。

1.5.4 绿色园区

绿色园区是在我国经济发展进入新常态，制造业面临转型升级，启动实施《中国制造2025》战略的背景下，为推动我国工业化和现代化进程，提高自主创新能力、资源利用效率、产业结构水平和信息化程度而提出的概念，是构建绿色制造体系总目标下的重要环节。

2015年，作为中国实施制造强国战略第一个十年的行动纲领，《中国制造2025》将绿色发展作为主要方向之一，明确提出全面推行绿色制造。2016年，工业和信息化部正式发布《工业绿色发展规划（2016～2020年）》和《绿色制造工程实施指南（2016～2020年）》，提出大力发展绿色制造产业，推动绿色产品、绿色工厂、绿色园区和绿色供应链全面发展，建立健全工业绿色发展长效机制，推动工业文明与生态文明和谐共融，首次提出建设绿色园区的目标。2016年9月，工业和信息化部发布《关于开展绿色制造体系建设的通知》(工信厅节函〔2016〕586号)，明确绿色园区的建设内容和评价要求。

2016年以来，在政策和资金的不断推动下，我国绿色园区建设水平取得了突飞猛进的发展。截至2018年，我国已先后公布三批绿色制造名单，通过公示的绿色园区已达到80个。

绿色园区的批准需经申报单位自评价、第三方评价机构现场评价、省级工业和信息化主管部门评估确认以及专家论证、公示等环节。绿色园区建设内容包括：加强土地节约集约化利用水平，推动基础设施的共建共享，在园区层级加强余热、余压、废热资源的回收利用和水资源循环利用；建设园区智能微电网，促进园区内企业废物资源交换利用，补全完善园区内产业的绿色链条；推进园区信息、技术服务平台建设；推动园区内企业开发绿色产品、主导产业创建绿色工厂，龙头企业建设绿色供应链，实现园区整体的绿色发展。

绿色园区是突出绿色理念和要求的生产企业和基础设施集聚的平台，侧重于园区内工厂之间的统筹管理和协同链接。绿色园区建设重点是以产品制造和能源供给为主要功能、工业增加值占比超过50%、具有法定边界和范围、具备统一管理机构的省级以上工业园区。绿色园区的建设，要在园区规划、空间布局、产业链设计、能源利用、资源利用、基础设施、生态环境、运行管理等方面贯彻资源节约和环境友好理念，从而实现具备布局集聚化、结构绿色化、链接生态化等特色的绿色园区。

1.5.5 现行政策对比

生态工业园区、循环化改造园区、低碳工业园区和绿色园区是国家在不同发展阶段、不同社会环境形势下，由不同主管部门、配合不同政策提出的概念。这四种类型园区的建设目标都是引导产业园区优化产业结构、淘汰落后产能、促进经济增长，同时控制污染物排放、提高资源能源利用效率，最终提高我国产业经济发展水平和人民生活工作质量，实现经济、社会、生态的协调发展。从推进产业园区绿色、循环、低碳发展的最终目的上，四类园区政策是一致的，指导理念也基本相同。四类园区政策的区别在于侧重点和管理方式有所不同（见表1-1）。

表 1-1 我国四类园区对比

园区政策	生态工业园区	循环化改造园区	低碳工业园区	绿色园区
组织部门	生态环境部、商务部、科技部	国家发展和改革委员会、财政部	工业和信息化部、国家发展和改革委员会	工业和信息化部
主要特征	依据工业生态学的原理，侧重物质循环流动和能量多级利用，实现产业结构优化调整、资源能源高效利用、节能减排以及环境管理精细化	以循环经济的“3R”原则（减量化、再利用、资源化）为指导，重点推进现有的各类园区优化空间布局、调整产业结构，提高资源产出率，突破循环经济关键链接技术	完善的温室气体管理体系，延伸发展产业服务业，土地资源和能源高效利用，碳排放强度持续下降，宜居混合功能	侧重于园区内工厂之间的统筹管理和协同链接。贯彻资源节约和环境友好理念，从而实现布局集聚化、结构绿色化、链接生态化
评价指标	5类32项指标	5类22项指标	4层次，指标数量不限	8项基本要求，6类31项指标
创建流程	经园区编制规划、自主申报、规划论证、审查批复、规划实施、园区自评、省级审查、国家验收、公示等环节	经园区申报实施方案、省级初审推荐、国家评审、批复实施方案、签订承诺书、拨付启动资金、实施改造、评估验收、落实支持政策等环节	经园区申报实施方案、省级初选、国家评审、批复启动、组织实施、阶段性评估、验收等环节	经园区自评价、第三方评价机构现场评价、提交总结报告、省级评估确认、省级推荐、国家论证、公示、现场抽查等环节
园区称号	通过验收、公示后获得“国家生态工业示范园区”命名	对实施方案获得批复的园区，可标示“国家循环化改造示范试点园区”，考核合格的命名为“国家循环化改造示范园区”	对批复实施方案的园区挂牌“国家低碳工业园区试点单位”，对验收合格的园区授予“国家低碳工业园区”称号	通过专家论证、公示、现场抽查后进入国家级绿色园区名单，通过绿色制造公共服务平台发挥示范作用

续表

园区政策	生态工业园区	循环化改造园区	低碳工业园区	绿色园区
国家资金支持	—	根据实施方案按照项目补助	—	—
管理要求	每年报送年度报告，每三年复查	每年报送实施进展情况，考核不合格的不再拨付剩余资金，3年内工作无实质性进展的扣回已拨付补助资金	定期复核，不合格者取消“国家低碳工业园区”称号和政策优惠	不定期抽查，对抽查不符合绿色制造示范要求的，从示范名单中除名

生态工业园区的管理突出依据循环经济理念、工业生态学原理和清洁生产要求，是为了促进工业增长方式的转变和产业结构的调整，在实现经济发展的同时注重环境保护，更加侧重能源多级利用和废物最小化的多目标管理。

循环化改造园区，是指对既有园区进行空间布局的优化，调整产业结构，突破循环经济关键链接技术，实现园区资源高效、循环利用和废物“零排放”，不断增强园区可持续发展能力。按照清洁生产和循环经济的要求，实现园区内物质、能量、信息的传递和循环，最大限度减少污染物和废物的排放。

低碳工业园区突出大力使用可再生能源，加快钢铁、建材、有色、石化和化工等重点用能行业低碳化改造；培育积聚一批低碳型企业；主要目标是单位工业增加值碳排放下降率，能耗下降率，突出对资源的回收利用，鼓励园区建设并运行风能、太阳能等可再生能源应用设施，从产业低碳化、能源低碳化、管理低碳化和基础设施低碳化等方面推进工作。低碳工业园区侧重以温室气体排放强度和总量为核心管理目标。

绿色园区突出绿色理念，侧重于建设以绿色工厂、绿色产品、绿色园区、绿色供应链为系统的绿色制造体系。重点推动园区内企业开发绿色产品，主导产业创建绿色工厂，龙头企业建设绿色供应链，实现园区整体的绿色发展。主要目的是加快推动绿色制造体系建设，打造绿色制造先进典型，引领相关领域工业绿色转型。

参考文献

[1] 郭静，乔琦，孙启宏，等. 绿色发展、循环发展、低碳发展与工业园区的实践 [J]. 环境工程技术学报，2015，5 (6)：531-538.

[2] 郭日生，彭斯震. 中国工业园区低碳发展研究报告 [M]. 北京：科学出版社，2015.

[3] 陈明剑，钱光人. 上海国家生态工业示范园区建设与生态文明实践 [M]. 北京：中国环境出版社，2014.

[4] 禹湘. 国家试点工业园区低碳发展分类模式研究 [J]. 中国人口·资源与环境，2018. 28 (9)：35-42.

[5] 鲁丰先，王喜，秦耀辰，等. 低碳发展研究的理论基础 [J]. 中国人口·资源与环境，2012，22 (9)：8-14.

[6] 金涌，冯之浚，陈定江. 循环经济：理念与创新 [J]. 中国工程科学，2010，12 (1)：4-11.

[7] UNEP. Towards a green economy pathways to sustainable development and poverty eradication [R]. United States：United Nations Environment Programme，2011.

[8] World Bank. Inclusive green growth：The pathway to sustainable development [R]，2011.

[9] 王金南，葛察忠，李晓亮. 中国绿色经济的发展现状与展望 [C]//中国环境科学学会. 中国环境

科学学会学术年会论文集2009年：第四卷.北京：北京航空航天大学出版社，2009.
[10] 刘红明.工业绿色化的内涵及影响因素分析[J].现代经济探讨，2008（11）：54-57.
[11] 胡鞍钢.2030：世界绿色工业强国——全球视野下的中国工业化道路[J].人民论坛·学术前沿，2013（16）：72-83.
[12] 傅志寰，宋忠奎，陈小寰.我国工业绿色发展战略研究[J].中国工程科学，2015，17（8）：16-22.
[13] 韩玉堂.生态工业园中的生态产业链系统构建研究[D].青岛：中国海洋大学，2009.
[14] 钟琴道，姚扬，乔琦，等.中国生态工业园区建设历程及区域特点[J].环境工程技术学报，2014，4（5）：429-435.
[15] 吴季松.循环经济的由来与内涵[J].科技术语研究，2006，8（1）：51-54.
[16] 诸大建，臧漫丹，朱远.C模式：中国发展循环经济的战略选择[J].中国人口·资源与环境，2005，15（6）：8-12.
[17] 胡鞍钢，周绍杰.绿色发展：功能界定、机制分析与发展战略[J].中国人口·资源与环境，2014，24（1）：14-20.
[18] 郑德凤，臧正，孙才志.绿色经济、绿色发展及绿色转型研究综述[J].生态经济，2015，31（2）：64-68.
[19] 黄叶飞，董伟，刘旸.开展低碳绿色工业园区试点　推动我国绿色发展进程[J].质量与认证，2018（6）：40-41.
[20] 邓南圣，吴峰.工业生态学——理论与应用[M].北京：化学工业出版社，2002.
[21] 李慧明，朱红伟，廖卓玲.论循环经济与产业生态系统之构建[J].现代财经-天津财经学院学报，2005，25（4）：8-11.
[22] 钟太洋，黄贤金.区域循环经济发展评价[M].北京：社会科学文献出版社，2006.
[23] 谭根林.循环经济学原理[M].北京：经济科学出版社，2006.
[24] 刘思华.科学发展观视域中的绿色发展[J].当代经济研究，2011（5）：65-70.
[25] 裴英竹，魏乾梅.绿色经济：区域经济发展新“引擎”——以珠江—西江经济带为例[J].梧州学院学报，2017，27（5）：1-8.
[26] 赵燕.中国城市低碳园区建设研究[J].生产力研究，2017（6）：59-62.
[27] 李珀松，冯昱，王天天.中国低碳产业园区的实践与发展模式选择[J].生态经济，2014，30（2）：143-146，169.
[28] 朱坦，王天天.以产业园区循环化改造加快推动我国循环发展[J].环境保护，2018，46（22）：33-36.
[29] 闫二旺，王雅利.我国生态工业园区发展的新趋势[J].科技创新与生产力，2018（2）：27-31.
[30] 美国可持续发展社区协会.低碳园区发展指南[R].ISC，2012.
[31] 田金平，刘巍，李星，等.中国生态工业园区发展模式研究[J].中国人口·资源与环境，2012，22（7）：60-66.
[32] 刘铮，党春阁，李子秀，等.环保新形势下工业园区推进清洁生产框架思路研究[J].环境保护，2017，45（22）：60-65.
[33] 徐玖平，卢毅.循环经济系统科学理论与技术及实现[J].上海理工大学学报，2011，33（6）：709-732，508.
[34] 田金平，刘巍，臧娜，等.中国生态工业园区发展现状与展望[J].生态学报，2016，36（22）：7323-7334.
[35] 田智宇，杨晶.我国城市绿色低碳发展：理论综述及引申[J].中国经贸导刊（理论版），2018（2）：69-72.
[36] 朱文.我国学者提出产业结构现代化路线图[N].中国青年报，2018-10-08（002）.
[37] 何传启.中国现代化报告2018——产业结构现代化研究[M].北京：北京大学出版社，2018.

第 2 章　绿色循环发展理论基础

绿色发展是我国自十八大以来，把马克思主义生态理论与当今时代发展特征相结合，又融汇了东方文化而形成的新的发展理念；是将生态文明建设融入经济、政治、文化、社会建设各方面和全过程的全新发展理念。绿色发展的理论基础涵盖了生态学、环境科学、经济学等多学科和绿色经济、循环经济等理论。

2.1　基础学科依据

2.1.1　生态学

“生态学”一词最早是由德国生物学家赫克尔（Ernst Heinrich Haeckel）于1869年提出的。赫克尔在其动物学著作中定义生态学是研究动物与其周围有机及无机环境之间相互关系的科学，特别是动物与其他生物之间的有益和有害关系。后来，在生态学定义中又增加了生态系统的观点，把生态学看作生物学的主要分支学科之一，自此生态学成为一门研究生物与其生活环境相互关系的科学。生态学把生物与环境的关系归纳为物质流动及能量交换，20世纪70年代以来则进一步概括为物质流、能量流和信息流。

生态学的环境是指生物个体或群体周围一切事物的总和，它包括空间以及其中直接或间接影响该生物个体或群体生活和发展的各种因素。

按照现代生态学的观点，生态系统就是生命系统和环境系统在特定空间的组合。在生态系统中，各种生物彼此间以及生物与非生物的环境因素之间相互作用、关系密切，而且不断进行着物质与能量的流动。生态工业园就是按照这种观点将自然生态系统的理念应用于工业生态系统的产物。

生态学理论将自然生态系统的基本原则概括为循环性、多样性、地域性、渐变性。“循环性”阐明自然生态系统通过食物链、食物网实现物质循环利用、能量梯级利用，力争实现零排放，这一点也正是生态工业园努力的方向。“多样性”阐明自然生态系统中多样性的生境、多样性的生物群落和多样性的生态过程，从而形成稳定的生态系统，同理，生态工业园的工业共生网络系统的稳定性取决于园内企业、生态产业链、物质流、能量流、信息流的多样性。“地域性”阐明自然生态系统利用地方资源不断发展，具有地域特性，受地域限制，有地域依赖性，因此不同的生态工业园区，应开发形成独具优势或地方特点的产业。“渐变性”阐明自然生态系统利用太阳能或通过繁殖，随着时间、季节缓慢进化，而产业生态系统的进化过程也是缓慢的。

2.1.2　环境科学

环境科学是现代社会经济和科学发展过程中形成的一门综合性学科，它是研究人类社会发展与环境（结构和状态）演化规律之间相互作用关系，寻求人类社会与环境协同演化、持续发展途径与方法的科学。在宏观上研究人类同环境之间的相互作用、相互促进、相互制约的对立统一关系，揭示社会经济和环境保护协调发展的基本规律；在微观上研究环境中的物质，尤其是人类排放污染物中的分子、原子等微小颗粒在环境中和生物有机体内迁移、转化和蓄积的过程及其运动规律，探讨它们对生命的影响及作用机理等。

环境科学指导生态工业园发展体现在以下几个方面。

① 探索全球范围内环境演化的规律。工业园作为人类经济活动高度集中的区域，也是物质和能量流动密集区域，环境科学通过指导工业园区的生态化建设，构建生态产业链网，促使人类在经济开发活动的过程中，更多地考虑环境因素，促进产业与环境的协调发展。

② 揭示人类活动同自然生态之间的关系。探索工业园区生产发展带来的环境变化对人类生存的影响，保持工业园区生产和消费系统中的物质和能量与环境的输入输出之间的相对平衡，保障资源的永续利用，避免造成环境污染。

③ 研究区域环境污染综合防治的技术方法和管理措施。运用多种工程措施、技术措施和管理手段，从工业园区的整体环境出发，调节并控制人类与环境之间的相互关系，寻找解决环境问题的最优方案。

④ 研究人类活动与环境之间的相互影响。一方面关注工业园区的高强度开发给环境带来的不利影响，另一方面也关注由于环境污染、生态破坏给人类生存带来的压力。

环境科学研究的根本目的是通过积极开展环境科学研究，促进环保工作不断发展，以利于发展生产和保障人类健康，造福子孙后代。

2.1.3 生态经济学

生态经济学是自然科学中的生态学和社会科学中的经济学交叉渗透形成的一门边缘学科，是一门研究人的经济活动与自然生态之间关系和运动规律性的科学。该学科的诞生表明发展社会经济既要受客观经济规律的制约，也要受客观生态平衡自然规律的制约，表现出明显的生态与经济协调发展的特征。生态经济学的研究内容是解决生态经济问题、探究生态经济系统运行规律，旨在实现经济生态化、生态经济化和生态系统与经济系统之间的协调发展，并使生态经济效益最大化，其理论核心是生态与经济协调发展原理。生态经济学具有明显的整体性、综合性、协调性和持续性特点。

生态经济系统、生态经济平衡和生态经济效益是其最基本的理论范畴：生态经济系统是一切经济活动的载体，也是生态经济学的研究对象，要充分认识人在生态经济系统中地位的两重性；生态经济平衡是检验生态与经济协调发展的信号，是推动实现生态与经济协调发展的动力；生态经济效益是人类发展经济的最终目的，这里的效益是指经济效益、生态效益和社会效益的综合。三者既互相联系又互相制约，指导人类正确经营管理生态经济系统，保持生态经济平衡，取得最好的生态经济效益。

生态经济学的研究内容除了经济发展与环境保护之间的关系外，还有环境污染、生态退化、资源浪费的产生原因和控制方法，环境治理的经济评价，经济活动的环境效应等。另外，它还以人类经济活动为中心，研究生态系统和经济系统相互作用而形成的复合系统及其矛盾运动过程中发生的种种问题，从而揭示生态经济发展和运动的规律，寻求人类经济发展和自然生态发展相互适应、保持平衡的对策和途径。更重要的是，生态经济学的研究结果还应当成为解决环境资源问题、制定正确的发展战略和经济政策的科学依据。总之，生态经济学研究与传统经济学研究的不同之处就在于，前者将生态和经济看作是一个不可分割的有机整体，改变了传统经济学的研究思路，促进了社会经济发展新观念的产生。

在支持生态工业园构建的过程中，生态经济学理论取得了如下成果：

① 生态环境资源可持续利用的生态经济评价。

② 经济系统的可持续性判断评价指标体系。

③ 揭示大量严重的生态环境问题背后的社会经济关系，为制定协调这种关系的政策提供理论依据。

④ 探索切实可行的生态经济系统量化方法。

2.1.4 环境经济学

环境经济学是运用经济学和环境科学的理论与方法研究人类活动、经济发展和环境保护之间相互依赖、相互制约、相互促进的对立统一关系的一门学科。

环境经济学是在20世纪中期人口急剧增加、经济迅速增长、资源消耗日益加剧、环境污染渐趋严重的历史背景下产生的。作为一门科学，环境经济学的主要发源地是经济快速增长并开始实施环境规制的北美洲。艾伦·克尼斯及其所在的未来资源研究所从“增长的极限”角度对经济增长方式和增长潜能提出了诸多问题，并引发了包括美国以及美国之外尤其是欧洲的经济学者的广泛关注，开始出现大量的文章探讨传统经济增长模型的绝对极限及其现实含义。中国的环境经济学，始于1978年制定的《环境经济学和环境保护技术经济八年发展规划（1978～1985年）》。1981年召开了环境经济学学术讨论会，并出版了《论环境经济》一书，标志着中国环境经济学作为一门学科的产生。

环境经济学研究的关键组分主要包括：环境经济学的基本理论基础；环境污染与环境保护的经济分析的理论与方法；宏观经济运行中的环境保护问题解析；环境保护与资源配置的理论与方法；费用效益分析及其在宏微观领域的应用；环境价值理论与评估方法；环境保护政策手段的经济分析与环境经济政策；国际环境问题的经济分析等。

近年来，环境经济学研究发展迅速，尤其在发展中国家的进展令人瞩目，涉及的问题和领域愈加广泛和深入，概括起来主要体现在以下6个方面。

① 借助物质、能量、信息和价值流动的模型，揭示和研究环境-经济-社会系统的运作机制与作用关系，进一步拓展和修正增长模型；结合和整合环境-经济模型以及环境科学中的其他科学和技术模型，进行环境-经济-能源-社会系统的综合模拟和效应评估，特别是社会经济活动的环境效益以及环境变迁的社会效益和经济效益评估。

② 拓展和深化环境价值评估理论，研究和评估环境与资源的人群、经济和社会重要性，评估环境与自然资源在发展方式、发展战略以及福利影响的重要地位并将其纳入各类环境-经济综合评价和评估中，特别是作为费用-效益分析的研究基础，评估战略、决策、政策、行动、项目的可行性。同时，借助价值分析修正和完善国民经济核算体系

以及企业的绿色核算（绿色会计）、绿色审计等。

③ 拓展和深化环境资源配置的理论和方法，借助对调控手段和措施的理论和实证分析，识别有效的环境政策和有效的管理制度安排，推动形成有效降低社会成本、兼具效率和公平的综合决策，参与制定国际、国家、区域的可持续发展战略。

④ 借助环境影响的社会经济评估以及费用效益（费用有效性）分析，揭示经济增长的环境代价以及进一步的福利影响和群体影响；评价国家政策、发展规划和开发项目的可行性等，评估环境管理/保护目标的合宜性、识别实现目标的最小成本路径。

⑤ 通过制度分析，揭示环境和资源恶化的社会、经济、制度根源及其解决方案，并借助实证分析，评估制度和政策的环境后果、效率以及环境公平效应。

⑥ 通过行为模拟和分析以及环境经济评价，分析和识别各主体的行为选择逻辑，并将其纳入政策分析与评估中。

2.1.5 产业生态学

20 世纪 80 年代，物理学家 Robert Frosch 等模拟生物的新陈代谢过程和生态系统的循环开展了“工业代谢”研究，N. Gallopoulos 等进一步从生态系统的角度提出产业生态系统和产业生态学的概念。1991 年美国国家科学院与贝尔实验室共同组织产业生态学论坛，对产业生态学的概念、内容和方法以及应用前景进行全面系统的总结，指出产业生态学是应用生态学的一个分支，产业生态系统也应遵循自然生态系统的“循环性、多样性、地域性、渐变性”原则，遵循工业系统的规律，建立生态工业，实现可持续发展。

产业生态学认为工业系统既是人类社会系统的一个子系统，也是自然生态系统的一个子系统，认为工业系统中的物质、能量和信息的流动与储存不是孤立、简单的叠加关系，而是可以像在自然生态系统中那样循环运行，形成复杂的、相互连接的网络系统，类似于自然生态学中稳定的自然生态系统。理想的产业生态系统应能以完全循环的方式运行，实现零污染、零排放。在这种状态下，没有绝对意义上的废料，对某一个部门来说是废料，对另一部门来说却可能是资源。产业生态学从局地、区域和全球 3 个层次系统地研究了产品、工艺、产业部门和经济部门中的物质与能量的使用和流动。

产业生态学为研究人类工业社会与自然环境的协调发展提供了一种全新的理论框架，为协调各学科与社会各部门共同解决工业系统与自然生态系统之间的问题提供了具体可供操作的方法，是人类社会活动中协调经济、社会和环境各系统之间关系的最为有效的理论工具。

2.2 基本理论基础

2.2.1 绿色经济理论

绿色经济概念最早是由英国环境经济学家 Pearce 于 1989 年在其著作《绿色经济蓝皮书》中提出的，定义为：从社会及其生态条件出发建立起来的“可承受的经济”——

自然环境和人类自身能够承受的、不因人类盲目追求经济增长而导致生态危机与社会分裂，不因自然资源耗竭而致使经济不可持续发展的经济发展模式。它的核心问题是讨论影响经济和环境相互作用的环境经济政策，特别是如何以此消除经济的外部性和治理环境的问题。

2011 年联合国环境规划署（UNEP）指出绿色经济是一种低碳、资源节约、社会包容的经济，既能促进社会福祉平等又可以降低环境风险和生态稀缺性。2012 年世界银行指出绿色经济是一种环境友好和高社会包容性的经济，旨在高效利用自然资源，最大限度地减少污染排放以及降低对环境的影响。

国际绿色经济协会给出的绿色经济的定义为：以实现经济发展、社会进步和环境保护为方向，以产业经济的低碳发展、绿色发展、循环发展为基础，以资源节约、环境友好以及与经济增长成正比的可持续发展为表现形式，以提高人类福祉、引导人类社会形态由“工业文明”向“生态文明”转型为目标的经济发展模式。

在绿色经济模式下，环保技术、清洁生产工艺等众多有益于环境的技术被转化为生产力，通过有益于环境或与环境无对抗的经济行为，实现经济的可持续增长。绿色经济的本质是以生态、经济协调发展为核心的可持续发展，是以维护人类生存环境，合理保护资源、能源以及有益于人体健康为特征的经济发展方式，是一种平衡式经济。王金南等指出，绿色经济既具备环境保护的因素，也具备经济发展的因素，是能够平衡使用能源与资源的经济形式。

2.2.2 循环经济理论

循环经济，指在生产、流通和消费等过程中进行减量化、再利用、资源化活动的总称。循环经济是推进可持续发展战略的一种优选模式，它强调经济活动按照自然生态系统的模式，以循环发展模式替代传统的线性增长模式，表现为以“资源-产品-再生资源”“生产-消费-再循环”的模式有效地利用资源和保护环境，最终达到以较小发展成本获取较大的经济效益、社会效益和环境效益的目的。发展循环经济是解决可持续发展战略中的资源环境制约问题的最佳途径。

循环经济遵循的原则为减量化、再利用和资源化。

① 减量化。是指在生产、流通和消费等过程中减少资源消耗和废物产生。

② 再利用。是指将废物直接作为产品或者经修复、翻新、再制造后继续作为产品使用，或者将废物的全部或者部分作为其他产品的部件予以使用。

③ 资源化。是指将废物直接作为原料进行利用或者对废物进行再生利用。

2.2.3 低碳经济理论

低碳经济是低碳发展、低碳产业、低碳技术、低碳生活等一类经济形态的总称。低碳经济以低能耗、低排放、低污染为基本特征，以应对碳基能源对气候变暖的影响为基本要求，以实现经济社会的可持续发展为基本目的。低碳经济的实质在于提升能效技术、节能技术、可再生能源技术和温室气体减排技术，促进产品的低碳开发和维持全球的生态平衡。这是从高碳能源时代向低碳能源时代演化的一种经济发展模式。李玉婷（2015）提出低碳经济通常被认为是一种以低能耗、低污染、低排放为特点的发展模式，是目的为应对气候变化、保障能源安全、促进经济社会可持续发展的规制世界发展格局的新规则。

低碳经济理论的侧重点在于加强低碳技术创新和制度创新，强调节能减排，强调减少 CO_2 排放，强调资源节约和环境友好，因此低碳经济理论是应对全球气候变化的重要产物。

我国低碳经济的发展重点为优化产业结构，发展具有低碳特征的产业，发展有机、生态、高效农业，实现农业可持续发展，建设低碳城市和基础设施，建立低碳的生活方式和消费模式。实施低碳经济发展模式的政策措施包括以下几项。

① 节能优先，提高能源利用效率。一方面，淘汰高耗能的产业和生产工艺；另一方面，在照明设备、家用电器、工业电动机和工业锅炉等领域进行技术改造，提高能量利用效率和能源转换效率。只有不断提高节能水平，才能保障能源供应安全，促进环境保护和遏制温室气体排放等多重目标的实现。

② 化石能源低碳化，大力发展可再生能源。

③ 设立碳基金，激励低碳技术的研究和开发。

④ 确立国家碳交易机制。

2.2.4 生态工业园理论

生态工业园以产业生态学为指导，着力于园区内生态链和生态网的建设，最大限度地提高资源利用率，从工业源头上将污染物排放量减至最低，实现区域清洁生产。与传统的“设计-生产-使用-废弃”生产方式不同，生态工业园区遵循的是“回收-再利用-设计-生产”的循环经济模式。它仿照自然生态系统物质循环方式，使不同企业之间形成共享资源和互换副产品的产业共生组合，使上游生产过程中产生的废物成为下游生产的原料，达到相互间资源的最优化配置。

生态工业园的目标是在最小化参与企业的环境影响的同时提高其经济效益。这类方法包括园区内的基础设施和园区企业（新加入企业和原有经过改造的企业）的绿色设计、清洁生产、污染预防、能源有效使用及企业内部合作。生态工业园也要为附近的社区寻求利益以确保发展的最终结果是积极的。比较成功的生态工业园的例子是丹麦卡伦堡（Kalundborg）共生体系，卡伦堡已成为区域不同产业之间链接的模版。

生态工业园综合地运用了产业生态学和循环经济理论，把经济增长建立在环境保护的基础上，体现了人与自然和谐相处的思想，是可持续发展的一种重要模式。

2.2.5 区域可持续发展理论

世界环境与发展委员会（World Commission on Environment and Development，WCED）于 1987 年 7 月向联合国提交了题名为《我们共同的未来》的报告。报告对当前人类在社会发展和环境保护方面的情况进行了全面和系统的分析，提出了一个为世人普遍接受的有关可持续发展的概念。可持续发展就是“既满足当代人的需求，又不损害后代人满足其需求能力的发展”。“区域可持续发展”是可持续发展思想在地域上的落实与体现，是指不同尺度的区域在较长一段时期内，经济和社会同人类、资源、生态环境之间保持和谐、高效、优化、有序的发展，亦是在确保区域经济和社会获得稳定增长的同时，谋求有效控制人口增长，自然资源得到合理开发利用，生态环境保持良性循环的发展模式。

区域是一个不断发展的多层次的巨大系统。区域可持续发展系统同一般系统一样，具有集合性、关联性、整体性、功能性、层次性和动态性的特点。区域可持续发展系统的构成十分复杂，它包括人类社会本身以及与人类社会有关的各种基本要素、关系和行为。过去曾根据不同部门、不同目的的需要，把这些基本要素、关系和行为分解为成百上千个部门、成千上万个单位要素。按照这种传统的分解规则，把这些分属不同领域的内容归类到一个大系统中显然是不合适的。因此，可以根据这些基本要素、关系和行为的基本特点，把区域可持续发展系统概括为人口、资源、环境、经济和社会 5 个子系统。其中，人口子系统是区域可持续发展系统的主体，是整个系统的主体和核心因素，人口的数量和质量关系到整个区域的可持续发展；资源子系统是区域可持续发展系统的物质基础，合理地开发和利用资源是经济可持续发展的前提；环境子系统是区域可持续发展系统的重要组成部分，环境质量的好坏是可持续发展与非可持续发展的重要区别点；经济子系统是区域可持续发展系统的核心内容，区域可持续发展首先是经济发展，经济发展可以为环境保护和资源开发提供资金和技术，经济发展还是社会可持续发展的根本前提；社会子系统的质量是人口、资源、环境和经济子系统实现协调发展的关键，合理的政治体制、良好的社会伦理道德和历史文化沉淀以及稳定的社会环境等因素是实现区域可持续发展的保证，实现社会可持续发展是区域可持续发展的最高目标。

2.2.6 能源-经济-环境（3E）系统理论

能源系统与经济系统、环境系统存在着相互影响、相互制约的发展关系。目前 3E 系统理论的研究具体体现在为实现社会发展系统中能源（Energy）、经济（Economy）、环境（Environment）三个子系统之间综合平衡与协调发展而构建的各种模型。有代表性的 3E 模型主要有 MARKAL 模型、可计算一般均衡模型（CGE）、3Es-Model 模型、MARKALMACRO 模型、战略环境影响评价模型（SEA）、投入产出模型、3E 系统协调度评价模型等。

3E 模型适应国民经济可持续发展需要，主要用于支持国家在可持续发展战略上的决策，特别是能源工业如何适应可持续发展需要，包括：

① 进行宏观系统分析，预测未来能源系统发展变化，针对中国的资源状况，确定合适的能源发展战略，对于保持中国经济持续稳定发展，保证中国能源安全有着重要意义。

② 进行工艺过程和产品生命周期费用分析，对生产过程进行环境评价，选择最佳生产过程。

③ 分析温室气体减排对社会经济发展的影响，分析各种技术减排成本，研究中国的减排潜力以及减排对 GDP（国内生产总值）和国民收入增长影响，为政府决策提供

定量分析支持。

2.3 基本研究方法

2.3.1 生命周期评价法

生命周期评价（Life Cycle Assessment，LCA）的定义有多种，国际上以国际标准化组织（International Organization for Standardization，ISO）和环境毒理学与化学学会（Society of Environmental Toxicology and Chemistry，SETAC）的定义最为权威。ISO 的定义为：汇总和评价一个产品（或服务）体系在其整个生命周期内的所有投入及产出对环境造成的和潜在的影响的方法。SETAC 的定义为：LCA 是一种对产品、生产工艺以及活动对环境的压力进行评价的客观过程。它是通过对能量和物质利用以及由此造成的环境废物排放进行辨识和量化来进行的，其目的在于评估能量和物质利用以及废物排放对环境的影响，寻求改善环境影响的机会并利用这种机会。这种评价贯穿于产品、工艺及活动的整个生命周期，包括原材料的提取与加工，产品制造、运输及销售，产品的使用、再利用和维护，废物循环和最终废物弃置。

1993 年，SETAC 把 LCA 描述为由 4 个相互关联的组分组成的三角形模型，如图 2-1 所示。1997 年，ISO 14040 标准把 LCA 实施步骤分为目标和范围定义、清单分析、影响评价与结果解释 4 部分，如图 2-2 所示。

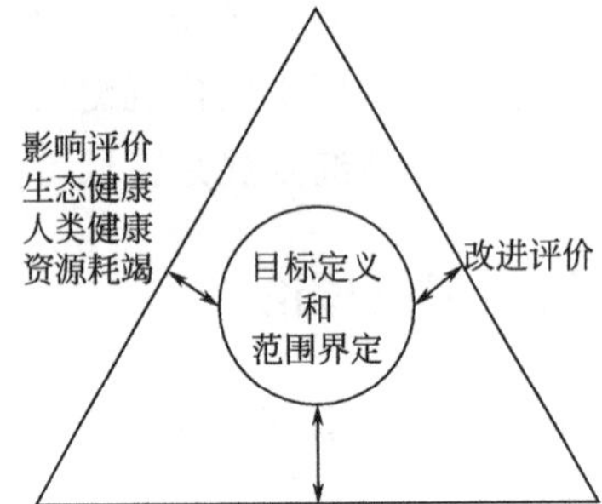

图 2-1 生命周期评价的技术框架（来源：SETAC，1993）

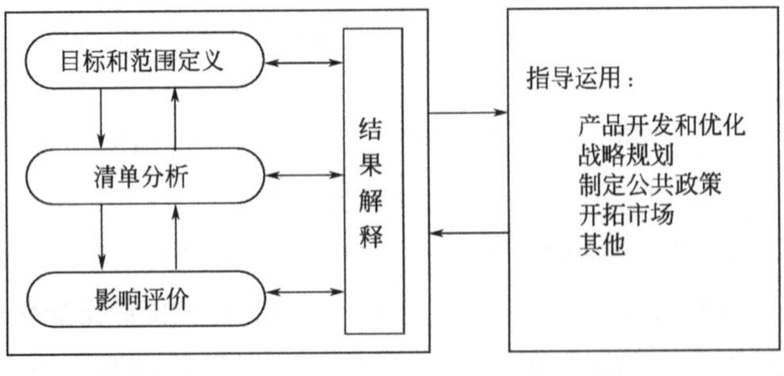

图 2-2 生命周期评价实施步骤（来源：ISO 14040，1997）

目标和范围定义是生命周期评价的第一步，也是最关键的一步，直接影响到整个评价工作程序和最终的研究结论。定义目标即清楚地说明开展此项生命周期评价的目的、原因以及研究结果的可能应用领域。研究范围的确定应保证能满足研究目的，包括定义所研究的系统、确定系统边界、说明数据要求、指出重要假设和限制等。

清单分析涉及数据的收集和计算程序，目的是对产品系统的有关输入和输出进行量化。对一种产品、工艺和活动在整个生命周期内的能量与原材料需要量，以及对环境的排放（包括废气、废水、固体废物及其他环境释放物）进行以数据为基础的客观量化过程。该分析评价贯穿于产品的整个生命周期。

影响评价是从环境角度审查一个产品系统，并为生命周期评价的解释阶段提供信息。影响评价由影响类型、类型参数和特征化模型的选择，影响分类，特征化和量化评价 4 个步骤组成。影响评价应考虑对生态系统、人体健康、资源耗竭以及其他方面的影响。

结果解释是指根据前 3 个阶段，尤其是影响评价的结论，以透明的方式，系统地评估在产品、工艺或活动的整个生命周期内消减能源消耗、原材料使用以及环境释放的需求与机会。这种分析包括定量和定性的改进措施。

生命周期评价可以通过全过程、多方位的视角，综合评估工业产品和人类活动对环境的影响，从而建立和使用一个全面的废弃物管理体系，采用具有环境可持续性、经济可承受性和社会可接受性的方式来处理废弃物和进行污染物总量控制，是实现环保行政管理，促进可持续发展的一种有效的实用工具和方法。

2.3.2 工业代谢分析法

工业代谢是 20 世纪 80 年代后期，Ayres 等对经济运行中原料与能量流动对环境的影响进行开拓性研究后提出的概念，即将原料和能源转变成最终产品和废物的过程中，一系列相互关联的物质变化的总称。工业代谢是基于模拟生物和自然界新陈代谢功能的一种系统分析方法，它通过分析系统结构、进行功能模拟和分析输入输出信息流来研究工业生态系统的代谢机理。工业代谢分析方法用于研究工业系统“代谢”原料与能量的规律及其量化方法，可以适应于不同层次的分析要求，既可以应用于全球性、国家性或是地区性的工业生产分析，也可以应用于对某一个具体行业、公司或是特定场所的调查分析。与以往的系统分析方法不同，工业代谢分析以环境为最终考察目标，对资源、环境追踪其提炼、工业加工和生产，直至消费后变成废物的整个过程中物质和能量的流向和流量，给出工业系统造成污染的总体评价，并力求找出造成污染的主要原因。与自然生态系统相似，生态工业系统同样包括 4 个基本组分，即生产者、消费者、分解者和外部环境。

工业代谢分析方法的理论依据是质量守恒定律，它旨在揭示经济活动纯物质的数量与质量规模，展示较长时期内工业活动的全部物质的（不仅仅是能量的）流动和储存。因此，工业代谢分析方法的关键在于建立物质收支平衡表，估算物质流动与储存的数量，描绘其行进的路线和复杂的动力学机制，同时指出它们的物理和化学状态。

工业代谢分析可以有多种应用形式：

① 在有限的区域内追踪某些污染物质。基于方法论的原因，江河流域特别适合进行这类研究。

② 分析研究一组物质，特别是某些重金属。

③ 针对具体的元素，以确定其不同形态的特性及其与自然生物地球化学循环的相互影响。

④ 分析与产品相联系的物质流和能量流。

工业代谢分析作为进行生态工业研究的强有力的手段，具有以下特点：

① 提供关于工业体系运行机制的一个整体理解，有助于人们确定真正的问题所在并选择优先解决的目标。

② 使人们能够采取各种政策措施以控制和预防污染扩散。

③ 使人们认识污染的历史与变化过程，特别注意到累积的进度。

2.3.3 物质流分析法

物质流分析（Material Flow Analysis，MFA）是使用最为广泛的一种循环经济评价方法。其理论核心就是分析整个社会中所有物质的总和及其流动途径，通过对流量和方向加以控制，使得物质得到循环使用，提高资源的利用率，从而达到循环经济的效果。

物质流分析是在一个国家或地区范围内，对特定的某种物质进行工业代谢研究的有效手段，它向我们展示了某种元素在该地区的流动模式，可以用来评估元素生命周期中的各个过程对环境产生的影响。由于工业代谢是原料和能源在转变为最终产品和废物的过程中，相互关联的一系列物质变化的总称，所以物质流分析的任务是弄清楚与这些物质变化有关的各股物质流的情况，以及它们之间的相互关系，其目的是从中找到节约自然资源、改善环境的途径，以推动工业系统向可持续发展的方向转化。

物质流分析研究因其强烈的政策导向和对政策的指导意义而受到国际上的关注，通过物质流分析，可以控制有毒有害物质的投入和流向，分析物质的使用总量和使用强度，为环境政策提供新的方法和视角，为决策者在资源和环境决策方面提供参考。

物质流分析内容有两个方面，一方面是物质总量分析模型，另一方面是物质使用强度模型。物质总量分析模型分析了一定的经济规模所需要的总物质投入、总物质消耗和总循环量。而物质使用强度模型则主要关注一定生产或消费规模下，物质的使用强度、消耗强度和循环强度，这种强度可以通过单位GDP来衡量，也可以采用人均值来衡量。物质流分析研究的原料从进入社会经济活动开始，经由社会经济活动与环境之间的物质转化，一小部分积存在社会中以备后用，而大部分原料则在消费中使用消耗，最后在使用寿命终期流入废物处理阶段，通过分离将可回收的物料循环返回至社会经济活动，其余则被废弃。

2.3.4 数据包络分析法

数据包络分析法（Data Envelopment Analysis，DEA）出现于1978年，是一个学科交叉研究方法，主要的研究涵盖了经济、管理与数学等领域。其特点是建立了一种非参数的计算方法用来评价具有多个输入和输出的系统或决策单元（Decision Making

Unit，DMU）的效率。

应用数据包络分析法进行评价是把每一个样本当做一个 DMU，而评价的整体就是众多 DMU 的集合，通过对整体的投入与产出的分析，确定有效的包络面，并据此分析出有效的 DMU 及效率高的样本，并指出无效 DMU 存在的原因及其问题的程度。DEA 用于分析一个重要的特点是可以发现问题，找出原因，比如 DEA 可以显示当前的投入是否合适。如果有问题，则可以显示如何调整投入，这对管理者而言是十分宝贵的。

在对绿色循环园区的评价中使用 DEA，可以将经济、资源和环境视为不同的 DMU，从而在评价中发现它们各自的有效性和效率。虽然评价值是相对的，但却体现了这三者的关系，这三个因素的协调发展对发展循环经济至关重要。通过比较研究三者的有效性，就可以发现园区循环经济的问题并找出解决问题的途径。

使用数据包络分析法具有明显的优点：

① 对指标依赖度很低，算法本身的准确度和敏感性却很高，可以有效降低评价工作对数据的需求。

② 由于 DEA 不需要任何参数和权重的估算，只涉及输入与输出之间的关系，避免了人为主观对评价系统的干扰。其对 DMU 数据的要求不高，可以接受那些不易量化和确定权重的数据，从而更加全面有效地对园区循环经济进行评价分析。DEA 有效地简化了数据处理的过程，数据单位不同也可以，并使得数据保持了原始的状态，提高了评价的准确性。

③ 产业园区是一个复杂的系统，涵盖经济、环境、资源等多方面的因素，可以说是个多头输入、多头输出的系统，数据包络分析法在这种场合非常适用。由于是各 DMU 的相对效率评价，所以数据不用任何转换，方便应用。

2.3.5 系统分析法

系统分析方法来源于系统科学。系统科学是 20 世纪 40 年代以后迅速发展起来的一个横跨各个学科的新的科学部门，它从系统的着眼点或角度去考察和研究整个客观世界，为人类认识和改造世界提供了科学的理论和方法。它的产生和发展标志着人类的科学思维由主要“以实物为中心”逐渐过渡到“以系统为中心”，是科学思维的一个划时代突破。

系统分析是咨询研究的最基本的方法，把一个复杂的咨询项目看作系统工程，通过系统目标分析、系统要素分析、系统环境分析、系统资源分析和系统管理分析，可以准确地诊断问题，深刻地揭示问题起因，有效地提出解决方案。系统分析方法的具体步骤包括：限定问题、确定目标、调查研究收集数据、提出备选方案和评价标准、评估备选方案和提出最佳可行方案。

产业园区本身就是一个系统，而且这个系统很复杂很巨大。系统分析就是研究系统如何运转、如何控制和变化的，系统方法理论已经发展多年，有比较成熟的理论基础和大量的社会实践。在产业园区的绿色循环发展评价分析中应用系统分析理论无疑是一种很好的方法。

在产业园区绿色循环的研究领域中，系统分析方法主要是研究某循环经济模型中投入与产出的关系，比如在投入不变的情况下，如何采用循环经济模式分析产出的变化来确定循环经济对社会生产的影响。

2.3.6 生态足迹/碳足迹分析法

生态足迹方法是由加拿大经济学家 William 于 1992 年提出的一种度量可持续发展程度的方法。它是一组基于土地面积的量化指标，其中最具代表性的表述是："一只负载着人类与人类所创造的城市、工厂等的巨脚踏在地球上留下的脚印"。这一形象化概念既反映了人类对地球环境的影响，也包含了可持续性机制。当地球所能提供的土地面积容不下这只巨脚时，其上的城市、工厂就会失去平衡；如果巨脚始终得不到一块允许其发展的立足之地，那么它所承载的人类文明将最终坠落、崩毁。生态足迹理论应用基于面积核算的生态占用，生态承载力及生态赤字/生态盈余等概念指标，当生态占用超过生态承载力即出现生态赤字。生态赤字反映人类利用自然的程度超过地球资源再生能力的强度。

碳足迹概念源于生态足迹，最初指某一项产品或服务在其生命周期全过程中所产生的 CO_2 当量排放量，后来也用于指个人或一个区域温室气体排放量，联合国《2007/2008 年人类发展报告》用碳足迹对世界各国的温室气体排放情况及减排情景进行了分析说明。碳足迹目前已经成为重要的碳管理工具，用于指示人类对环境特别是气候变化的影响和冲击。碳足迹可以分两部分计算，一是直接消耗能源的碳排放，二是间接使用各种产品和服务的碳排放。计算行业、产品或服务的碳足迹是一项复杂的任务。一些行业使用的是生命周期评价法（LCA），其中碳足迹是评估产品或服务时考虑的众多因素之一。国际标准化组织有一个名为 ISO 14040：2006 的标准，该标准规定了进行 LCA 研究的框架。另一种方法是温室气体核算体系（Greenhouse Gas Protocol，GHGP），该体系提供了温室气体核算的方法和标准。

参考文献

[1] 李帆. 循环经济产业园综合评价 [D]. 天津：天津大学，2014.

[2] 高岚. 环境经济学 [M]. 北京：中国林业出版社，2007.

[3] 谢华生，包景岭，温娟. 生态工业园的理论与实践 [M]. 北京：中国环境科学出版社，2011.

[4] 李玉婷. 国外低碳经济政策研究：进展、争论与评述 [J]. 当代经济管理，2015，37（5）：7-13.

[5] 张世秋. 环境经济学研究：历史、现状与展望 [J]. 南京工业大学学报（社会科学版），2018，17（1）：71-77.

[6] 梅林海. 资源与环境经济学的理论与实践 [M]. 广州：暨南大学出版社，2016.

[7] 郑德凤，臧正，孙才志. 绿色经济、绿色发展及绿色转型研究综述 [J]. 生态经济，2015，31（2）：64-68.

[8] 鲁丰先，王喜，秦耀辰，等. 低碳发展研究的理论基础 [J]. 中国人口·资源与环境，2012，22（9）：8-14.

[9] 王寿兵，杨建新，胡聃. 生命周期评价方法及其进展 [J]. 上海环境科学，1998（11）：7-10.

[10] 杨建新，王如松. 生命周期评价的回顾与展望 [J]. 环境科学进展，1998，6（2）：21-28.

[11] Consoli F，Allen D，Boustead I，et al. Guidelines for life-cycle assessment：A code of practice

[J]. Environmental Science & Pollution Research, 1994, 1 (1): 55.
[12] ISO 14040: 2006. Environmental management—Life cycle assessment—Principles and framework, 1996.
[13] 张宏莉. 绿色发展综合述评 [J]. 法制与社会, 2018 (36): 121-122.
[14] 杨持. 生态学 [M]. 第 2 版. 北京: 高等教育出版社, 2008.
[15] 何强, 井文涌, 王翊亭. 环境学导论 [M]. 第 3 版. 北京: 清华大学出版社, 2004.
[16] 王寿兵, 吴峰, 刘晶茹. 产业生态学 [M]. 北京: 化学工业出版社, 2006.
[17] 鞠美庭, 盛连喜. 产业生态学 [M]. 北京: 高等教育出版社, 2008.
[18] Graedel T E, Allenby B R. 产业生态学: 第 2 版. [M]. 施涵, 译. 2 版. 北京: 清华大学出版社, 2004.
[19] 袁增伟, 毕军. 产业生态学最新研究进展及趋势展望 [J]. 生态学报, 2006, 26 (8): 2709-2715.
[20] 沈满洪. 生态经济学 [M]. 北京: 中国环境科学出版社, 2008.
[21] 黄玉源, 钟晓青. 生态经济学 [M]. 北京: 中国水利水电出版社, 2009.
[22] 聂华林, 高新才, 杨建国. 发展生态经济学导论 [M]. 北京: 中国社会科学出版社, 2006.
[23] 王松霈. 生态经济学 [M]. 西安: 陕西人民教育出版社, 2000.
[24] 黄德修. 信息科学导论 [M]. 北京: 中国电力出版社, 2001.
[25] 芮延先. 信息科学概论 [M]. 上海: 上海财经大学出版社, 2000.
[26] 汪应洛. 系统工程学 [M]. 北京: 高等教育出版社, 2007.
[27] 袁旭梅, 刘新建, 万杰. 系统工程学导论 [M]. 北京: 机械工业出版社, 2006.
[28] 张延欣, 吴涛. 王明涛, 等. 系统工程学 [M]. 北京: 气象出版社, 1997.
[29] 寺野寿郎. 系统工程学导论 [M]. 杨罕, 沈振闻, 编译. 北京: 电子工业出版社, 1988.
[30] 王祖伟. 区域可持续发展系统研究 [J]. 天津师范大学学报 (自然科学版), 2004. 24 (1): 19-23.
[31] 毛汉英. 人地系统与区域持续发展研究 [M]. 北京: 中国科学技术出版社, 1995.
[32] 宋来敏, 周国清. 区域可持续发展系统辨识模型研究 [J]. 生产力研究, 2004 (5): 90-91, 114.
[33] Groot W T D. Environmental research in the environmental policy cycle [J]. Environmental Management, 1989, 13 (6): 659-662.
[34] 国家经贸委资源节约与综合利用司, 经济法规司.《清洁生产促进法》问答 [M]. 北京: 学苑出版社, 2003.
[35] 尹立峰. 火电厂生态工业园方案设计与评价指标体系研究 [D]. 天津: 河北工业大学, 2005.
[36] 中华人民共和国循环经济促进法.
[37] 刘远彬, 左玉辉. 循环经济与工业可持续发展 [J]. 生态经济, 2003 (10): 30-33.
[38] 周宏春. 中国低碳经济的发展重心 [J]. 绿叶, 2009 (1): 65-68.
[39] 付允, 马永欢, 刘怡君, 等. 低碳经济的发展模式研究 [J]. 中国人口·资源与环境, 2008, 18 (3): 14-19.
[40] GB/T 24042—2002.
[41] 田亚峥. 运用生命周期评价方法实现清洁生产 [D]. 重庆: 重庆大学, 2003.
[42] 冷如波. 产品生命周期 3E+S 评价与决策分析方法研究 [D]. 上海: 上海交通大学, 2007.
[43] Ayres R U. Industrial metabolism: Theory and policy [M]//Allenby B R, Richards D J. The greening of industrial ecosystems. Washington: National Academy Press, 1994.
[44] 乔琦, 万年青, 欧阳朝斌, 等. 工业代谢分析在生态工业园区规划中的应用. 中国环境科学学会 2009 年学术年会论文集, 2009: 1070-1073.
[45] 戴铁军. 工业代谢分析方法在企业节能减排中的应用 [J]. 资源科学, 2009, 4: 703-711.
[46] 陈定江, 李有润, 沈静珠, 等. 工业生态学的系统分析方法与实践 [J]. 化学工程, 2004, 32 (4): 53-57.
[47] 王刚. 环境经济学视域下的生态文明建设 [J]. 厦门特区党报学报, 2008 (2): 41-42.

第3章 产业园区绿色循环体系构建技术

3.1 绿色循环能源体系构建技术

3.1.1 园区能源体系发展历程

能源体系是产业园区发展的重要保障，绿色低碳的能源体系规划设计对产业园区的绿色发展具有关键性的作用。随着绿色能源、能源优化利用技术的发展，绿色循环能源体系的构建往往需要经历一个对各种技术集成和多专业组合的复杂过程。

我国面临人均能源不足、能源供应紧张、环境保护压力大、能源利用效率不高、城镇能源状况亟需改善等问题。因此，必须遵循科学发展观，转变经济增长方式，大力调整经济产业结构，提高能源利用效率，提倡全社会节能与环保，走新型工业化与城市化道路，以能源的可持续和有效利用来支撑经济可持续发展与社会可持续发展。同时，随着我国经济与社会的全面发展，对能源利用质量也提出了更高的要求。

一方面，我国能源资源现状决定了我国在今后相对较长时间内以煤炭和石油为主的能源结构；另一方面，为了社会可持续发展，结合经济产业结构调整，必须发展低碳经济，发展以更环保的清洁能源为主的能源结构。这就要求我国在保持传统能源战略的同时，还要大力发展天然气、风电、太阳能及其他新能源等清洁能源；既要扩大能源资源的开发利用和拓宽能源供应渠道，又要提高能源利用效率与可再生能源开发利用的力度；既要利用新技术加快能源网络化建设，满足工业化和城市化发展需要，也要开发利用各种分散的、清洁的可再生能源资源和废弃物资源，实现能源清洁化与多元化。

3.1.1.1 分散式能源体系

产业园区能源系统通常包括供热、供冷系统。传统的产业园区是分散式能源体系，企业的供热、供冷等能源需求由企业自备能源站解决，或建设小型分散燃煤供热设施。这类小锅炉由于容量有限，具有效率低、污染大的特点，单位污染治理成本更高，而且分散分布造成了燃煤煤质没有保障、监管难度加大等管理问题，众多小锅炉几乎没有减排措施且低空排放。根据国家发改委能源研究所发布的数据，2015 年全国在役工业燃煤小锅炉超过 60 万台，还有大量的分散供热取暖小锅炉。工业锅炉排放的烟尘和二氧化硫分别占全国总排放量的 41.6%和 22.2%。

我国从“十一五”开始逐步推广建设效率高、污染小的集中式热电联产机组，改分散供热为集中供热。1997 年 11 月制定的《中华人民共和国节约能源法》明确表示国家鼓励推广热电联产、集中供热。2000 年，国家发展计划委员会等制定的《关于发展热电联产的规定》则规定在现有热电厂供热范围内，不应有分散燃煤小锅炉运行。在城市热力网供热范围内，居民住宅小区应使用集中供热，不应再采用小锅炉等分散供热方式。

“十二五”期间，我国鼓励建设背压机组供热替代分散燃煤锅炉供热。石油化工、纺织印染等符合国家产业政策的行业，以供热需求为主的企业应建设热电联产自备机组。围绕减少燃煤，实施汽轮机通流部分改造、变频调速改造；淘汰落后产能，退役或关停低效率、高污染的火电机组；新建高效机组，加强热能回收利用，鼓励热电联产，以大代小，大力发展热电联产的背压机组。

“十三五”期间，我国在《大气污染防治行动计划》中提出全面整治燃煤小锅炉。到2017年，地级及以上城市建成区基本淘汰每小时10蒸吨（7MW）及以下的燃煤锅炉，禁止新建每小时20蒸吨（14MW）以下的燃煤锅炉；其他地区不再新建每小时10蒸吨（7MW）以下的燃煤锅炉。同时明确提出通过集中建设热电联产机组逐步淘汰分散燃煤锅炉，更加突出对治理分散式污染源的重视。

3.1.1.2 集中式能源体系

集中式能源供应系统通常由区域能源站、输配管网、终端换热站以及能源管理监控系统构成，作为园区重要配套基础设施，可以满足园区内建筑群体的集中供热、供冷需求，为园区提供稳定高效的能源保障。

集中式能源系统的能源结构以煤炭、石油、天然气等化石能源为主，供给模式为“集中式”，即资源分布集中，资源输送集中，能源供应集中，用能设备集中。

园区能源体系采用集中式的优势在于以下几个方面。

（1）便于规划调配

集中供热系统作为一项城市基础设施，在我国北方地区的城市中已经成为一项公共事业；随着节能减排要求的不断提高，集中供冷系统也成为公共事业和城市基础设施的新内容。产业园区采用集中式能源系统，便于从城市整体角度对园区能源供应进行规划和调配，使整体区域能源供应更科学可行。

（2）便于监控管理

园区能源集中供应设施便于进行统一的监督管理，保障设施安全、稳定、达标运行，也便于实时监控能源设施污染物排放情况。

（3）热电联产的集中供热方式效率更高

据测算，热电联产与热电分产相比效率高30%，集中供热与分散小锅炉供热相比效率高50%。

（4）减少环境污染

热电联产采取脱硫、脱硝、除尘及高空排放的废气处理方式，烟尘、二氧化硫可减排90%以上，氮氧化物和二氧化碳可减排40%以上，有效改善大气环境质量。

3.1.1.3 分布式能源体系

近年来，以天然气为代表的清洁能源和太阳能、地热能等可再生能源在能源结构中的比重增加。与此同时，集中式能源体系存在长途输送效率较低的弊端，例如2008年美国一份调查显示，集中式电力生产与运输消耗了全部电能的2/3，这也促使政府和企业不断寻求更经济的能源模式。在此背景下分布式能源体系逐步显现出优势。

国际分布式能源联盟（WADE）对分布式能源的定义是：安装在用户端的高效冷热电联供系统，系统能够在消费地点（或附近）发电，高效利用发电产生的废能生产热和电；现场端可再生能源系统包括利用现场废气、废热以及多余压差来发电的能源循环利用系统。

近年来分布式能源模式无论是在广度还是在深度上均得到较大发展，逐渐成为我国城市能源体系建设的有益探索，并且逐步成熟。

分布式能源体系有下列特点。

（1）装置小型化

生产单元普遍为较小的独立电源系统，生产方式精细化。

（2）分布终端化

分布式能源系统的生产单元布置在用户附近，居民小区、商业中心、大酒店等都可建立分布式能源站，也可以位于终端用户附近，建设在工业园区、楼宇、社区里。就地生产和分配，生产单元更接近负荷。

（3）效益显著

分布式能源系统的一次能源利用率可以达到 80%。由于新能源的融入，减少化石能源的消耗，大幅度降低了 SO_2、NO_2 等大气污染物和 CO_2 等温室气体的排放，同时减少了废水、废渣的排放量，从而显著改善环境。

（4）充分利用可再生能源

分布式能源系统的一次能源可以是化石能源，也可以是太阳能、风能等可再生能源，二次能源以冷热电联产为主，其他能源供应系统为辅，将制冷、热力、电力与储能技术结合，以直接满足用户供冷、供热、供电等多种需求，实现能源梯级利用，并通过公用能源供应系统提供支持和补充，实现资源利用效益的最大化。分布式能源系统能够有效降低冷、热、电等远距离能量输送损失和相应的输配电系统投资。

目前，集中式能源依然是能源系统的主体，分布式能源是集中式能源的一种补充。分布式能源不仅对产业园区能源结构优化产生重大影响，同时也大大推动园区可持续发展，促进低碳环保的发展模式。

3.1.2 绿色循环能源体系来源

3.1.2.1 地热能

地热能包括深层地热能和浅层地热能。

（1）深层地热能

深层地热能是来自地球深处的可再生性热能，源于地球的熔融岩浆和放射性物质的衰变。深层地热有多种类型，其中地热水是集“热、矿、水”三位于一体的宝贵的自然资源。通常地热水温度较高，可直接用于建筑供暖，并可结合水源热泵机组实现地热水梯级（供暖）利用。和煤、石油等能源相比，地热不仅清洁，而且能反复利用，属于可再生资源。深层地热能的利用领域包括建筑供暖、洗浴、医疗保健、农业生产、水产养殖、饮用矿泉水等，其中建筑供暖是最广泛的应用方式。

（2）浅层地热能

浅层地热能是指地表以下一定深度范围内（一般为恒温带至 200m 埋深），温度低于25℃，土壤和地下水中所蕴藏的低温热能，其能量主要来源于太阳辐射与地球梯度增温。浅层地热能也是地热资源的一部分，相对深层地热能，具有分布广泛、储量巨大、再生迅速、采集方便、开发利用价值大等特点。浅层地热能的应用，不但可以满足供暖（冷）的需求，同时还可以实现供暖（冷）区域的零污染排放，直接改善本区域的大气环境质量。截至2009年6月，我国应用浅层地热能供暖制冷的建筑项目共2236个，建筑面积近8000万平方米，其中80%集中在京津冀辽等华北和东北南部地区，其中，北京市有1500万平方米的建筑利用浅层地热能供暖制冷，沈阳市则超过2000万平方米。2008年，我国通过开发利用浅层地热能，实现CO_2减排1987万吨。

3.1.2.2 太阳能

随着能源短缺和环境污染压力加大，以太阳能为代表的新能源成为时代选择。太阳能是最原始的能源，地球上几乎所有其他能源都直接或间接来自太阳能。地球截取的太阳辐射能通量为1.7×10^{14}kW，比核能、地热能和引力能储量总和还要大5000多倍。其中约30%被反射回宇宙空间；47%转变为热，以长波辐射形式再次返回空间；约23%是水蒸发、凝结的动力，风和波浪的动能，植物通过光合作用吸收的能量不到0.5%。地球每年接收的太阳能总量为10^{19}kW·h，相当于5×10^{14}桶原油，是探明原油储量的近千倍，是世界年耗总能量的一万余倍，正如通常所说的“取之不尽、用之不竭”。虽然太阳辐射能的通量密度较低，太阳光通过大气层会进一步衰减，还会受到天气、昼夜以及空气污染等因素的影响呈现间歇性，但如果系统配置储热装置，做到热能能级的合理匹配，就可以使太阳能发挥最佳效益。

我国幅员辽阔，有着丰富的太阳能资源。据估算，我国陆地表面每年接收的太阳辐射能约5×10^{19}kJ，全国各地太阳能年辐射总量达3350～8370MJ/m^2。按照太阳能辐射量的大小，全国大致可分为五类地区，如表3-1所列。

表3-1 我国太阳能资源分布

分区	年日照时数/h	年辐射总量/(MJ/m^2)	主要地区
一类地区(丰富地区)	3200～3300	6700～8370	青藏高原、甘肃北部、宁夏北部和新疆南部等地
二类地区(较丰富地区)	3000～3200	5860～6700	河北西北部、山西北部、内蒙古南部、宁夏南部、甘肃中部、青海东部、西藏东南部和新疆南部等地
三类地区(中等地区)	2200～3000	5020～5860	山东、河南、河北东南部、山西南部、新疆北部、吉林、辽宁、云南、陕西北部、甘肃东南部、广东南部、福建南部、江苏北部和安徽北部等地
四类地区(较差地区)	1400～2200	4190～5020	长江中下游、福建、浙江和广东的一部分地区
五类地区(最差地区)	1000～1400	3350～4190	四川、贵州

太阳能具有资源充足、可再生、分布广泛、安全、清洁和技术可靠等优点。由于太阳能可以转换成多种其他形式的能量，因此应用范围非常广泛，在热利用方面有太阳能温室、物品干燥器、太阳灶和太阳能热水器等。近年来太阳能发电也得到了长足的发展，太阳能光伏发电技术已经成熟，在产业园区层面不断得到推广，在能源体系中占有越来越重要的位置。

3.1.2.3 非常规热能

非常规热能主要包括工业余热和水源热能。

余热是在一定经济技术条件下，在能源利用设备中没有被利用的能源，也就是多余、废弃的能源。它包括高温废气余热、冷却介质余热、废汽废水余热、高温产品和炉渣余热、化学反应余热、可燃废气废液和废料余热以及高压流体余压等。根据调查，各行业的余热总资源占其燃料消耗总量的17%～67%，可回收利用的余热资源约为余热总资源的60%。

非常规水源热能储存于城市污水、工业或电厂冷却水、海水以及江河湖等地表水中，属于低品位热源。非常规水源热能的利用主要通过热泵实现。

3.1.2.4 风能

空气运动产生的动能称为风能。地面各处受太阳辐照后气温变化不同和空气中水蒸气的含量不同，引起各地气压的差异，在水平方向高压空气向低压地区流动，即形成风。风能资源决定于风能密度和可利用的风能年累计时长。风能密度是单位迎风面积可获得的风的功率，与风速的三次方和空气密度成正比关系。

全球风能的资源储量是巨大的，据估算全世界的风能总量约1300亿千瓦，我国的风能总量约16亿千瓦。风能是一种清洁的、可再生的能源。在常规能源告急和全球生态环境恶化的双重压力下，开发利用风能对优化能源结构、实现能源供应多元化和多样化、应对气候变化、保护生态环境、促进经济社会可持续发展具有十分重要的意义。

我国风能资源十分丰富，主要分布在新疆、内蒙古等北部地区和东部至南部沿海地带及岛屿。按照风能资源量的大小，全国大致可分为四类地区（见表3-2）。

表3-2 我国风能资源分布

分区	年有效风能密度/(W/m²)	年累计时长/h		主要地区
		≥3m/s	≥6m/s	
丰富区	>200	>5000	>2200	东南沿海、山东半岛和辽东半岛沿海地区；三北地区(东北、华北北部和西北地区)；松花江下游地区
较丰富区	150～200	4000～5000	1500～2200	东南沿海内陆和渤海沿海地区；三北(东北、华北北部和西北地区)的南部区；青藏高原地区
可利用区	50～150	2000～4000	350～1500	两广沿海地区；大小兴安岭地区；中部地区
贫乏区	<50	<2000	<350	川云贵和岭南山区；雅鲁藏布江和昌都地区；塔里木盆地西部地区

3.1.3 绿色循环能源利用技术

3.1.3.1 地热利用技术

（1）地源热泵

地源热泵技术作为一种高效节能的可再生能源利用技术，近年来已经引起社会的重视。地源热泵是一种利用地下深层热资源（也称地能，包括地下水、土壤或地表水等）的热转换装置，既可供热又可制冷，是一种高效节能系统。地源热泵利用一年四季地下土壤温度稳定的特性，冬季把地热作为热泵供暖的热源，夏季把地热作为空调制冷的冷源。地源热泵空调系统每消耗 1kW·h 的能量，用户即可得到 4kW·h 左右的热量或冷量，比传统的风冷热泵空调节能 40%，比电采暖节能 70%，而且地埋管的寿命长达 70 年。

与传统锅炉集中供热相比较，地源热泵具备以下优点：

① 开关灵活，可自主调节设备运行时间，便于节约成本、减少能耗。

② 不耗用煤炭等一次能源，可大量减少燃煤带来的 SO_2 等大气污染物和 CO_2 等温室气体的排放量。

③ 一套设备可以同时解决全厂供热与制冷，节省管材和安装费用。

根据室外换热系统铺设方式，地源热泵可以分为水平式地源热泵和垂直式地源热泵。水平式地源热泵通过水平埋置于地表面 2～4m 以下的闭合换热系统，与土壤进行冷热交换，适用于制冷供暖面积较小的建筑物，如别墅和小型单体楼，初投资和施工难度相对较小，但占地面积较大，如图 3-1(a) 所示。垂直式地源热泵通过垂直钻孔将闭合换热系统埋置于 50～400m 深的岩土体与土壤进行冷热交换，适用于制冷供暖面积较大、周围有一定的空地的建筑物，如大型公共建筑和写字楼等，初投资较高，施工难度相对较大，但占地面积较小，如图 3-1(b) 所示。

(a) 水平式地源热泵　　(b) 垂直式地源热泵

图 3-1　水平式地源热泵和垂直式地源热泵

（2）地热井

地热井是深层地热能的主要利用方式。地热井采用地热水系统和采暖系统双套循环系统，进行梯级换热。地热井的热量采用梯级利用的方式，一方面循环水与地热水进行梯级换热；另一方面换热的热水首先用于采暖供热，采暖系统回水再次用于洗浴用水，对热量的梯级利用可以保证将热量最大限度转化。地热井工艺流程如图 3-2 所示，地热井设备实物如图 3-3 所示。

地热井供热系统热能高、性能好，但在应用中要注意以下问题：

① 严格执行“一采一灌”的利用模式，避免对地下水资源造成影响。

② 充分挖掘热交换潜力，降低回灌水温度，充分利用地热资源。

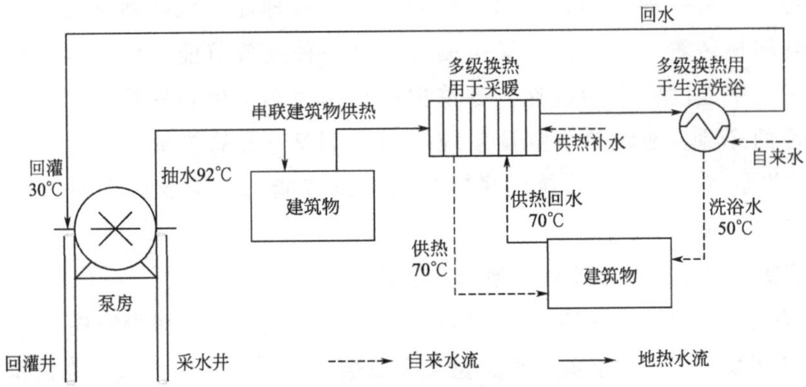

图 3-2 地热井工艺流程示意

图 3-3 地热井设备实物

3.1.3.2 太阳能利用技术

产业园区常用的太阳能利用技术有太阳能光伏发电、太阳能照明、太阳能热泵等。此外太阳能热水器在我国各地都有广泛应用。

（1）太阳能光伏发电

光伏发电是利用太阳能级半导体电子器件有效地吸收太阳光辐射能，并使之转变成电能的直接发电方式，是当今太阳能发电的主流技术。目前世界上应用最广泛的太阳能电池有单晶硅太阳能电池、多晶硅太阳能电池、薄膜太阳能电池等。太阳能光伏发电还可与建筑形成集成系统。常见的太阳能光伏建筑集成系统主要有光伏屋顶、光伏幕墙、光伏遮阳板、光伏天窗等，其中光伏屋顶系统的应用最为广泛，光伏幕墙和光伏遮阳板的发展也非常迅速。

太阳能光伏发电系统具有很多优点。可以有效利用建筑物屋顶和幕墙，无需占用土地资源；可原地发电，原地使用，减少电力输送的线路损耗；各种彩色光伏组件可取代和节约外饰材料（如玻璃幕墙等）；在白天用电高峰期供电，从而舒缓高峰电力需求；配备蓄电池后，还能满足安全用电设施的不断电要求；太阳能发电面板阵列直接吸收太阳能，降低墙面及屋顶的温升，减轻建筑空调负荷。

太阳能光伏发电系统的运行方式，主要可分为离网运行和联网运行两大类。未与公共电网相联结的太阳能光伏发电系统称为离网太阳能光伏发电系统，主要应用于远离公共电网的无电地区和一些特殊场所。与公共电网相联结的太阳能光伏发电系统称为联网太阳能光伏发电系统，是太阳能光伏发电进入大规模商业化发电阶段、成为电力工业组成部分之一的重要方向。在此基础上还演化出混合光伏发电系统，即将一种或几种发电方式同时引入光伏发电系统中，如风光互补发电系统，在冬天日照差但风力大的地区具有很大的实用价值。

太阳能发电系统由太阳能电池板、太阳能控制器、蓄电池（组）组成。如要求输出电源为交流 220V 或 110V，还需要配置逆变器。各部分的作用如下。

1）太阳能电池板

太阳能电池板是太阳能发电系统中的核心部分，也是太阳能发电系统中价值最高的部分。其作用是将太阳的辐射能转换为电能，送往蓄电池中存储起来，或推动负载工作。

2）太阳能控制器

太阳能控制器的作用是控制整个系统的工作状态，并对蓄电池起到过充电保护、过放电保护的作用。在温差较大的地方，合格的控制器还应具备温度补偿的功能。其他如光控开关、时控开关都应当是控制器的附加功能。

3）蓄电池

一般为铅酸电池，小微型系统中也可用镍氢电池、镍镉电池或锂电池。其作用是在有光照时将太阳能电池板所发出的电能储存起来，到需要的时候再释放出来。在联网太阳能发电系统中可不加蓄电池组。

4）逆变器

太阳能直接输出的一般都是电压为 12V、24V 和 48V 的直流电。为能向工作电源是交流电 220V 的电器提供电能，需要将太阳能发电系统所发出的直流电能转换成交流电能，因此需要使用 DC-AC 逆变器。

（2）太阳能照明

太阳能照明系统的工作原理是白天以太阳光作为能源，利用太阳能电池给蓄电池充电，把太阳能转换为化学能储存在蓄电池中，晚间使用时以蓄电池作为电源给节能灯提供能量，把蓄电池中的化学能转变成光能，使照明灯工作。一套基本的太阳能照明系统包括太阳能电池板、充放电控制器、蓄电池和光源，既可直接产生低压直流电，也可通过逆变器转换成 220V 交流电，然后供给照明负载。

与传统照明系统相比，太阳能照明系统是一个自动控制的工作系统，具有节能、环保、安全、经济的优点。太阳能照明系统利用的太阳能是可再生能源，无需消耗电能；以太阳能替代化石能源，节约能源的同时，可有效减少 SO_2 等有害物质以及温室气体的排放，符合绿色环保的要求；由于太阳能照明系统不使用交流电，而且采用蓄电池储存太阳能，通过低压直流电转化为光能，是最安全的电源；产品使用寿命长，虽然安装成本较高，但一次性投入，后期维护成本低，且仅每年节省的电能用于工业生产，其创造的价值也远超出太阳能照明系统的投资。

目前太阳能照明系统应用最多的是太阳能路灯。与传统路灯相比，太阳能路灯不需要电线，不需铺设管线，且随着道路的延伸，扩容十分方便，一次性投入，后期维护成本也低。根据测算，太阳能路灯平均价格在 1.6 万元左右，使用寿命约 20 年，每 5 年维护 1 次。一般使用太阳能路灯 4～6 年即可与普通路灯的总投资持平，以后则可长期受益。在天津滨海高新区华苑科技园内，一家以非晶硅太阳能电池生产为主的企业，利用自身已有的技术和产品优势，将太阳能电池应用于本厂路灯和办公照明系统，示范性地在厂区安装了太阳能发电装置和太阳能路灯，用于夜间厂区照明以及办公用电，取得了一定的经济效益和社会示范效益，工程实施效果如图 3-4 所示。

图 3-4　太阳能发电装置和太阳能路灯

（3）太阳能热泵

太阳能热泵是一种把太阳能作为低温热源的特殊热泵。在太阳能热泵中，太阳能技术和热泵技术相结合，弥补了两种系统各自的缺陷，从而达到优势互补的效果。太阳能热泵系统的工作原理为：工质在蒸发器内吸热后变为低温低压过热蒸汽，在压缩机中经过绝热压缩变为高温高压气体，再经冷凝器定压冷凝为高压中温的液体，放出工质的汽化热，与冷凝水进行热交换，使冷凝水加热为热水，供用户使用；液态工质再经过膨胀阀绝热节流后变为低温低压气液两相混合物，并回到蒸发器定压吸收低温热源热量，蒸发变为过热蒸汽；如此形成一个完整的循环过程。整个系统主要由太阳能集热器、压缩机、蒸发器、冷凝器、蓄热器等组成。根据太阳能集热器与热泵的组合形式，太阳能热泵可分为直膨式和非直膨式；根据太阳能集热环路与热泵循环的连接形式，非直膨式又可以进一步分为串联、并联和混联 3 种形式。太阳能热泵系统的工作原理如图 3-5 所示。

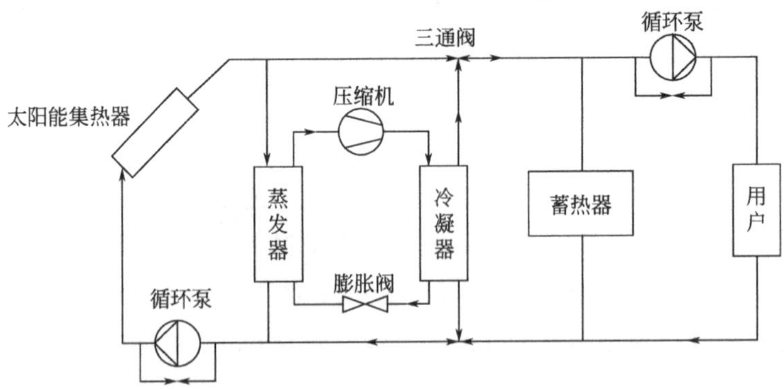

图 3-5　太阳能热泵系统的工作原理

太阳能热泵同其他类型的热泵一样，也具有“一机多用”的优点，即冬季可供暖，夏季可制冷，全年可提供生活热水。太阳能热泵夏季制冷运行，只需消耗少量的电能，就可以在空气中吸收大量的热量，每消耗 1kW·h 电能即可吸收 10000～14000kJ 的热量，可节省电能 65%。冬季制热运行，热泵的 COP［热泵出力与热泵入力（功耗）之比为性能系数 COP，是评价热泵装置的重要指标］平均可达 3.0，在整个系统运行中，集热器吸收太阳能的利用率接近100%，辅助加热的电力消耗只占系统总能耗的7%～14%，较常规能源的热水系统可节能85%以上。

我国在太阳能热泵利用方面已有很多工程实践。例如，北京市西城区一所多功能体育训练馆，采用太阳能热泵中央热水系统供应运动员洗浴和卫生用水，并辅助市政热力为游泳池加热。该项目所采用的太阳能辅助加热空气源热泵机组平均制热性能系数可达3.0，太阳能热泵中央热水系统每年消耗常规能源8.23万千瓦时，只占系统年总耗能的9%，年综合节能率可达90%以上。天津滨海高新区华苑科技园内的一座办公大楼，在大楼设计建设时，把太阳能作为系统运行的能源之一，在大楼顶层安装有太阳能集热器，与地下建设的天然气锅炉共同作为大楼冬季采暖、夏季制冷的能源供应系统，成为目前较大的非电太阳能空调系统，其实物如图3-6所示。

图3-6 太阳能中央空调屋顶集热器实物

3.1.3.3 非常规水源热泵技术

非常规水源热泵是以非常规水源作为提取和储存能量的冷热源，借助热泵机组系统内部制冷剂的物态循环变化，消耗少量的电能，从低品位热源中提取热量，将其转换成高品位清洁能源，从而达到制冷制热效果的一种创新技术。非常规水源热泵主要依靠城市污水、工业或电厂冷却水、海水、河水等作为冷热源，通过工程设计、施工、管网安装、检修、售后维护，实现可再生能源在建筑领域的应用，解决日益增长的建筑用能与传统能源匮乏之间的矛盾。目前，非常规水源热泵主要分为城市污水源热泵、工业用水源热泵、地表水源热泵3种。

非常规水源热泵具有如下优点。

① 废热利用。非常规水源热泵主要利用城市废热和自然环境中的热能作为冷热源，进行能量转换，替代化石能源消耗。

② 能效比高。目前非常规水源热泵技术已较成熟和稳定，所需水源的温度与城市污水、电厂冷却水等的温度相适宜，大大降低了化石燃料的消耗。据测算，非常规水源热泵能效比高于其他集中供热方式，非常规水源热泵的能效比为4～6，而传统锅炉能效比仅为0.9，空气源热泵能效比在2.5左右。

③ 清洁环保。非常规水源热泵机组的运行没有任何污染，没有燃烧，没有排烟，几乎不产生任何废渣、废水、废气，不需要堆放燃料废物的场地，且不用远距离输送热量。据测算，非常规水源热泵主要大气污染物排放量仅为锅炉房的10%。

④ 节约土地。非常规水源热泵省去了锅炉房和与之配套的煤场、煤渣场以及冷却塔和其他室外设备，结构紧凑，体积小，占用空间少。在供热能力相同的情况下，非常规水源热泵占地面积仅为传统锅炉房的20%。

⑤ 应用广泛。非常规水源热泵技术主要是以水作为能量介质，因此凡是具有污水源的区域和城市，均可利用此技术为建筑物提供制冷、供暖和热水服务，实现一机三用。该项技术可广泛应用于商场、场馆、宾馆、酒店、写字楼、工矿企业车间等建筑的供冷、供热。

⑥ 运行费用低。非常规水源热泵初次投资低，运行费用低，经济性优于传统供热、供冷方式。与其他可再生能源（风能、太阳能）比较，非常规水源热泵经济效益最为突出。

因此，非常规水源热泵已成为产业园区集中供热系统的有益补充，对于优化用能结构、实现节能降耗目标、改善环境质量、节约土地资源，具有深远而重大的意义。

（1）污水源热泵

污水源热泵是以污水作为提取和储存能量的冷热源，借助热泵机组系统内部制冷剂的物态循环变化，消耗少量的电能，从而达到制冷供暖效果的一种创新技术。污水是北方寒冷地区不可多得的热泵冷热源，其温度一年四季相对稳定，冬季比环境空气温度高，夏季比环境空气温度低，这种温度特性使得污水源热泵比传统空调系统运行效率要高，节能和节省运行费用效果显著。污水源热泵技术系统无需设冷却塔，利用的是原生污水，也可节约大量水资源。

污水源热泵系统主要包括冷凝器、蒸发器、压缩机和污水处理系统等。其运行原理主要是冬季通过污水源热泵将城市污水中的热能提取出来，通过压缩机系统，消耗少量的电能就能将污水水源中的低品位热能提取出来，经污水源热泵通过水作为载冷剂，提升温度后送至用户或其他建筑物中；夏季则从室内空气中提取热量，释放到污水中，从而使室温降低，达到制冷目的。污水源热泵的能量流动是将热泵运行所消耗的少量电能和吸收的热能一起排放到高温热源，使污水中的低品位余热得到再次利用，从而达到制冷供热的目的。

污水源热泵按热源是否被处理可分为原生污水源热泵和中水/二级出水热泵；按污水是否经过换热器可分为直接利用系统和间接利用系统；按热泵机组的布置方法可分为分散式、集中式和半集中式。其中原生污水因其成分复杂，含有大量的污染物和杂质，极易造成污水源热泵系统的堵塞、结垢和腐蚀，因此防堵塞、防垢、防腐蚀是应用的重点和难点。而中水/二级出水热泵，需要考虑途经管道时的热量损失、管道的耗资等问题，通常污水经过多次处理后温度下降，不利于热泵提取热量，经济损失大，因此降低能量损失、提升换热效率是技术应用的重点。此外，污水源热泵在应用中还需要考虑热泵初期投资合理性，以及运行管理的难度等。

污水源热泵系统最早于1980年在挪威奥斯陆开始建设，此后引起了各发达国家的重视，瑞典、日本、美国、德国相继建成一批以污水为低温热源的大型热泵站。国内污水源热泵应用虽然提出较晚，但近年来取得了一系列成果。在北京高碑店污水处理厂等地进行了小型实验并取得了良好的效果后，天津、山西、陕西、新疆等地均建造了污水源热泵，并取得良好的社会效益、经济效益和环境效益。以天津空港经济区市政污水处理厂为例，该厂供热面积6000m^2，均采用污水源热泵系统供热。该工程污水源热泵含热泵、污水泵、末端空调等在内的整套系统，较燃煤集中供热方式全年节能近百吨标煤，其工作原理如图 3-7 所示，工程实景如图 3-8 所示。

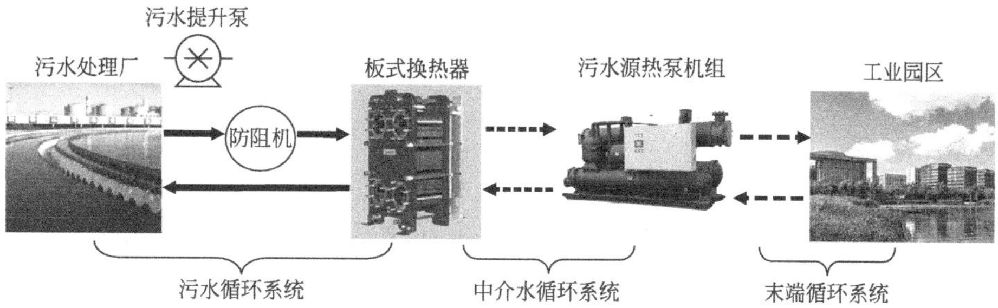

图 3-7 天津空港经济区污水源热泵工作原理示意

(a) 采用污水源热泵空调的办公大楼 (b) 污水源热泵传输管路

(c) 污水源热泵换热器 (d) 污水源热泵机组

图 3-8 天津空港经济区污水源热泵工程实景

（2）地表水源热泵

地表水源热泵利用江、河、湖、海等地表水作为热泵机组的热源。与空气、土壤、地下水等冷热源相比，地表水具有水量大、热容量大、换热系数大、无需回灌、不影响水资源等独特优势。当建筑物的周围有大片的地表水域可以利用时，可通过水泵和输配管路将水体的热量传递给热泵机组或将热泵机组的热量释放到地表蓄水体中。根据热泵机组与地表水连接方式的不同，地表水源热泵可分为闭式地表水源热泵系统和开式地表水源热泵系统两类，如图 3-9 所示。

对地表水源热泵系统的研究，英国、美国、俄罗斯、瑞典、瑞士及日本等发达国家起步很早。英国早在 20 世纪 50 年代初建成的伦敦皇家节日音乐厅和瑞士的苏黎世联邦工艺学院，分别使用了泰晤士河和利马特河的河水作为热泵的热源；美国南佛罗里达州

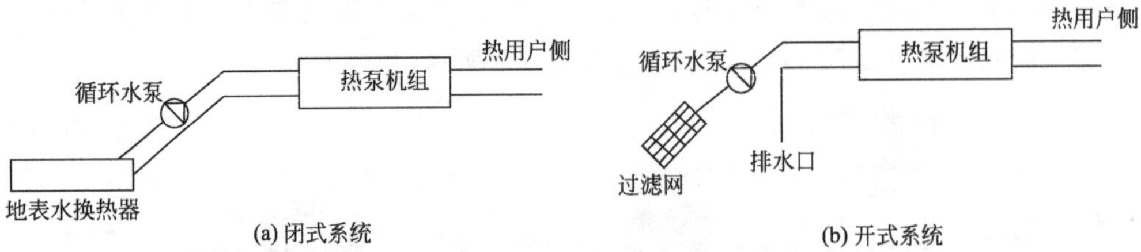

图 3-9 地表水源热泵系统类型

的居民使用运河水作为热泵的热源。目前地表水源热泵在国际上应用已较为普遍。近年来，我国对地表水源热泵的应用也有了长足进步，很多小区建设了集中式生活热水系统，利用水源热泵从小区的景观水、河水等低质水源中取能，取得良好的效果。

在地表水源热泵中，对海水源热泵的研究和应用最广泛。一般情况下，海水水质清洁，水温在 9～25℃，最不利的冬季，水温也能保持在 9℃ 以上，并且水量稳定可靠。但海水硬度高、腐蚀性强，为确保运行的安全可靠，必须采用特殊材料的换热器后加装辅助清洁设备等，解决换热器腐蚀问题。海水源热泵的应用在中、北欧国家较为广泛和普遍。我国青岛、大连等沿海城市也已取得一定成效。华电青岛发电有限公司建成了我国第一个海水源热泵项目，并于 2005 年年初投入使用。该项目不但为该公司面积为 1870m^2 的食堂供热，而且为职工澡堂提供热水，使用效果较为理想。

3.1.3.4 工业余热利用

电厂余热和循环冷却水是区域再生能源总线系统中最常用的工业余热热源。对于设有自备电厂或附近有电厂的工业园区，可以利用电厂余热为园区提供集中供热，以此降低能源的消耗总量。

很多大型生产型企业都会有大量的循环冷却水，一般循环冷却水在经过热交换后水温在 30℃左右，用冷却塔对其进行冷却后，水温可以降低 5℃左右。虽然水温降低的幅度不是很大，但由于冷却水循环量非常大，损失的热量也非常可观。对未经冷却塔冷却的循环水采用热泵技术，利用其中的热量冬天取暖、夏天制冷，也可以用于职工淋浴水的加热，在节约电能、蒸汽热能等的同时减少循环水的补水量和冷却塔所需的投资。循环冷却水是非常理想的低温热源，蓄能量大，属于低品位热源，通过热泵的转换即可成为生活和生产过程的有用热源。使用热泵技术供热、制冷，对大气及环境无任何污染，而且高效节能，属于绿色环保技术，符合目前我国节能、环保的基本政策。

3.1.3.5 风力发电技术

风能的利用主要包括以风能作动力和风力发电两种形式。在产业园区建设中，风力发电是风能的主要利用形式。

风力发电的原理是利用风力带动风机叶片旋转，再通过增速机将旋转的速度提升，进而带动发电机发电。由于风能具有储量丰富、用之不竭、无污染等特点，被各国广泛重视，纷纷投入大量的人力、物力、财力来发展风力发电技术。国际能源网的有关资料显示，迄今为止，世界上已有 82 个国家在积极开发和应用风能资源。目前，风电正在以不断超越其预期的速度发展着，并一直保持着世界增长最快能源的地位。

风力发电机是将风能转化为电能的设备，主要由叶片、主机、塔架和电气控制系统组成。风力发电机主机主要由轮毂、主轴、齿轮箱、发电机、偏航系统、机架、机舱罩、整流罩组成。塔架由几节塔筒连接而成，目前主要分为由钢板制成的锥形筒状塔架和由角钢制成的桁架式塔架。100kW 以上的中型风力发电机组及 1MW 以上的大型风力发电机组皆配有由微机或可编程控制器（PLC）组成的控制系统来实现控制、自检和显示功能。

可根据不同的标准对风力发电机进行分类，详见表 3-3。

表 3-3　风力发电机分类标准和对应类型

序号	分类标准	风力发电机种类名称
1	根据收集风能的结构形式及空间布置	水平轴式、垂直轴式
2	根据塔架位置	上风式、下风式
3	根据桨叶数量	单叶片式、双叶片式、三叶片式、四叶片式和多叶片式
4	根据桨叶和形式	螺旋桨式、H 型、S 型
5	根据桨叶的工作原理	升力型、阻力型
6	根据风力发电机容量	微型机（1kW 以下）、小型机（1～10kW）、中型机（10～100kW）和大型机（100kW 以上）

风力发电的优点有很多：

① 随着大型机组的技术成熟化和产品商品化，风力发电成本逐步降低。

② 风力发电不消耗资源、不污染环境，具有广阔的发展前景。

③ 建设周期一般很短，一台风机的运输安装时间不超过 3 个月，万千瓦级风电场建设期不到一年，而且安装一台可投产一台。

④ 装机规模灵活，可根据资金多少来确定，为筹集资金带来便利。

⑤ 安全可靠，运行简单，可完全做到无人值守。

⑥ 实际占地少，机组与监控、变电等建筑仅占风电场约 1%的土地。

⑦ 对安装土地的地形条件要求低。

⑧ 发电方式多样化，既可联网运行，也可和柴油发电机等形成互补系统或独立运行。

广东省南澳岛地处台湾海峡喇叭口西南端，素有“风县”之称。1986 年，专家到南澳岛考察。1988 年，南澳启动中国第一个风力发电示范场项目，开始对风能进

(a) 风车

(b) 风电场

图 3-10　南澳风电场实景

行开发。现在，南澳已安装的各型风力发电机组约300台，总装机容量约13万千瓦，年发电3亿千瓦时，被称为亚洲最大的海岛风电场，并配套建设了具有风电特色的生态游览区和汕头市科普教育基地，取得了良好的经济、生态效益，南澳风电场实景见图3-10。

3.1.4 绿色循环能源体系构建

3.1.4.1 绿色循环能源体系

产业园区绿色循环能源体系是在满足园区能源需求的基础上，通过地源热泵、非常规水源热泵等能源利用技术，实现区域内的工业余热、土壤及地表水的低温热等低品位非常规热源的规模化利用。系统中拥有低品位热源的用户可将自身剩余的热量上传到总线系统，其他用户可根据自身需要从总线系统中获取采暖热源。绿色循环能源体系不但可以实现能源的多级利用，减少化石能源的消耗，还可以有效降低大气污染物和二氧化碳的排放，实现区域环境质量的整体提升，实现低碳和可持续发展。

产业园区绿色循环能源体系的主要构建方式是因地制宜发展分布式新能源，促进纵向实现“源、网、荷、储”协调运行，横向实现“电、气、冷、热”等多能源的高效利用。产业园区绿色循环能源体系构建常用的热源包括工业余热和浅层地热，常用的技术为非常规水源热泵和地源热泵。产业园区冷、热、电能需求量大且集中，一般具有较高的热电负荷比。在园区建设多能互补的绿色循环能源体系可以在保障能源供应的同时，提高能源利用效率。在园区中配置天然气冷热电三联供系统（CCHP），将燃气燃烧产生的高品位热能用于发电，低品位的热能直接供给用户或用于制冷；同时，在园区内因地制宜建设分布式电源，如利用工业厂房的闲置屋顶资源建设分布式光伏发电系统，利用闲置空地资源建设分布式储能系统等。

3.1.4.2 绿色循环能源体系基础条件

绿色循环能源体系的实施需要一定的基础条件，主要是：

① 明确、稳定的冷热负荷，平均冷、热需求密度高，用户的加入计划明确。

② 区域能源站（集中供热、供冷）及区域管网的布置规划能够实施。

③ 园区管理者有较丰富的特许经营管理经验和成熟的管理机制，当地有条件提供集中供热、供冷服务。

④ 项目的达产期可以预计并且达产期较短。

3.1.4.3 绿色循环能源体系特点

优化的系统设计、高效的设备系统、专业化的管理以及长距离输送能力，使产业园区绿色循环能源（集中供热、供冷）体系具有以下特点：

① 可靠、稳定、高效。多种能源形式，多机组及多系统并联运行，专业化的管理，使区域能源系统实现可靠、稳定的能源供应，同时具备较高的能源利用效率。

② 规模化利用低品位的非传统能源。可减少低品位冷/热源的浪费，充分利用目前已经具备的长距离输送能力，采用大容量高能效设备对各种余热、地表水及浅层地热能

等进行高效、规模化利用。

③ 节约能源，降低排放。与分散式系统相比，区域能源（集中供热、供冷）系统通常可以节能15%～25%，有效减少能源浪费。

④ 节约投资。实践表明，即便不考虑节约的建筑面积所带来的商业价值，与分散式能源（供热、供冷）系统相比，区域系统也可节约约15%的投资。

⑤ 需要专业化运行管理。区域能源（集中供热、供冷）系统建设规模庞大、工艺较复杂，需要专业化的运行管理。

3.1.5 案例分析：重型园区L的余热利用

重型园区L，定位为建设中国北方以装备制造为主导的生态型临港经济区，致力于发展装备制造、粮油加工、口岸物流三大支柱产业。该园区所在区域可再生能源较为丰富，近年来该园区大力开发利用余热、地热能、太阳能、风能等可再生能源，逐步提高可再生能源在能源结构中的比重，促进了低碳经济的发展。

3.1.5.1 区域工业余热情况调研

余热利用拟供热区域为综合配套服务区，建筑类型为住宅、商业公共建筑及标准厂房。供热规划范围作为园区发展的重点地区，需要充分体现地区优势，通过规划促进城市功能的强化，其重点内容是根据临港区工业特点，合理利用土地，集约建设，建设综合配套服务区和高效益的工业区。

（1）热源选择

现场调研表明，区内拥有LG、化工厂、华能电厂、碱厂等诸多大型工业企业，工业余热资源十分丰富，余热的主要形式为工艺冷却循环水、蒸汽及高温烟气等。各企业愿意对外提供的余热形式为工艺冷却循环水余热，并要求利用过程“只取热不取水”，同时保证在厂区内设置循环保障旁通措施。工业区余热利用集中供热工程性质为区域基础设施，体现了强化城市功能、集约建设、打造低碳循环经济的区域发展理念。因此，区域能源系统建设工程选取工业余热作为突破点，利用热泵提取技术，建设余热供热工程。

通过企业调研分析，区内碱厂的工艺冷却循环水余热量最大，不仅能满足供热需求，同时因为有较大的富余量，所以资源可靠性最高。因此，选定碱厂的工艺冷却循环水余热作为能源站热泵机组的低温热源。

（2）供热需求分析

项目供热规划范围内，建设现状为正在建设中的标准厂房和配套生活区，用地现状主要为工业、居住、绿化用地以及少量市政设施用地，规划总供热面积约为400万平方米。

规划范围内，已确定的标准厂房和配套生活区的具体供热需求如表3-4所列。表中，原设计供回水温度指在确定利用工业余热实现集中供热方案前单体建筑设计方确定的室内供暖系统设计供回水温度，而运行供回水温度指确定新供热方案后项目建设方与单体建筑设计方协商认定的设计供回水温度。

表 3-4　已确定的标准厂房和配套生活区的具体供热需求

序号	用热项目	建筑面积 $/10^4 m^2$	起始时间	供热负荷 /MW	原设计供回水温度 /℃	运行供回水温度 /℃	备注
1	厂房 1	9.4	2011 年	7	70/50	70/50	在建
2	厂房 2	9.7	2011 年	9	80/60	80/55	
3	厂房 3	10.8	2011 年	7	85/60	80/55	
4	住宅 1	9.8	2011 年	6	85/60	80/55	在建
5	住宅 2	14.5	2011 年	11	80/55	80/55	

3.1.5.2　工程方案

（1）工程目标

利用区内工艺冷却循环水中的低位热能，以水源热泵＋调峰锅炉方式实现对一期最终 400 万平方米综合配套服务区建筑的集中供热，其中 3 家房地产开发商开发的住宅及标准厂房共计 89.67 万平方米建筑在 2012～2013 年采暖季实现供热。

（2）工程实施步骤

区域（热泵）能源站（以下简称能源站）主体结构及主供热管网一次施工到位；能源站内系统、各供热地块换热站及二次管网分两期建设。其中，能源站主体结构及一期系统、主供热管网、2012～2013 年采暖季实现供热地块的换热站及相应的二次管网，于 2012 年规定供暖起始日前 10 天建成并具备投入运行的条件；能源站二期系统、除 2012～2013 年采暖季实现供热地块外的其他地块换热站及相应的二次管网，根据规划供热区内建设项目进展确定建成和投运时间。

（3）工艺方案

该工程的工艺技术方案为设有燃气调峰热源的工业余热型燃气溴化锂吸收式水源热泵集中供热系统。

该方案的主要优势在于：既能最大限度地高效利用工业余热，又能兼顾区内已有热用户多数要求供暖设计供水温度不低于 80℃的要求。同时，由于设有调峰热源提高了能源站的供热温度及温差，自能源站引出的供热主管道的直径不大于 1000mm，满足市政道路竖向空间的限制要求。

（4）工艺方案主要内容描述

① 余热类型：工业循环冷却水，冬季水温范围 25～30℃。利用温差≥5℃时，能源站制热系统对循环水的最大需求量为 $11910m^3/h$。

② 余热来源：碱厂循环冷却水处理中心。

③ 余热利用形式：燃气溴化锂吸收式水源热泵机组自工艺循环冷却水取热加热，集中供热，一次管网回水，提供集中供热系统所需的基本热负荷。

④ 集中供热系统形式：能源站（基础热负荷低于实际热负荷时，由燃气锅炉补热）→换热站→庭院管网→用户热力入口。

⑤ 一次管网输配形式：分布变频泵系统的二级泵系统，其中一级泵设于能源站，分布变频泵设于地块换热站一次侧。一级泵承担能源站内部压降，变流量运行；二级泵

承担一次网最不利环路供回水管道及地块换热站一次侧压降。

⑥ 能源站主机配置：设有8台燃气溴化锂吸收式水源热泵机组，总热负荷128MW，满足集中供热系统所需的基本热负荷，基本热负荷占系统总热负荷的72.7%。

⑦ 燃气调峰锅炉：选用8台燃气锅炉设在能源站，与热泵机组串联运行，调峰热负荷48MW，调峰热负荷占系统总热负荷的27.3%。

3.1.5.3 关键技术环节方案设计

（1）供水温度设计

设计原则：

① 全系统（由户内系统到能源站）全寿命周期成本最低。

② 兼顾项目近期、远期的用户供热参数需求特点，即近期用户要求供暖设计供水温度高，远期用户要求温度较低。

③ 热用户利用各种形式供暖系统，实现合理的“工程习惯设计供回水温差”，因为这些也是优化与运行实践得到的数据。

④ 合理低温，因为热源为低品位热源。

（2）调峰热源设置

调峰热源燃气锅炉与热泵机组的运行方式有串联运行和并联运行两种。

（3）水源侧连接形式构造与技术分析

① 直接连接：水源水直接进入机组蒸发器，由水源水直接完成热量的转移。

② 间接连接：水源水不直接进入机组蒸发器，而是通过换热器与介质水换热，介质水进入机组蒸发器，由水源水、换热器、介质水共同完成热量的转移。

水源侧两种连接形式的技术分析对比见表3-5。

表3-5 水源侧两种连接形式的技术分析对比

连接形式	优　　点	不　　足
直接连接	(1)系统简单，易于管理； (2)没有中间换热器及介质水循环泵，设备投资低； (3)无中间换热温差损失，机组效率高，运行费用低； (4)无需介质水循环泵，运行费用低	水源侧水质由工业冷却水决定，水质无法保证，机组使用寿命略短
间接连接	进入机组水质易于保证，机组可靠性高，使用寿命比直接连接略长	(1)需设置中间换热器及介质水循环泵，系统投资高； (2)系统运行需开启介质水循环泵，运行能耗及运行费用高； (3)存在换热温差损失，机组效率低，运行能耗及运行费用高

通过增量投资收益率分析和生命周期费用分析，确定采用直接连接形式，即水源水直接进入机组蒸发器，由水源水直接完成热量的转移。该方式不仅技术可行，而且投资最低，运行能源费用亦最低。

（4）系统技术方案总体描述

通过对余热利用集中供热系统关键技术环节的分析，该工程系统技术方案总体描述为：设有燃气调峰热源的水源侧直接换热余热利用型燃气溴化锂吸收式水源热泵集中供热系统，并且供热一次网采用“二级泵”分布变频泵系统输配。

3.1.5.4 节能环保效益

项目达产后，每个供暖季的总供热量约为1286971GJ，利用工业余热475663GJ，能够产生明显的节约能源和减少排放的效果，体现在以下几个方面。

① 年利用工业余热475663GJ，折合节约标准煤16233t/a；

② 由于利用了原本主要依赖水的蒸发而排入大气的工业余热，可节水116894t/a；

③ 年减少CO_2排放42530t；

④ 年减少SO_2排放390t；

⑤ 年减少NO_x排放147t。

3.1.6 案例分析：火电厂D绿色循环能源体系设计

3.1.6.1 火电厂D原设计方案

火电厂D位于滨海地区，设计规模4×1000MW。设计之初，采取传统的沿海电厂设计模式，冷却方式采用的是海水直流冷却方案，即原海水经换热设备进行一次性冷却后即排放的过程。这种海水直接冷却方式在利用海水时，需要解决一系列的海水取水、杀菌、净化、防腐、防垢和防附着等问题。海水直流冷却技术有近80年的发展历史，有关防腐蚀、防海洋污损生物附着技术已基本成熟，但存在取水量大、工程一次性投资大、排污量大和水体污染明显等问题。传统沿海电厂对海洋生态环境具体影响如图3-11所示。

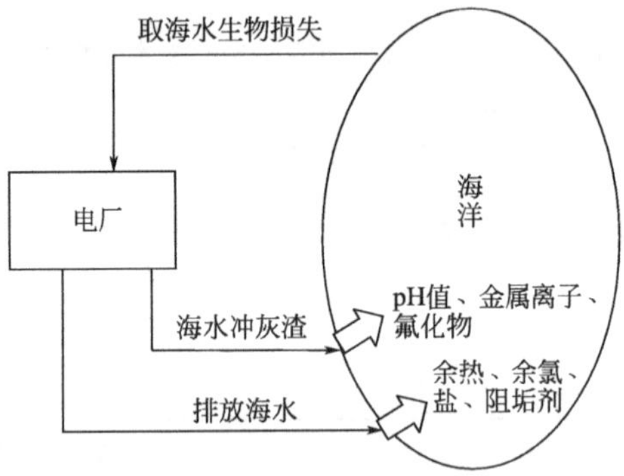

图3-11 传统沿海电厂对海洋生态环境具体影响示意

采用这种传统的海水直流冷却模式，容易造成以下几个方面的影响。

① 取水量大，生物损失量高：海洋环境生物量较高，大量地取用海水势必造成海洋中生物量的大规模减少，长期下去可能造成周边海域生物量的损失，进而影响海域生态系统平衡。

② 排水量大、温度高：易导致排水局部区域海水温度升高，改变海水水生生态环境，进而导致生物发生变化；海水温度升高影响生物的迁徙，从而导致地区生物种群的变化，影响海域生态系统的稳定性。

③ 余氯和阻垢剂的影响：排放的冷却水中的阻垢剂也会对海洋产生一定的污染，

余氯和阻垢剂的化学成分能直接杀死海洋中的微生物，从而造成海洋生物量的大量损失。

④ 海水冲灰渣影响：冲灰渣水的悬浮物含量非常高，灰中可溶出氟化物，冲灰水的 pH 值可达 10 左右，如果直接排入水体将造成严重污染。

鉴于以上问题，火电厂 D 在设计中采用海水循环冷却的方式来代替传统的直流冷却方式，即原海水经换热设备完成一次冷却、再经冷却塔冷却后，循环使用的过程。并结合火电厂 D 周边的盐业生产、建材企业、区域供热需求等，共同构建沿海缺水地区能源产业绿色循环发展模式。

3.1.6.2 火电厂 D 设计方案分析

充分考虑火电厂对生态环境的影响，火电厂 D 采用优化设计方案，构建对资源能源充分利用的绿色循环体系，具体如下。

① 由于火电厂 D 全部采用海水淡化水作为其工业用水和生活用水的水源，并实现了热电联产、水电联产，利用电厂生产的产品热能和电能来进行海水淡化，对周边城区供热，建立了能量的梯级利用产业链，降低了能源和资源消耗。

② 设计中所有的生产废水和生活污水不外排，实现了水资源的合理循环利用，污染物“趋零排放”。

③ 海水淡化产生大量的浓盐水供给盐场作为制盐原料，可以节省大量的盐田浓缩用地。

④ 产生的主要固体废物为灰渣、脱硫石膏和污水处理中的污泥，污泥经脱水后，制成泥饼，投入锅炉中焚烧，最后成为灰渣。火电厂 D 产生的全部灰渣已经签订处理再利用协议，用于建材、垫地、水泥搅拌站、制砖、工程土等，实现了全部灰渣的综合利用。

由此可见，火电厂 D 的设计中，水资源、能源以及产生的固体废物在绿色循环体系中得到合理利用，形成了“资源-产品-再生资源”的反馈式流程，体现了循环经济的“减量化、再利用、资源化”原则，初步构建了一个以发电、供热、海水淡化、制盐、建材为主的绿色循环产业链，不仅减少了废物产生量和处理的费用，还产生了较好的经济效益，形成了经济发展与环境保护的良性循环。本方案整体绿色循环产业体系如图 3-12 所示。

3.1.6.3 火电厂 D 实施循环经济的具体措施分析

传统设计的运行模式为“煤炭资源-电-污染物排放”，这里的污染物排放表现为大气污染物、水污染物、固体废物和对海洋的热污染。火电厂 D 位于淡水缺乏地区，区内地下水超量开采，且水质较差。改进设计遵循绿色循环低碳的思想，采用水电联产和热电联产，将承担城区的采暖热负荷 890MW，折合机组采暖抽汽量约 1360t/h。火电厂 D 在发电的同时，不消耗新鲜淡水资源，利用廉价的热能和电能以及先进的海水淡化技术，从海水中制取淡水，不仅满足了每天自身生产所需的近 2 万吨淡水，而且可每天为当地居民提供符合饮用标准的优质淡化水 18 万吨，满足城区发展对淡水资源的需求，也在一定程度上缓和了当地地下水超采的局面，对环境是有益的。同时淡化系统所

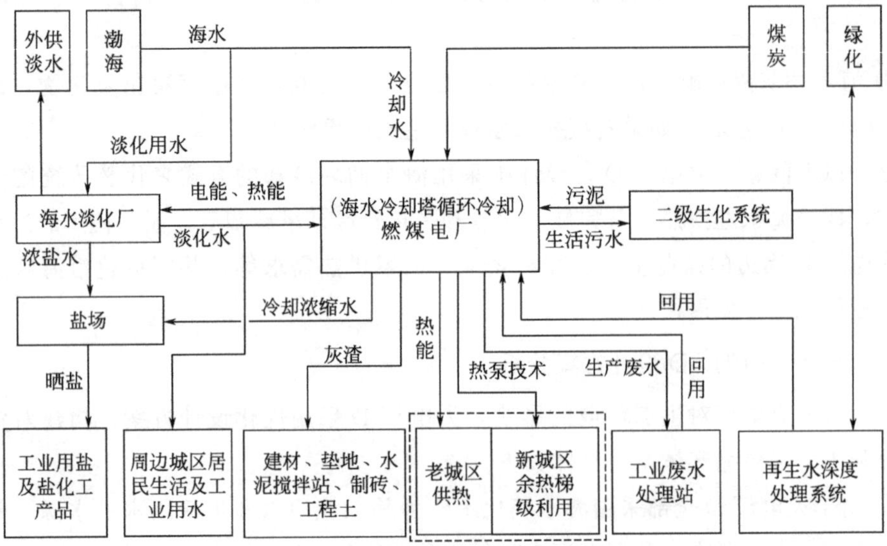

图 3-12　火电厂 D 绿色循环产业体系示意

排出的浓盐水和循环冷却浓缩海水全部排入附近盐田，不仅缩短了制盐周期，而且可节省大量土地资源，也使电厂自身实现“零排放”，实现了能源的梯级利用和海水的循环利用。

火电厂 D 实现了电力、供热、海水淡化、海盐生产一体化的绿色循环发展模式，与传统生产运行模式相比，优化改进主要体现在以下 5 个方面。

（1）生产系统优化

在生产系统资源消耗流程中，火电厂 D 优化模式与传统生产模式唯一相同之处是都使用煤炭资源。在由煤炭中的化学能转化为机械能并最终发电的过程中，需要大量冷却水，传统模式一般需要使用地表水或抽取地下水，形成与当地居民生活和其他产业发展争夺水资源的矛盾，其冷却排水含盐量高、温度高，排入附近海域会造成一定海洋环境和生态影响。与传统工艺相比，火电厂 D 同时实现了热电联产，因此比传统工艺能更加充分地利用能源。传统海水冷却发电模式如图 3-13 所示，火电厂 D 优化后发电模式如图 3-14 所示。

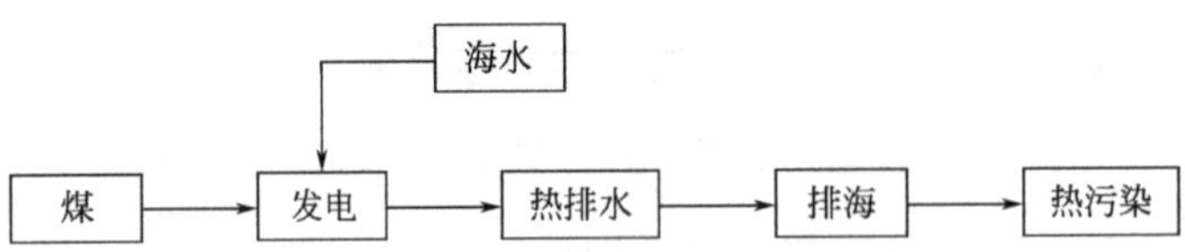

图 3-13　传统海水冷却发电模式

火电厂 D 所需要的生产用水均来自电厂自身的海水淡化水，循环冷却塔的冷却水为海水，不占用天然淡水资源，其生产的大量优质淡化水还可供附近居民和企业使用，冷却塔排出的循环冷却水和淡化系统排出的浓盐水，排至附近盐田浓缩池，作为制盐原料水，同样因含盐量高、温度高而成为制盐的有利条件，缩短了制盐结晶的过程，从而

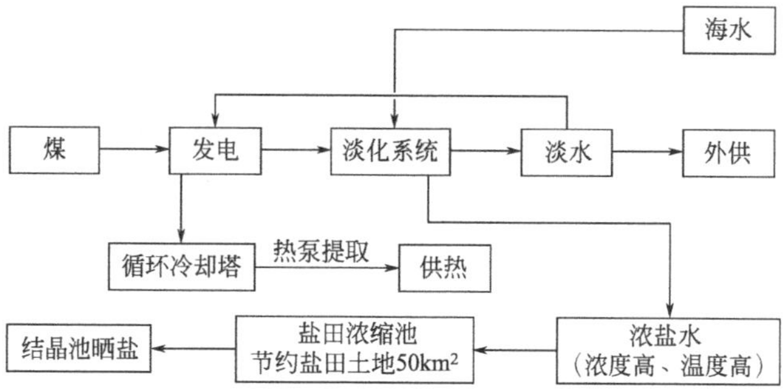

图 3-14 火电厂 D 优化后发电模式

节省了用于晒盐的土地。

两模式相比，同样使用煤炭资源，生产相同的产品——电，但传统模式要使用大量的天然淡水资源，并将产生的废物向环境排放；而优化模式不使用天然淡水资源，并将产生的废物作为其他企业生产的原料，实现了企业间物质再利用的绿色、循环、低碳发展。

（2）循环冷却模式优化

传统模式的沿海电厂冷却水除采用淡水外，也有采用海水的，但全部是直流冷却方式，如图 3-15 所示。而火电厂 D 采用海水冷却塔循环冷却模式，如图 3-16 所示。利用循环冷却方式可相应减少取水量约 $17.7\times10^4\,m^3/h$，从减少取海水量的角度考虑，进而减少对海洋生态环境的影响，达到绿色发展的目的。

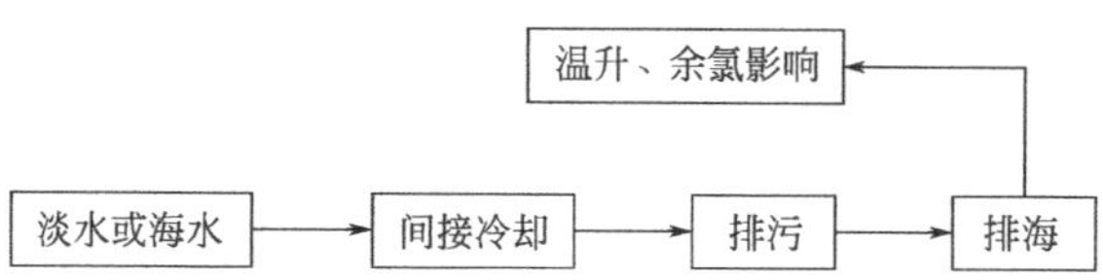

图 3-15 传统电厂直流冷却模式示意

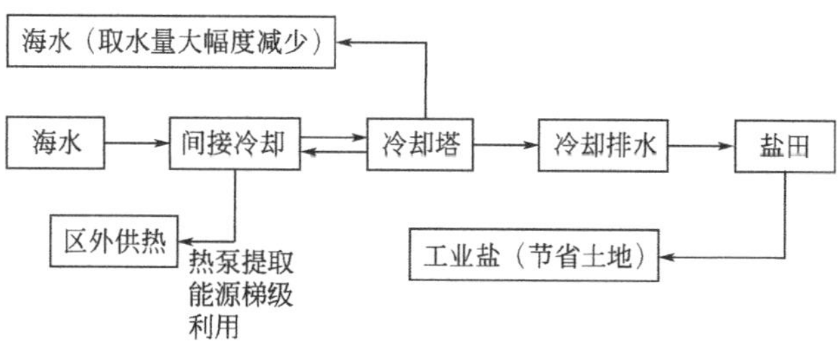

图 3-16 火电厂 D 优化后循环冷却模式示意

同时项目可向区外提供热源。利用电厂冷却水余热，采取多级热泵串联工艺，在供热的同时可以达到节能的效果，具体如图 3-17 所示。利用电厂余热供热的具体工艺：返回火电厂 D 的 10℃的热网回水，进入换热器和 25～30℃的电厂循环水换热，使热网回水升温到 25℃，再依次通过利用电厂抽汽驱动的双效吸收式热泵、单效吸收式热泵及双级高温吸收式热泵，回收电厂循环水余热，热网回水温度升到 90℃，再通过蒸汽加热器将回水升温至 130℃供出。在用户热力站处进入包括热水型单效吸收式热泵及换热器集成的大温差换热装置，逐级降温到 15℃后再返回电厂，完成循环。130～85℃的高温热水用来作为热水型单效吸收式热泵的驱动热源，85～60℃的热水用于配置散热器的建筑，50～35℃的热水用于风机盘管、地板采暖，35～10℃的热水经过热水型单效吸收式热泵的蒸发器侧提取热量后返回电厂。通过该项工艺可以做到能源的梯级利用，最大限度地利用能源。

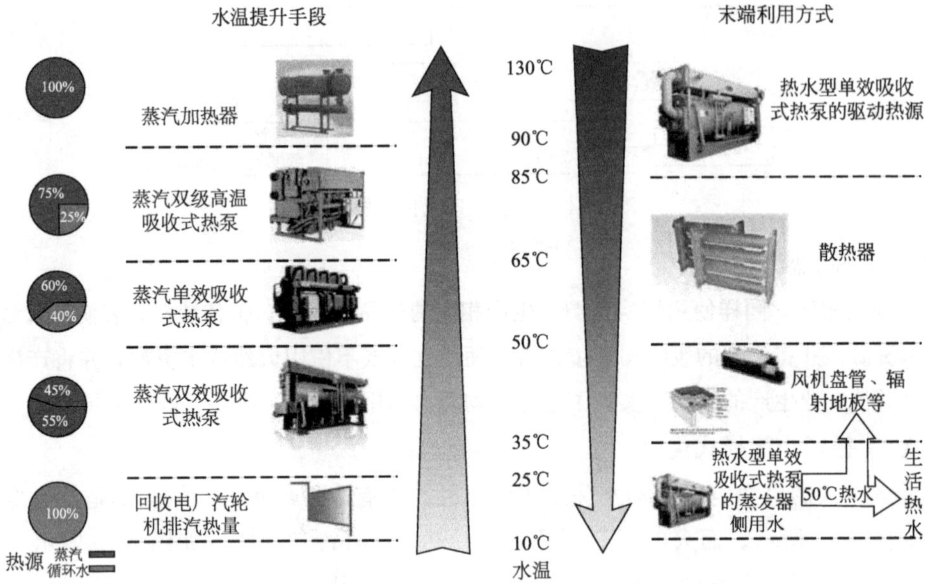

图 3-17　火电厂 D 循环冷却水余热供热工艺流程

（3）冷却水排放模式优化

传统的电厂模式一般会将冷却水直接排海，易造成升温和余氯的影响，从而会对海洋流场和海洋生物产生一定的影响，排放的冷却水中的阻垢剂也会对海洋产生一定的污染。

火电厂 D 的海水经过电厂利用后排放到盐田中，有利于制盐并节省了土地。采用的海水循环冷却，梯级利用的技术有效地减少了海水的使用量，从而有效地减少了能源企业对海水的生态环境影响。

（4）废水处理系统优化

传统生产模式的废污水经过厂内污水处理系统处理后，可做到达标排放，排放去向一般为地表水或污水处理厂，传统电厂污水处理如图 3-18 所示。

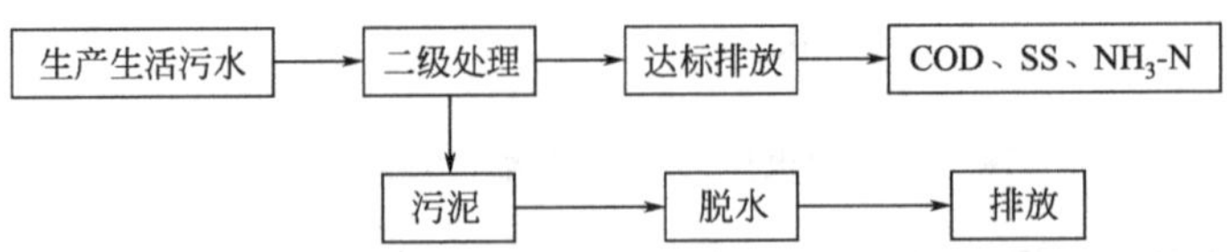

图 3-18　传统电厂污水处理示意

火电厂 D 的设计方案中，对生活污水和生产废水分别处理。生活污水经过二级生化处理后部分用于绿化，其余污水再进行深度处理，如图 3-19 所示。生产废水经过工业废水处理站处理后，回用于各低质用水系统，剩余废水也将进行深度处理，如图 3-20 所示。经深度处理系统处理的出水，水质好于再生水，可进入脱硫废水等对水质要求较高的系统进行高质回用，处理系统的污泥经过脱水后与燃煤进入锅炉焚烧，从而实现全厂废污水零排放。

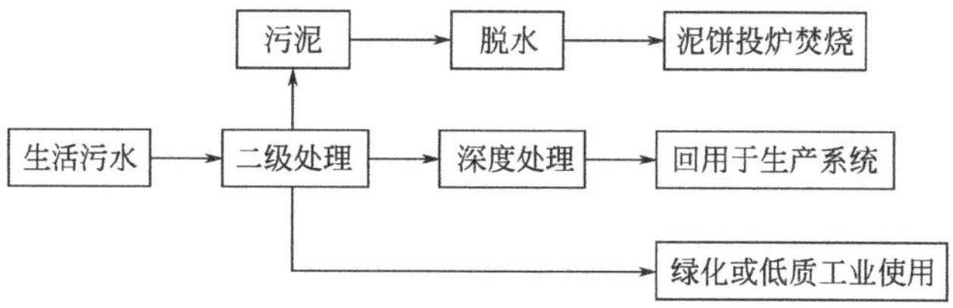

图 3-19　火电厂 D 优化后生活污水利用示意

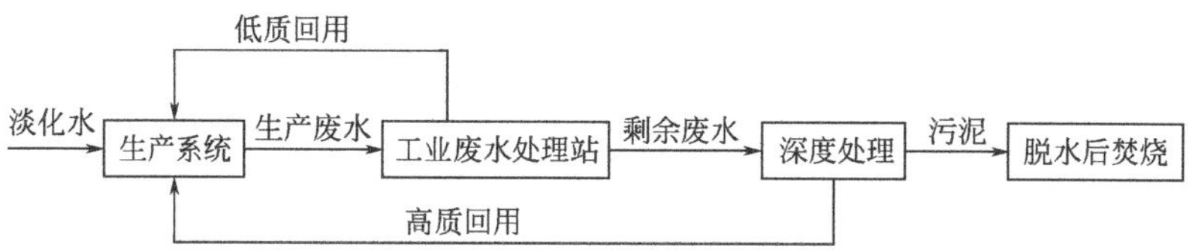

图 3-20　火电厂 D 优化后生产废水利用示意

（5）固体废物利用方式优化

火电企业产生的固体废物主要为灰渣和脱硫石膏，传统火电厂固体废物处置以灰渣场填埋为主，如图 3-21 所示。

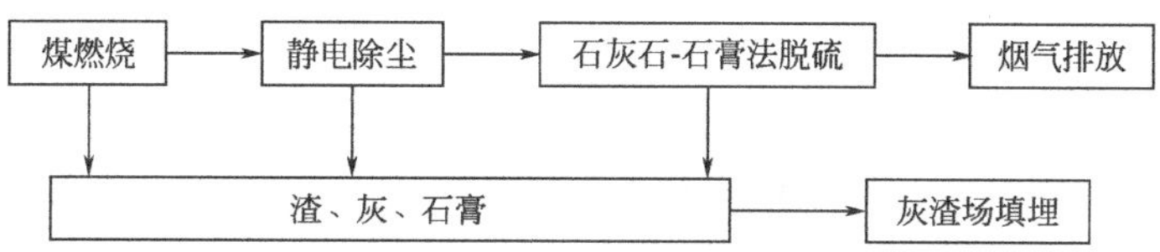

图 3-21　传统火电厂固体废物利用方式

火电厂 D 采用了烟气脱硝技术，氮氧化物排放总量大为减少，同时采用固废综合利用的方式，灰渣还可用作区域开发填方造地的工程土，如图 3-22 所示。

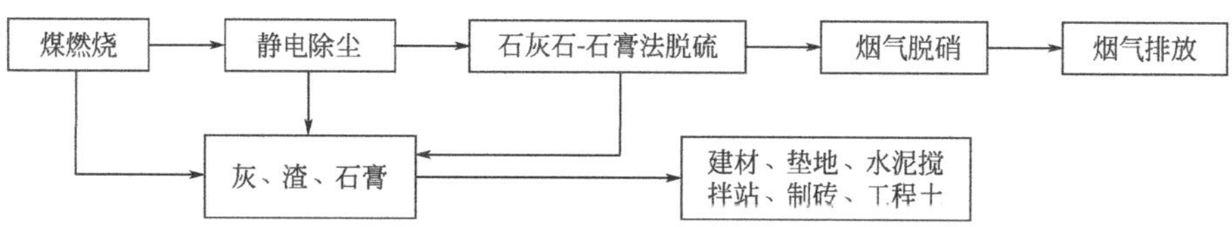

图 3-22　火电厂 D 优化后固体废物利用方式

火电厂 D 临近地区将进行工业区开发，开发范围基本属于淤泥质土地和盐田，需要大量的工程土，且滚动开发时间较长，从而保证了本项目固废综合利用去向，按照开发时序，该项目的灰渣可基本不向灰渣场堆存。这种模式也实现了企业间物质再利用，同时间接地起到了节约土地和增加区域水资源的作用。

3.2　水资源绿色循环体系构建技术

3.2.1　水资源循环利用现状

3.2.1.1　技术应用概况

水是人类生存发展所必需的资源。针对水资源不足的情况，世界各国都制定了很多有效措施来促进水资源循环利用，多年来在水资源、水系统评价和开发利用以及水生态环境保护等领域做了很多研究。循环利用水资源，不仅使污染物排放量大大降低，还使区域经济得到发展，同时，水环境质量也得到改善。

美国、法国等国家对废水处理要求严格，重视水生态系统的建设以及再生水的利用。在对产业园区的管理方面，美国通过明确流域管理机构法律地位、制定流域发展规划、进行流域两岸产业结构的调整和优化，促进清洁生产的推广以及水资源一体化利用。美国城市污水主要回用于灌溉、景观、工艺、冷却、锅炉、消防、冲厕、娱乐、养殖等，同时实行了饮用水系统和再生水系统城市双管供水系统。日本的城市污水主要回用于道路洒水、景观用水和清扫等城市杂用水，此外还有成功利用海水的经验。以色列几乎全部的生活污水和城市污水已实现了回用，污水主要回用于农灌、地下水回灌和市政用水。其他很多水资源短缺的国家和地区如澳大利亚、中东等，也很早开始重视生活和工业废水的处理和循环利用，通过利用非传统水源，水的梯级利用，来有效提高水资源的重复利用率，从而解决城市水资源紧缺、污染及浪费等水危机。

我国的水资源不足而且分布不均，有 1/2 以上的重要城市面临不同程度的缺水问题，水资源的供应不足已是制约现代城市经济发展和人民生活改善的主要因素之一。国内从区域、园区、企业等不同角度，对水资源循环利用、水资源优化分配、污水梯级利用与回用等开展研究与实践。从区域角度，许多城市都建设雨水、污水以及再生水回用等水资源的收集、回收与综合处理系统，从而实现水资源的循环利用，推动了我国水资源循环利用的发展。从园区角度，我国对产业园区的水资源循环利用已做出明确规定，鼓励各类产业园区的企业进行水的分类利用和循环使用，在我国很多的工业园区都已经采取了重复利用污水、废水措施，更有园区从产业链角度对水资源循环利用和共享开展探索。从企业角度，企业参与包括积极发展串联用水系统和循环用水系统，提高水的重复利用率等，如塑料厂、钢铁厂采用冷却池或冷却塔技术重复利用冷却废水；电站、造纸厂采用封闭循环系统使水资源得到最充分利用。

总的来看，水资源的再生利用、污水资源化的技术已经较为成熟并且还在不断发展进步中，再生水回用于工业、市政杂用及生态用水等方面是完全可行的。首先，水资源循环利用会产生较大的社会经济效益，在一定程度上可减少对新鲜水资源的需求，而且间接增加了可利用的水资源量。其次，水资源的循环及重复利用还具有巨大的环境效益，可以减少废水排放，防止环境污染，在有效缓解用水紧张等问题的同时能改善水环境。

3.2.1.2 存在的问题

（1）再生水水源单一

产业园区的绿色循环发展离不开水资源循环利用，园区需要充分掌握国家促进水资源循环利用的各项政策和鼓励措施，根据产业结构和产业链的构建需要，促进企业为了有效地共享原料、水资源、能源、基础设施、信息等资源而彼此合作。在精细深入考虑对水资源集约、节约利用以及对非传统水资源的合理利用过程中，单一再生水水源供应逐渐不再能满足园区的需要。

目前产业园区的水资源回用通常采用的做法是建立园区分质供水体系，即建设自来水和再生水两套供水设备和管网系统，实现水资源优质优用、低质低用。园区的再生水大都来自城市再生水管网，由集中再生水厂统一提供。其优点是便于集中管理和保障水质安全，但缺点是忽略了分散再生水设施（如企业、居住区内再生水设施）的生产能力，而且偏远地区管网敷设成本较高。

（2）再生水产量与用量不匹配

目前，在各产业园区中，因企业分布和生产特性的差异，再生水的产量与需求量通常是不平衡的：一方面大量企业及市政设施对再生水有极大需求，而对水质的要求不高；另一方面有些企业有一定富余的再生水生产能力，有一定外供能力。在这种情况下，采用水资源绿色循环系统构建技术将解决再生水产量与需求量不平衡的问题，实现园区水资源的协调调度与优化利用，同时可更充分地利用现有再生水资源，降低再生水设施运行费用，提高再生水利用率。

（3）水的自然循环和社会循环分离

水循环包括水的自然循环和社会循环。水在自然环境中的降水、流动、蒸发、渗透等过程，使水体在循环中自净的同时发挥其调节气候、美化环境、繁衍生物等方面的生态功能。目前产业园区中的水循环系统构建技术，通常建设集中的污水处理厂和配套再生水利用设施。这种方式虽然便于水资源统一调配，但水资源的循环局限于管网的工业企业内，只包含了社会循环，而忽略了自然循环这一重要环节。实现水资源自然循环和社会循环的联系在生态用水、景观用水短缺的地区是个可挖掘潜力很大的方向。

3.2.2 水资源绿色循环系统构建技术

关于水循环的研究已有很多，包括工艺、企业、产业链、区域等不同层面的水资源循环利用方式，以往学者也提出要构建“小、中、大”不同规模互相结合的水资源循环系统。本书从产业园区管理者角度，侧重以产业园区为对象的水资源绿色循环系统。

产业园区水资源绿色循环系统，是以集中再生水厂为主导，分散再生水设施为补充，兼顾雨水、冷凝水等其他非传统水源水的利用，把生产生活和自然生态用水有机结合起来的产业园区水资源再生利用体系。产业园区水资源绿色循环系统主要包括封闭型与开放型水循环体系。封闭型水循环体系是在建立统一的再生水管网建设标准和再生水处理标准基础上，以集中再生水厂为主要供水源，统筹协调分散在各企业的再生水处理站，从而把园区非传统水源纳入市政再生水管网系统，进行充分合理利用的再生水生产和管网系统。开放型水循环体系是通过园区自然水体净化和优化设计、人工湿地净化等系列工程，为园区提供稳定的生态水源，并保持园区自然水系良性循环的水环境改善系统。

产业园区水资源绿色循环系统通过合理构建开放型与封闭型水循环体系，实施区域再生水统一管理、统筹使用，将会产生更好的经济和环境效益。具体应用中涉及的技术包括分散式再生水管网系统的构建技术、园区用水优化平衡技术、冷凝水的回收再利用技术、污水回收再利用技术、“零排放”技术、污水处理厂尾水净化技术等，需要根据园区用水情况和水系统现状分析，加以灵活调整。

通过产业园区水资源绿色循环系统建设，建设厂域和区域两个层次的再生水供水系统，并将再生水划分为优质、一般、低质三类，按需供应，形成“两级三类”再生水回用网络。它可实现园区排放污染物的减量化，园区水环境的总体提升，园区缺水现状得到缓解，进而达到整个区域水生态系统的完善和重建。

3.2.2.1 系统构建原则

产业园区的水资源绿色循环系统构建应遵循以下原则。

① 统筹规划，分质供水。按照国家污水处理和再生水回用相关标准，结合园区实际需求，形成一套适合本区发展的水质处理标准，分质供水、优水优用。加强顶层设计，从规划建设初期为再生水、冷凝水、雨水等管网预留位置。

② 加强非传统水源利用。加强对雨水、再生水的收集与利用，采用雨水收集利用、水资源再生回用等方法建立水循环经济运行模式。协调并鼓励企业开展再生水、冷凝水、雨水等非传统水源利用。

③ 节约用水，实现水资源消耗量和污水排放量最小化。加强用水定额管理，以合理配置水资源。生活、生产和其他杂用水统筹协调，优先满足生活用水。提高清洁生产水平，加强工艺过程节水。鼓励园区企业采用先进的技术和工艺，实现工业耗水的减量化。

④ 优化产业结构。优化产业链，按照“减量化、再利用、资源化”的原则，积极推动产业结构生态重组，大力提高工业系统水资源生产效率。

⑤ 完善雨污收集处理设施。完善的雨污收集处理设施是产业园区水资源循环利用的基础。应保证生活污水、生产废水及地表径流全部得到收集、处理，排水应符合国家、地方和行业排放的相关要求。

3.2.2.2 封闭型水循环体系

封闭型水循环体系建设包括两个层次：一方面结合城市集中污水处理厂建设再生水厂，并敷设再生水配套管网，保证再生水及时有效地送达企业；另一方面接受企业处理达标的再生水，在区域内合理调度，实现区域资源优化配置。

多水源供水管网是个复杂系统，再生水管网系统比起自来水管网系统更加复杂。各企业再生水水源有较大差异，例如有的是啤酒废水，有的是循环冷却水，有的是纺织废水。各企业的再生水处理工艺也不尽相同，生产的再生水水质不完全一样。原先各企业再生水主要为满足本企业需要，因此设计供水压力都较低，与市政再生水管网很难匹配。因此需要一系列工程使再生水供水保持稳定。

（1）水源协调

产业园区应制定园区循环用水规划方案，确定再生水需求量，配套再生水利用设施。区域再生水由集中再生水厂提供，通过再生水管网接入企业，为企业提供统一而稳定的再生水水源。原位再生水由具备污水处理设施的企业内部根据对再生水的需要，将生产用水进行不同工序间的梯级利用或将生产污水处理达标后回用于厂内生产、绿化、生活杂用等方面。

区域与原位再生利用可以互相结合，企业内部不能消耗的原位再生水可进入区域再生利用管网，形成相互交错的水资源循环利用网，如图 3-23 所示。

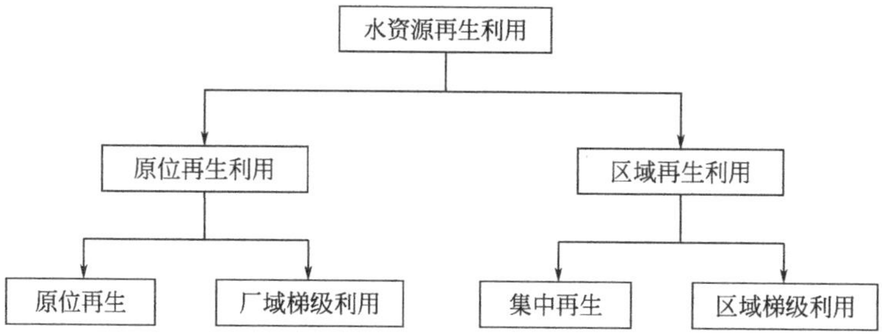

图 3-23　水资源再生利用示意

结合原位再生、厂域梯级利用、集中再生和区域梯级利用的特点和适用范围，废水产生量较大的企业内部可实施水资源的原位再生和厂域梯级利用；废水产生量较小的企业，统一排入区集中污水处理厂处理后在区域内再生回用。

已具备污水处理设施的企业，应对处理后的再生水进行合理利用，污水经处理达标后可回用于绿化、冲厕、卫生等生活杂用水或回用于生产过程中，减少新鲜水的使用量。同时鼓励区内企业自建污水处理设施，本厂污水处理达标后实现就地回用。

对于再生水产生能力大，超出企业内回用需要的企业，如果再生水水质较好可保障满足相应标准，在综合衡量社会经济效益的基础上，可以考虑纳入园区再生水管网，成为园区多点供应的再生水水源，形成集中-分散相结合的再生水供应模式。

自身不具备污水处理设施的企业，废水排入集中污水处理厂。再生水厂建成投产后，对于大多数自身不具备再生水处理设施和处理能力的企业，可以利用区域再生水厂的再生水，作为企业的生产、生活低质用水水源，甚至还可根据生产工艺需求，在经过成本核算后，对再生水进一步深度处理，作为特定的生产工艺用水。若再生水厂出水水质能够满足城市污水再生利用相关标准，则可作为稳定的再生水水源。

（2）水质分类供应

根据对水质需求的不同，将再生水进一步划分为优质、一般、低质三类，各类再生水有不同的供应方式。

① 优质再生水：根据企业工艺需要，以企业为主体，将管网输送的一般再生水经反渗透或其他工艺深度处理后，达到纯水、去离子水等标准，成为优质再生水，用于工业生产。

② 一般再生水：这类再生水需求量最大，包括大部分工业再生水。工业再生水主要是工业冷却用水和工艺低质用水等。工业循环冷却水对水质的要求不高，再生水水质能满足要求，需求量大，是再生水回用于工业的首选对象。工艺用水，包括洗涤、除尘、产品用水等，在水质能够满足工艺要求时也可采用再生水替代。

③ 低质再生水：主要是市政杂用的再生水和绿化用水。市政杂用水主要用于区内工业企业、办公建筑以及居住区的生活杂用，例如冲厕、道路洒水、冲洗车辆和消防等。绿化用水主要用于公共绿地、绿篱、路心池、绿墙、工业企业厂区内部的绿地等的灌溉。这部分再生水的水质要求并不高，处理较简单。

一般再生水和低质再生水由集中再生水厂统一提供，企业再生水经过处理达到水质要求的也可以提供给园区，实现多点供应。

（3）水质标准

产业园区与企业的污水和再生水处理设施，根据废水水量、水质，合理配置污废水处理设备或设施及工艺，保证再生水水质达到合格标准。进入封闭型水循环体系的再生水，一般生产用再生水应满足《城市污水再生利用　工业用水水质》(GB/T 19923)，生活和市政杂用再生水应满足《城市污水再生利用　城市杂用水水质》(GB/T 18920)，景观用再生水应满足《城市污水再生利用　景观环境用水水质》(GB/T 18921）等城市污水再生利用标准后确定，以满足一般生产生活需要。如果考虑将再生水回用于工艺，则回用企业可根据工艺对水质的要求，在厂内进行进一步处理。

此外，产业园区应将再生水处理设施和再生水供水管网系统纳入园区基础设施，统一规划方案和建设要求，统一运行的关键参数。需要分析不同企业提供的再生水水质差异，科学规划再生水供应方案，设置合理的再生水供应网络，同时需要制订多水源情况下再生水管网水质稳定控制方案和水源切换条件下供水系统的水质安全保障措施，保证再生水水质。

3.2.2.3　开放型水循环体系

开放型水循环体系建设包括水系的连通和净化两方面：通过水系连通工程使园区景观水体连通循环，提升水体景观功能和生态功能；通过水系净化工程对污水处理厂尾水、再生水厂出水、雨水等深度处理，缓解缺水地区生态用水紧张的同时，保证景观生态用水水质。

（1）水系连通工程

水系连通工程是根据园区现有水系条件，提出合理的水系连通方案，实现区域内水系与景观水体的良好流通，使区域内水质得到较大提升，整个区域的生态环境得到有效改善。

1）确定连通方案

水系连通方案首先应结合园区特点确定工程实施的若干重点区域，分区域施工。一般重点施工区应与园区所处城市的自然水体、景观水体、生态廊道的建设相结合，如局部区域连通工程、景观水系连通工程、河道改造工程等。为便于园区人工河道实现水流循环，可采用人工河湖串联，形成若干环形河道的形式。方案确定后，各工程根据需要设定工程长度、土方量、清淤量等具体参数。

2）考虑因素

工程施工应充分考虑可能出现的困难，并根据工程条件确定解决方案。常见的考虑因素包括：河道现状复杂程度；雨污、输配水、电力、燃气等多类管道的排列和交错情况；河道周围基础设施状况；河道存在断口；周边建筑已形成等。以上因素都会影响连通工程开展，需要预先做好方案。

3）工程实施

除对原有河道的疏通外，利用人工湿地的形式可实现河道之间的贯通。通过人工湿地的建设，形成一条有效的环河水系通道。此外，较大面积的人工湿地可以附加实现雨季的短时蓄水功能，缓解城市雨水外排的压力。由于湿地的运行要使用水泵提水，亦可实现部分环河水系的循环流动。

工程实施经过的道路采用河道开挖和铺设管涵的方式。在与高速公路出口交汇处，连通工程采用深埋管涵过路的形式，在每个交汇处各铺设混凝土管。另外，需考虑在连通位置设置闸阀。为使湖水与环河水的调蓄更具灵活性，可考虑在连接位置设置抽水机。此方案的优点是可直接利用现有的雨水管网，施工量小，造价低，并可附加实现雨季和旱季的水量调蓄功能。

（2）水系净化工程

水系净化工程的主要作用是景观河湖净化水处理、再生水厂和污水厂出水深度净化以提升水质以及景观美化和生态文化示范等。

产业园区内景观河湖生态补水，按照《城市污水再生利用　景观环境用水水质》（GB/T 18921—2002）标准，再生水厂出水水质只要满足此标准即可用于景观用水，这部分水可与绿化用水结合起来，直接采用景观水作为临近道路、河道两侧绿化用水水源。结合景观河道补水需要，污水处理厂达标的出水通过湿地处理系统的净化后也可以作为景观河道生态用水和普通绿地绿化用水。

通过生态湿地建设，利用湿地技术特有的净化手段，使污水处理厂排放污水、生活污水以及雨水径流等得到有效的净化处理，使淡水资源的再次开发与利用成为可能。结合水系连通与循环方案，根据所属区域的用水需求建设不同形式的人工湿地，创造出新的动植物栖息地并打造出多功能的立体式生态廊道。

1）人工湿地形式

人工湿地的可利用面积可结合土地开发进度，分期建设。

对于景观型人工湿地，湿地形式可采用表面流湿地，湿地的设计应充分考虑周围河道的自然形态，在走势上与河道自然顺接。结合景观需要与生态目标，有针对性地选择湿地及湿地周围的植被。在设计上综合考虑功能与自然表现形式的结合，将人工湿地建成集环河水质处理与观光、休闲和娱乐为一体的旅游休闲场所。

对于污水处理厂尾水深度净化湿地，湿地形式可采用潜流型湿地，分布于狭长范围内。污水处理厂尾水深度净化湿地采用多个地块并联的方式进行设计，每个地块又分布若干按功能划分的设计单元。湿地的布局考虑地块形状与河道位置，以实现均匀布水、节约能源、优化处理效率以及外部景观与周围环境和谐的目的。

此外还可采用潜流与表面流结合的形式。潜流区为主要的水质处理区，表面流段则重点实现景观效果。另外，景观湖湿地将通过合理分区与布局实现其他特殊功能（如观赏性和研究性植物园）。

2）配水设计方案

布水形式可以考虑明渠布水或者管道布水，布水的前提是要充分利用污水处理厂尾水的出厂水头，尽量不使用外加能源。湿地各单元的布局，要考虑布水条件。在尾水通过处理区之后的集水环节，应从河道循环需要的角度考虑集水形式。

3）人工湿地效率

当人工湿地的功能分区齐全，水力负荷低，BOD_5 去除率可达 70%以上；COD 去除率可达 60%以上；SS 去除率可达 60%以上；TN、TP 去除率可达 50%以上。

4）生态功能

景观湖湿地一方面可以保证湖水的水质提升；另一方面可以实现景观湖水量的动态平衡。另外，通过湿地的运行，还可实现河道与景观湖水体的循环。

污水处理厂尾水深度净化湿地在水系水量调蓄和水体循环中具有重要作用。一方面，再生水可以参与河道水的新陈代谢；另一方面，通过确定合理的集水方式以及合理利用泵站，亦可促进整合水系的循环流动。

（3）水系调蓄与循环工程

水系调蓄与循环系统是一套园区自然水体存蓄利用综合解决方案，主要结合人工湿地的功能特点而提出。水系调蓄与循环系统和园区的管网系统是两个既相互独立实则又为统一整体的系统，一方面，可以提高城市的防洪标准，降低雨水的外排量，减少对区域外排涝设施的压力；另一方面，可以提高雨水的利用率，使之成为该区域的新水源。

1）雨季和旱季的调蓄方法

在雨季，可由景观湿地和景观湖储存河水，缓解河道泄洪压力，如图 3-24 所示。

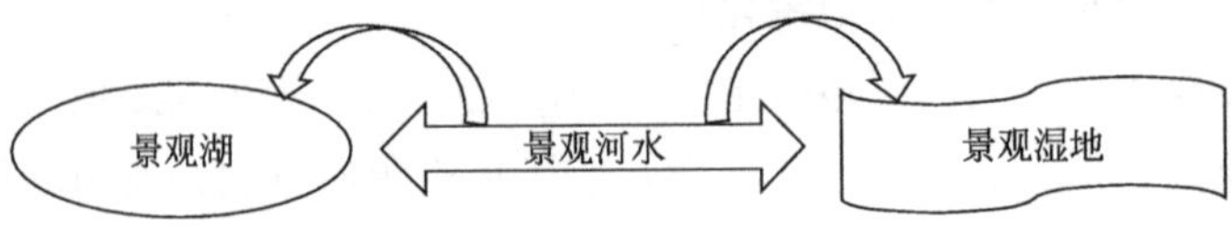

图 3-24　雨季水系调蓄示意

在旱季，可由湖水补给河道，进而维持湿地运转，如图 3-25 所示。

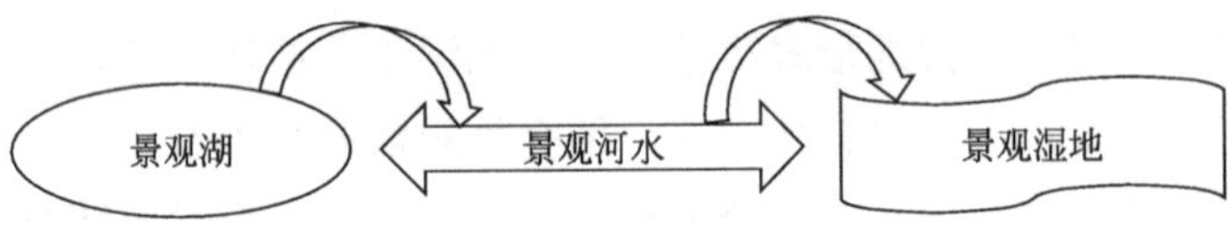

图 3-25　旱季水系调蓄示意

2）湿地正常水位的保障方法

在枯水期，人工湿地可考虑接受污水厂出水和湖水补给，通过控制湿地出流的办法，保证湿地在正常水位运行。

3）整个水系水量的保障方式

以某工业区为例，景观湖水面面积 45 万平方米，河网水面面积 154.8 万平方米，多年平均蒸发量为 1805.9mm，平均年下渗量为 28.3mm。按此计算，水系平均日亏空量在 0.9 万立方米左右。污水厂日处理能力为 3 万吨。通过污水厂尾水深度处理湿地的正常运转，能够满足整个水系的水量平衡要求，如图 3-26 所示。

图 3-26　水系水量平衡示意

3.2.3 水资源利用案例：产业经济区 S

产业经济区 S 的水资源循环利用，是把水资源再生利用与水环境自然循环相结合，得出合理的开放型与封闭型再生水总线构建方案，实施区域再生水统一管理、统筹使用，产生更好的经济和环境效益。通过区域再生水总线系统建设，完善管网和管理调控系统，合理配置水资源，实现园区外排污染物的减量化、园区内水环境的总体提升以及对整个区域水生态系统的改善。产业经济区 S 水资源循环利用系列工程总体设计见图 3-27。

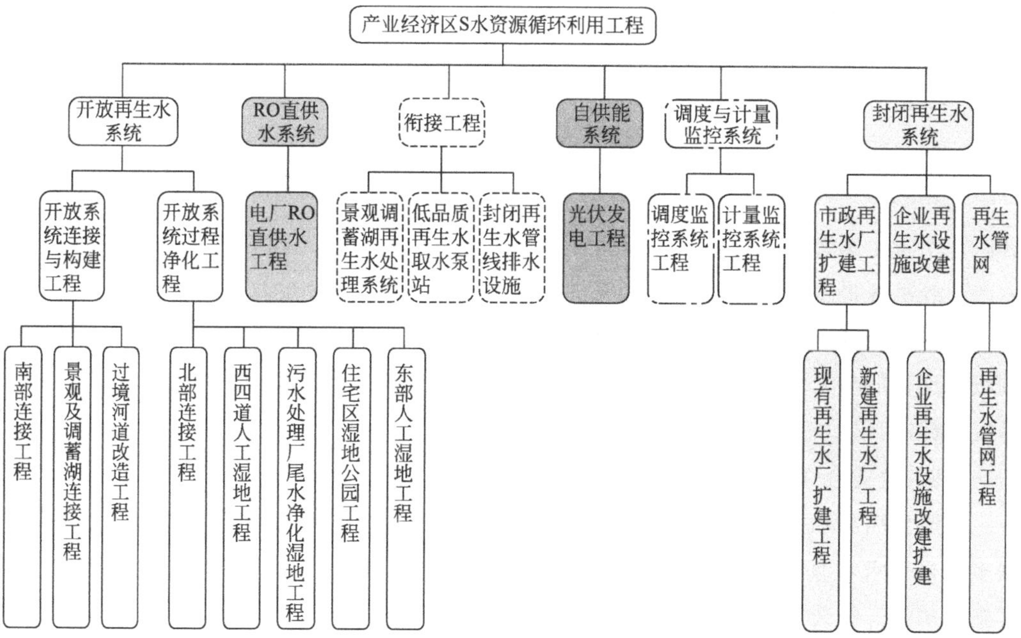

图 3-27　产业经济区 S 水资源循环利用系列工程总体设计

3.2.3.1 封闭型再生水总线

产业经济区 S 封闭型再生水总线系统建设，是以集中再生水厂为主导，分散再生水设施为补充的再生水供水体系。封闭型再生水总线包括集中再生水利用设施和管网建设、企业多点再生水源建设和市政中水管网及雨污水分流管线建设三部分。由于水资源是在管网、污水处理厂、再生水厂等相对封闭体系内，因此称封闭型再生水总线。

封闭型再生水总线不仅提升园区市政污水处理厂和再生水厂的处理能力，而且充分利用分布在企业的再生水处理站，同时实现全区中水管网全覆盖，对雨污水管网进行全面摸底排查，提高再生水利用率。封闭型再生水总线的水资源循环利用设计思路如图 3-28 所示。

（1）集中的再生水利用设施和管网

园区把推广再生水利用工作贯穿于从开发建设到运营管理的全过程，坚持规划先行原则，在总体规划和用地控制性详细规划中都包括了再生水管网建设内容，并随土地开发建设同期敷设再生水管网，达到“十一通一平”，为推广再生水利用打下良好基础。

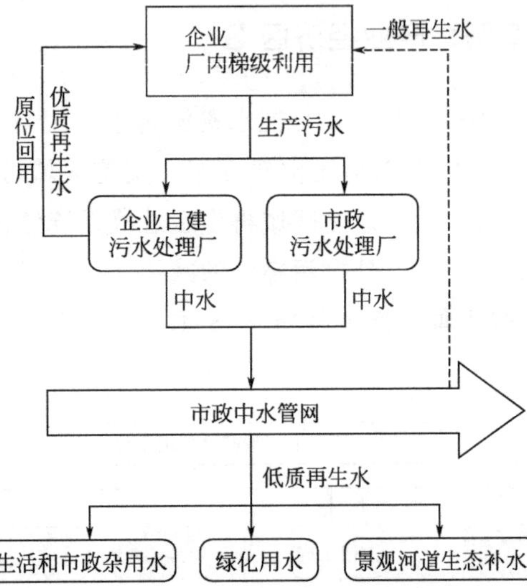

图 3-28　产业经济区 S 封闭型再生水总线设计思路示意

区内主干再生水管网已具备，大量企业预留再生水管网接口。园区建有集中再生水厂作为产业经济区再生水水源，为企业提供稳定达标再生水。

同时，园区在再生水利用方面突破区域局限，积极开展区域间再生水利用合作。经调研与论证后与天津开发区展开区域合作，接引再生水供水管线到海港热电厂，为引入稳定达标的再生水水源打通路径。

（2）企业合作拓展多点再生水水源

在园区引导和推动下，区内企业积极开展再生水利用工作。配合再生水总线工作拓展多点再生水水源供水模式，先后有联合利华、亚实履带、古德里奇、太钢天管等企业实施污水站升级改造。

通过企业先后实施污水站升级改造，污水站处理后的工业废水和生活污水不再直接排入污水处理厂，而是进一步采用 RO 处理方式，对污水站出水进行深度处理，达到回用水标准。处理后的再生水用于污水厂加药、反洗、冲洗设备、清扫地面等。区内联合利华等企业还有富余的 RO 出水，已用于园区市政绿化，具备接入园区再生水管网条件，可成为园区再生水供水节点之一，实现社会经济发展和环境保护共赢。

区内利民等企业还积极回收生产过程余水和余热，开展乏汽回收及水浴发酵池溢流水回用。公司原生产中使用的 6 台旋转蒸煮锅乏汽直接排放，未回收利用，存在热能及水资源浪费；而在水浴发酵池及罐群则需用蒸汽加热产生热水，然后水浴维持发酵温度。在项目中，将蒸煮锅乏汽回收，用于加热水浴发酵池及罐群的水浴用水，从而降低生产热水所需消耗的蒸汽量。回收乏汽所产生的凝结水，输送至水浴发酵池，随着凝结水的流入，水浴发酵池所用的水浴热水溢流至下水道中，收集后用于车间卫生清理（冲洗地面等)，减少水资源消耗。并且及时更换蒸汽管道疏水阀，解决部分蒸汽管道疏水阀存在的漏汽问题，避免蒸汽流失带来的能源、水资源的浪费。

（3）做好雨污水分流管网改造

雨污混接会使大量的有机污染物进入周围水体环境，给藻类和微生物提供了大量营养物质，致使其迅速生长繁殖，水体中含氧量低于正常水平。一方面，藻类迅速生长消耗大量的氧气；另一方面藻类竞争性生长，释放大量毒素等，影响水体环境中各种生物的生长。

1）初期雨水截留

由于降雨初期溶解了空气中的大量污染性气体，降落到地面后，又冲刷沥青油毡屋面、沥青混凝土道路、建筑工地等，使得前期雨水中含有大量的有机物、油脂、悬浮固体等污染物，因此初期雨水的受污染程度较高。如果将前期雨水直接排入自然承受水体，将会对水体造成非常严重的污染，必须对初期雨水进行弃流处理。控制初期雨水就是将初期雨水截留，而不直接进入景观河道。可以设置雨污切换装置，将初期雨水分流至污水管道，降雨后期污染程度较轻的雨水经过预处理后，再经雨水泵站排入自然承受水体，有效地保护水体环境。

2）雨污混接排查

园区污染治理从扎实的基础工作着手，找准关键节点，抓两头、顾中间，在约束企业和污水处理厂达标排放的同时，瞄准易受忽视的雨污水管网和泵站维护，把雨污水分流工作做细做实。雨污系统管网的内窥监测和养护工作具有十分重要的意义，按照《城镇排水管道检测与评估技术规程》(CJJ 181—2012）中的规定，排水管道检测以结构性状况为目的的普查周期宜为 5～10 年，以功能性状况为目的的普查周期宜为 1～2 年，其中流砂易发、湿陷性土等特殊地区的管道；管龄 30 年以上的管道；施工质量差的管道；重要的及有特殊要求的管道，普查周期均可相应缩短。

3）雨污水泵站截污

针对雨污水泵能力不足，无法满足汛期排涝需求的现状，在全区实施雨污水泵站改造工程。工程更换原有老雨水泵及配套阀门，新建高压配电室和隔油池，同时对污水处理厂出水管道进行改造。改造后的雨水泵站更新后的设备可进行中央监视和控制，集数字化、分布式数据采集，分层数据传输，多种显示方式等功能于一身，使得泵站系统的输水生产过程更加简捷、方便、灵活、可靠，在减少泵站耗电的同时充分发挥管网系统的运载能力，有效解决汛期道路积水严重的问题。

3.2.3.2 开放型再生水总线

（1）基本情况

产业经济区 S 原有 13km 的景观河道，景观西湖和景观东湖（中心大道以东）。景观水体枯水期、平水期平均水位 1.8～2.0m，丰水期平均水位 2.2～2.5m，景观河道平均水深 2m，景观西湖平均水深 3.5m，景观东湖平均水深 4.5m。景观河排入的污水只来自雨水泵站，并没有工业企业的污水排入。景观河岸边种有芦苇，水面上有很多浮萍。景观河道、景观湖整体呈劣Ⅴ类水质，呈重度富营养化状态。

为改善园区整体环境，提高区域内水系连通性和生态自净能力，改善水体景观效果，产业经济区 S“十二五”期间开展了开放型再生水总线工程，共实施了 11 个项目，包括北部雨水泵站调蓄、东湖与东三道管道连接工程等，如图 3-29 所示。

景观水体中的污染物主要有内源和外源两种，内源主要来自景观水体底部淤泥的污

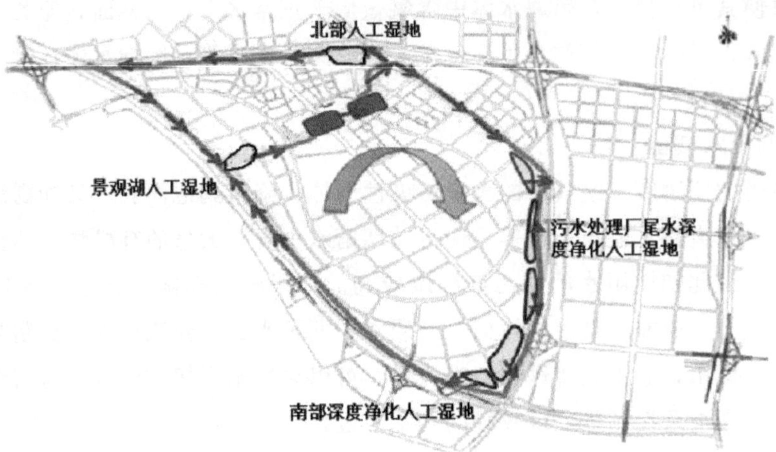

图 3-29　产业经济区 S 开放型再生水总线工程示意

染物释放，外源主要来自雨水泵站排入的雨水污染负荷。大量污染负荷的进入会使景观水体脆弱的生态环境遭受巨大的风险，严重影响景观水体的水质。因此，控制污染物的排入是维护景观水体水质的重要途径。底泥中积累着大量的污染物，在厌氧或者“翻底”情况下，底泥中的富营养元素很容易释放到表层水体，导致藻类繁殖，水体水质急剧恶化；雨水系统的雨水中会携带大量的 SS、氮磷等营养物质，雨水的径流污染较为严重。而且雨水系统中还存在雨污混接、工业企业偷排污水的情况，这无疑使景观水体受到更大程度的污染。因此，进行底泥的疏浚和雨水系统的污染控制就显得格外重要。

工程实施前景观河道处于分段的隔离清淤状态，整个园区的景观河道和景观湖大部分连通。只是考虑到景观河道水质较差，景观湖水质较好，而未将河湖连通处的闸阀打开，因此水体并没有相连接。

（2）主要措施

1）水体循环

为了改善景观水体封闭、缓流、水质极易恶化等问题，采用水体循环的方式提高水体流速，改善水动力条件，进而改善水体水质，以提升水环境质量。考虑到景观水体水质现状、水系连通情况与未来的规划意向和水系循环的动力能源设施等情况，将景观水体循环分为两个循环系统，分别为北部循环系统和南部循环系统。

2）充氧曝气

依据景观水体实际情况，在雨水泵站河段布置推流复氧净化器充氧曝气。

3）尾水湿地

污水处理厂尾水深度净化人工湿地主要作用有两方面：一是提升污水处理厂尾水的水质，使之达到景观水标准，经过深度净化后的污水处理厂尾水可用于河道补水，实现环城内河的水量平衡；二是在湿地运行过程中同时处理景观河道中的河水，结合水体循环，对景观水体进行水质净化。

（3）措施对比

综合分析各项水质指标修复措施，水体水质 COD、NH_3-N 的浓度变化各具特点：

① 尾水湿地是进行景观水体水质净化的主要措施，处理量大，效果好，但相应的

投资建设与管理成本也较高。

② 水体循环加快了水体之间的交换，使得景观水体的污染物浓度得到了平均，同时水体循环提高了水体的流速，提高了水体复氧速率和污染物的降解速度，使得水体的水质得到了明显的改善，COD 与 NH_3-N 的浓度得到了很好的削减。

③ 雨水系统的污染控制，能有效减少进入景观水体的污染物的量，有助于景观水体的长期良好发展。其主要是通过广义初期雨水的截留与处理来降低外源污染物进入的量，同时又通过底泥的疏浚来减少内源污染物，并且借助低影响开发（LID）的措施来改善水质与水量，使得水体中的 COD 与 NH_3-N 含量明显降低，水体水质得到改善与提高。

④ 景观湖湿地对入湖的污染物具有一定的削减作用。由于景观湖的水质要优于景观河道，在景观河道的水进入景观湖之前需要经过景观湖湿地来改善和提高水质，以免造成景观湖的污染。

⑤ 曝气充氧虽然对整个景观水体的水质改善作用一般，但是其对设置曝气装置处的局部严重污染区域可以起到较好的效果，对重污染区域的水质提升与改善可以说是一种重要的辅助措施。

⑥ 补水是保持水体水量恒定和研究水质变化的前提，是必要的工作。采用污水厂尾水进行补水存在一定的水质恶化的风险，需要在补水前对污水厂尾水进行深度处理净化后再进行补水。

3.2.3.3 实施效果

通过开放和封闭再生水总线的建设，产业经济区 S 的水资源利用效率显著提高，水环境质量得到有效改善，水生态环境逐步恢复，企业用水方式得到健康良性改进，对区域绿色循环发展提供了有力支持。

（1）缓解缺水局面

通过再生水总线工程建设，园区再生水管网通水到户，市政集中再生水厂和企业再生水站的能力得到充分利用，不仅提高园区再生水实际供应能力，而且使区内企业的再生水得到更合理分配，鼓励企业更积极开展再生水利用。开放水系与封闭水系间相互补水，缓解缺水局面；工业污水和生活污水经过人工湿地处理后，将满足景观水的需要，不必再进入排污河，实现淡水资源的充分利用，一定程度上缓解区域的缺水现状。再生水总线水系循环和互补方式如书后彩图 1 所示。

（2）提高河湖水系生态功能

河道连通工程建设，可以使河湖水系形成两条有效的水体连通渠道，在人工湿地建成运行后，实现水体流动，增强其自净能力。人工湿地的建设，将有力地促进区域生态承载力的提升，最终能够打造出一个高质量的核心生态景观功能区及观赏区，促进生物多样性的形成。景观人工湿地在连通水系的同时还能净化河道水质，使区内河湖水系基本贯通，水生态环境逐步改善。

（3）提升景观环境质量

通过再生水总线工程建设，园区景观水体环境得到较大提升。人工湿地不仅具有涵养水源、调节地下水压、形成区域小气候的多重作用，还可为当地居民或工作人员提供一个良好的休闲娱乐空间。经过人工湿地深度处理的污水厂尾水水质达标后可以用于河道补水，而且可以有效削减污染物排放量。

（4）补充地下水

当水由湿地渗入或者流到地下蓄水系统时，蓄水层的水就得到补充，湿地就成为补给地下水蓄水层的水源。浅层地下水可为周围供水，维持水位，或最终流入深层地下水系统成为长期的水源。

3.3 生态环境绿色循环体系构建技术

3.3.1 园区大气环境改善技术

3.3.1.1 燃料燃烧大气污染防治技术

燃料燃烧是产业园区大气污染物最主要的来源之一，污染源包括发电机组、供热锅炉、工业窑炉等燃烧设施以及机动车等。污染物控制措施主要有烟气脱硫、脱硝、除尘和机动车尾气污染防治。

（1）脱硫

烟气脱硫经过了近几十年的发展已经成为一种成熟稳定的技术，在世界各国的燃煤电厂中各种类型的烟气脱硫装置已经得到了广泛的应用。从烟气脱硫技术的种类来看，除了湿式洗涤工艺得到了进一步的发展和完善外，其他许多脱硫工艺也进行了研究，并有一部分工艺应用于燃煤电厂。烟气脱硫是控制 SO_2 和酸雨的有效手段之一。根据脱硫率的高低，可以将工艺分为高脱硫率工艺、中等脱硫率工艺和低脱硫率工艺；最常用是按照吸收剂和脱硫产物的状态进行分类，可以分为湿法烟气脱硫、半干法烟气脱硫和干法烟气脱硫三种。可根据需要选择相应技术配套的设备。

湿法烟气脱硫工艺是采用液体吸收剂洗涤烟气以脱除 SO_2，常用方法为石灰/石灰石吸收法、钠碱法、碱性硫酸铝法、液相催化氧化法等。湿法烟气脱硫技术以其脱硫效率高、适应范围广、钙硫比低、技术成熟、副产物石膏可作为商品出售等优点成为世界上占统治地位的烟气脱硫方法。但投资大、动力消耗大、占地面积大、设备复杂、运行费用和技术要求高等缺点，限制了湿法烟气脱硫技术的发展速度。

半干法烟气脱硫工艺是利用雾化状态的乳状吸收剂，将其直接与烟气接触反应，去除烟气中的二氧化硫、氮氧化物及颗粒物。半干法脱硫工艺具有技术成熟、稳定性好、工艺流程简单、耗水量少、占地面积小、脱硫产物呈干态、无废水排放、可以脱除有害气体及颗粒污染物等优点。缺点是采用生石灰或熟石灰作吸收剂，原料成本较高，并且吸收剂利用率较低、消耗量大。

干法烟气脱硫工艺是采用吸收剂进入吸收塔，脱硫后所产生的副产品是干态的工艺流程。干法脱硫技术与湿法相比具有投资少、占地面积小、运行费用低、设备简单、维修方便、烟气无需再加热等优点，但存在着钙硫比高、脱硫效率低、副产物不能商品化等缺点。

（2）脱硝

世界上比较主流的工艺分为选择性催化还原技术（SCR）和选择性非催化还原技术（SNCR）。

选择性催化还原技术是目前最成熟的烟气脱硝技术，它是一种炉后脱硝方法，最早由日本于20世纪60～70年代后期完成商业运行，是利用还原剂（如NH_3，尿素）在金属催化剂作用下，选择性地与NO_x反应生成N_2和H_2O，而不是被O_2氧化，故称为“选择性”。世界上流行的SCR工艺主要分为氨法SCR和尿素法SCR两种。此两种方法都是利用氨对NO_x的还原功能，在催化剂的作用下将NO_x（主要是NO）还原为对大气影响较小的N_2和水。

在SCR中使用的催化剂大多以TiO_2为载体，以V_2O_5，V_2O_5-WO_3或V_2O_5-MoO_3为活性成分，制成蜂窝式、板式或波纹式3种形式。应用于烟气脱硝的SCR催化剂可分为高温催化剂（345～590℃）、中温催化剂（260～380℃）和低温催化剂（150～300℃），不同的催化剂适用的反应温度不同。如果反应温度偏低，催化剂的活性会降低，导致脱硝效率下降，且如果持续在低温下运行会使催化剂发生永久性损坏；如果反应温度过高，NH_3容易被氧化，NO_x生成量增加，还会引起催化剂材料的相变，使催化剂的活性退化。国内外SCR系统大多采用高温反应，反应温度区间为315～400℃。

SCR的优点是脱硝效率高，价格相对低廉，广泛应用在国内外工程中，成为电站烟气脱硝的主流技术。缺点是燃料中含有硫分，燃烧过程中可生成一定量的SO_3；添加催化剂后，在有氧条件下SO_3的生成量大幅增加，并与过量的NH_3生成NH_4HSO_4，NH_4HSO_4具有腐蚀性和黏性，可导致尾部烟道设备损坏。虽然SO_3的生成量有限，但其造成的影响不可低估。另外，催化剂中毒现象也不容忽视。

选择性非催化还原法是一种不使用催化剂，在850～1100℃温度范围内还原NO_x的方法，最常使用的还原剂为氨和尿素。一般来说，SNCR脱硝效率对大型燃煤机组可达25%～40%，对小型机组可达80%。由于该法受锅炉结构尺寸影响很大，多用作低氮燃烧技术的补充处理手段。其工程造价低、布置简易、占地面积小，适合老厂改造，新厂可以根据锅炉设计配合使用。

（3）除尘

除尘的技术包括袋式除尘器技术、电除尘器技术和电袋结合除尘器技术。

袋式除尘器原理是将含尘气流进入除尘室后经滤袋过滤，被过滤后干净烟气由滤袋内部经净气室、引风机、烟筒排入大气。灰尘粘附在滤袋的外表面，随着灰尘粘附厚度的增加，滤袋内外压差达到预先设定值时，脉冲清灰系统启动，对滤袋依次进行清灰，粉尘落入灰斗。袋式除尘器具有适应各种粉尘特性烟气、除尘效率高、结构紧凑占地面积小、布置灵活、滤袋拆装方便、清灰高效彻底、设备运行稳定可靠等特点。缺点是在处理高浓度高温烟尘时，需考虑滤袋寿命和过滤效果，谨慎选择。

电除尘器依靠气体电离粉尘粒子，带电粒子在电场力的作用下移动并被收集在收尘板上，收尘板上的粉尘在振动作用下落入灰斗。电除尘器具有性能可靠、除尘效率高、抗高温、二次扬尘小、易于维护等特点。缺点是对微细粉尘的去除效率低，除尘效率波动，不能捕集有害气体，对制造、安装和操作水平要求较高等。

电袋组合式除尘器是综合利用并有机结合电除尘器与布袋除尘器的除尘优点，先由电场捕集烟气中大量的粉尘，再利用布袋收集剩余细微粉尘的一种组合式高效除尘器，具有除尘稳定（处理后的粉尘含量在标准状态下≤$50mg/m^3$）、系统阻力小、设备使用寿命长、性能优异等特点。但在达标排放、运行阻力、滤袋寿命、投资、占地面积和运行费用，以及操作维护等方面都不如单纯的袋式除尘器好，且还存在臭氧腐蚀的风险，或将被成熟可靠的袋式除尘器以及技术上有所突破的电除尘器取代。

随着国家对烟气污染治理要求的逐步严格，新建设施的污染防治工艺逐步向脱硫脱硝除尘一体化工艺改进，现已有很多的研究和工程实践。

（4）机动车尾气污染防治

机动车尾气大气污染控制主要从减少排放和环境净化两方面采取措施。

减少排放除了机动车自身的设计和油品改进之外，还可以通过道路规划建设和日常交通管理来实现。首先，合理设计道路系统，优化城镇路网建设，避免断头路、尽头路，增加环路，提高交通便捷程度和机动车利用效率，从而降低污染物排放量。其次，科学管理道路交通，减少道路拥堵，从而降低污染物排放量。

环境净化主要通过道路绿化景观工程来实现改善大气环境的目标。选取具有一定环境净化作用的绿化植被，充分利用榆树、垂柳、丁香等植物对含硫污染物、颗粒物、有机污染物等的吸收作用，将绿化植被的景观效应、生态效应、环境效应发挥到最大。

3.3.1.2 工艺废气污染防治技术

生产工艺中产生的大气污染物主要是有毒有害气体及特征污染物，例如喷漆废气、有机废气、恶臭等。通常来说，工艺废气的产生量均较小，但由于近距离接触工人，具有较大的危害性。

工艺废气的控制，要大力推进清洁生产，改善生产工艺，安装必要的净化、处理装置，并制定和实施严格的环境监察制度，落实环评中所提出的大气环境保护措施，减少污染物排放或确保处理达标后排放。针对使用气体原料或易挥发液体原料的生产工艺或流程，要采取有效的封闭措施，杜绝或减少生产过程中的无组织排放；针对产生有毒有害气体的生产工艺或流程，必须采用密闭容器，减少有害气体外逸；针对产生其他工艺废气的生态工艺或流程，要采用必要的喷淋、吸附等净化处理设施，减少工艺废气的产生和排放；针对有恶臭污染源的企业和生产工艺，采取相应的防范措施，如在厂区内做好绿化，此外，还要保证留出充足的大气环境防护距离，减缓特殊气味对人群的影响。在选择工艺废气的处理方法时，要针对废气的物理化学特点，选择处理效果好、操作简单、成本较低的方法。常见的挥发性有机废气治理方法主要包括吸附法、催化燃烧、液体吸收等。

（1）吸附法

吸附法在有机废气的处理过程中应用极为广泛。吸附法是利用多孔性固体吸附剂处理流体混合物，使其中所含的一种或数种组分浓缩于固体表面上，达到分离的目的。吸附法主要用于低浓度、高通过量有机废气（如含烃类化合物废气）的净化。该方法去除率高，无二次污染，净化效率高，操作方便，且能实现自动化。

吸附法的关键在于对吸附剂的选择。吸附剂要具有密集的细孔结构，内表面积大，吸附性能好，化学性质稳定，耐酸碱，耐水，耐高温高压，不易破碎，对空气阻力小。常用的吸附剂主要有活性炭（颗粒状和纤维状）、活性氧化铝、硅胶、人工沸石等。目前在采用吸附法处理有机废气的实践中，活性炭性能最好，去除率高，废气中有机物浓度在 1000×10^{-6} 以上时，吸附率可达到 95%以上。

（2）催化燃烧技术

催化燃烧技术是指在较低温度下，在催化剂的作用下使废气中的可燃组分彻底氧化分解，从而使气体得到净化处理的一种废气处理方法。该法适用于处理可燃或在高温下可分解的有机气体。

催化燃烧主要具有以下优点：

① 为无火焰燃烧，安全性好；

② 对可燃组分浓度和热值限制较小；

③ 起燃温度低，大部分有机物和一氧化碳在 200～400℃即可完成反应，故辅助燃料消耗少，而且大大减少了氮氧化物的产生。

但是其缺点是工艺条件要求严格，不允许废气中含有影响催化剂寿命和处理效率的尘粒和雾滴，也不允许有使催化剂中毒的物质。因此，采用催化燃烧技术处理有机废气必须对废气做前处理，且不适用于有回收价值的废气。

（3）液体吸收处理技术

在废气治理工程中，液体吸收法是最常用的方法之一。该法不仅能消除气态污染物，还能回收一些有用的物质，可用来处理气体流量一般为 3000～15000m^3/h、浓度为 0.05%～0.5%（体积分数）的 VOCs，去除率可达到 95%。吸收法的优点是工艺流程简单、吸收剂价格便宜、投资少、设备运行费用低，适用于废气流量较大、浓度较高、温度较低和压力较高情况下气相污染物的处理，其缺点是对设备要求较高、需要定期更换吸收剂，同时设备易受到腐蚀，且存在二次污染。

3.3.1.3 颗粒物污染防治技术

城市的颗粒物污染源一般有燃煤烟尘、钢铁冶炼尘、机动车尾气尘、城市扬尘、道路尘、土壤风沙尘、建筑水泥尘、二次颗粒物等。大气颗粒物排放源分类见图 3-30。

产业园区的颗粒物污染防治主要是针对施工扬尘和散体物料堆场扬尘。

（1）施工扬尘

施工扬尘的防治可以从采取边界有效围挡、出入口路面硬化、易扬尘物料有效苫盖、出入车辆冲洗、喷淋（喷洒）五个方面入手。

1）围挡

施工工地中的围挡属于通用的组织措施中的一部分，在各类工程预算基价中已有体现和明确要求，一般沿施工红线敷设。设置围挡，一方面体现文明施工，另一方面可以在一定程度上起到控尘作用。

围挡设置过程中应满足以下参数及管理要求：

① 围挡材质可以选择彩涂钢板或者砖混墙等；

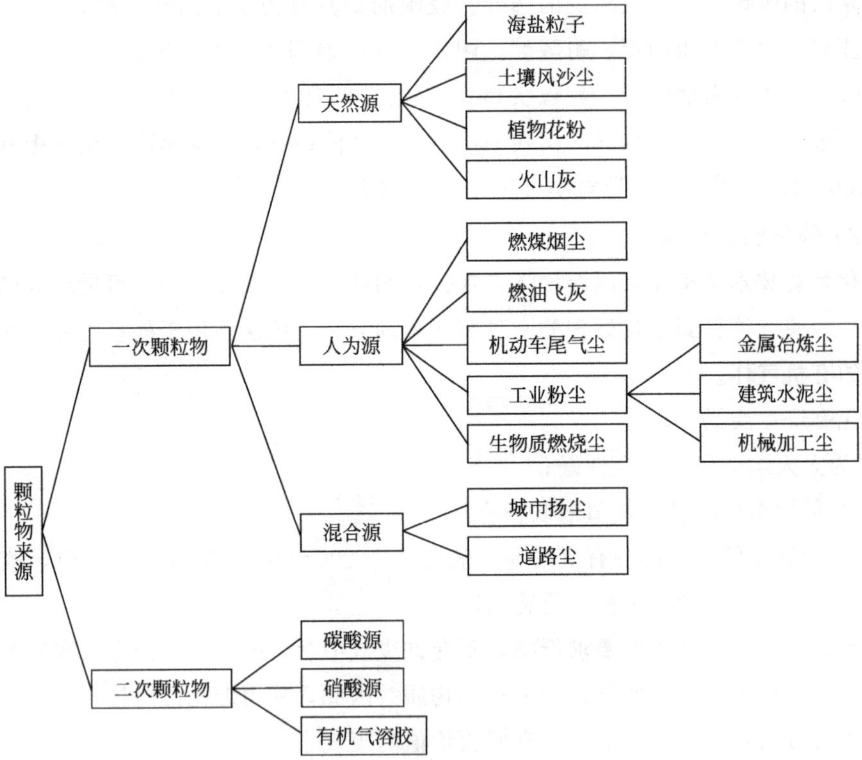

图 3-30 大气颗粒物排放源分类

② 围挡地上部分高度一般不低于 1.8m；

③ 围挡基础根据工地预计施工期、地质勘查报告、当地水文地质情况等多方面因素综合考虑，采用现浇混凝土连续墙基础，基础深度满足设计要求；

④ 满足文明施工工地要求。

2）硬化

施工工地中的场地道路硬化也属于通用的组织措施中的一部分，在各类工程预算基价中已有体现和明确要求，一般在施工图中有明确的规定，包括硬化方式、硬化面积等。

场地硬化作用包括便于施工中所需物料加工，物料运输转移、垃圾渣土等外运，同时是文明施工的一部分。场地硬化应满足以下性能参数要求：

① 根据现场的需求，硬化方式分为普通硬化和场地硬化；

② 普通场地硬化采用三七灰土或者渣土等敷设、压实；

③ 施工工作场地（含道路）符合临时道路施工规范，采用素土/渣土垫层分层碾压压实，上敷设 200mm C20/30 混凝土；

④ 根据场地情况，一般硬化面积占整个施工场地的 20%～40%；

⑤ 硬化强度应考虑车辆最大载重和合理的施工期。

3）苫盖

苫盖是适用于大多数堆场的有效覆盖措施，苫盖的基本要求是拴牢、压实、接口紧密，接口处互相叠盖，不留空隙，做到风刮不开、雨漏不进；垛要整齐，肩有斜度，苫盖拉挺、平整，不得有折叠和凹陷。具体方法有就垛苫盖法、鱼鳞式苫盖法、隔离苫盖法、活动棚架苫盖法、固定棚架苫盖法等。常用的苫盖材料有帆布、芦席、竹席、塑料膜、铁皮、铁瓦、玻璃钢瓦、塑料瓦等。

4）车辆冲洗

合理的车辆冲洗是目前控制车轮带泥的最佳适用技术，车辆冲洗设施包括前后感应设施和冲洗装置。冲洗装置采用滚轴动力，旋转冲洗运输车辆的双排车轮，冲洗装置两侧至少各有10个高压喷头，具有水循环利用和自动排泥功能。

车辆冲洗设施的工作原理如下。远红外感应渣土车辆外出，自动启动水泵和加药泵，从侧喷嘴和底喷嘴喷出含高分子絮凝剂的高压水流，对车辆的车轮及底盘进行冲洗，由转轴带动的车轮的各面均可被完全冲洗到，含泥冲洗废水落入水箱后经过絮凝沉淀可循环使用；后感应设施感应到车辆离开后，延时冲洗一定时间后停止冲洗。

5）喷淋（喷洒）

主要包括日常场地内洒水控尘，拆除工程中特殊的喷洒抑尘湿法作业。

（2）散体物料堆场扬尘

散体物料堆场扬尘的防治方法主要包括围挡、喷淋、覆盖、除尘设备设施等。

1）围挡

围挡措施主要通过防风抑尘网（墙）实现。根据《港口道路、堆场铺面设计与施工规范》(JTJ 296—96)、《化工粉体物料堆场及仓库设计规范》(HG/T 20568—2014)、《建筑设计防火规范》(GB 50016—2014）等国家相关法律法规和规范等文件要求，对于散体物料堆场选用的防风抑尘网（墙）应符合以下技术参数要求：

① 抑尘网（墙）高度（H）为堆场堆垛高度的1.1～1.2倍；

② H 需高出堆垛2～3m；

③ 防护距离不大于 H 的16倍，最大距离大于防护距离时应在堆场中间设置防风抑尘网（墙）；

④ 根据地质勘查报告确定的地质情况和地基承载力等确定合理的防风抑尘网（墙）的基础形式和做法；

⑤ 为防止降水后物料泥水外溢，防风墙下部可设置1.2～1.5m的挡土砖墙；

⑥ 支护结构设计应按风力风速选择参数，采用钢支架支护，支架主体选用钢管，采用钢筋混凝土支柱作防风抑尘网的支架；

⑦ 防风抑尘网（墙）挡风抑尘扳具体尺寸、弯曲度、开孔率应根据堆场的实际情况进行设计；

⑧ 防风抑尘网（墙）可选择高密度聚乙烯材质的单层、多层材料；也可选择0.5～1.5mm厚的低碳钢板、镀锌板、彩涂钢板、镁铝合金板、不锈钢板等基材，表面需要进行必要的处理（喷砂＋静电粉末喷涂）；

⑨ 防风抑尘网（墙）最大单块长度不宜大于6.5m；

⑩ 堆垛高度不宜大于6m。

2）喷淋

散体物料堆场喷淋措施分为场内喷淋（防风抑尘网的辅助设备设施）、道路喷淋、进出口车辆冲洗等。

3）覆盖

散体物料堆场的有效覆盖措施较多，常见的有苫盖、固化剂覆盖等。

固化剂覆盖是在物料堆场表面喷洒固化剂，固化剂一般采用高分子分散剂、渗透剂、塑性剂、多功能助剂等添加剂，由多种无机、有机材料配制而成。喷洒固化剂后可在堆场的物料堆表面形成一层致密的外壳，有效防止扰动起尘，具备抑尘效果明显的特点，但是抑尘效果为一次性，当表层被机械破坏后，破坏部分失去防护效果。同时过多喷洒固化剂可能影响物料的使用效果，影响企业产品的品质和生产的稳定性。

4）除尘设备设施

通过固定式或者移动式除尘设施，将无组织排放的一般性粉尘转变为有组织排放的一般性粉尘，与成规模的烟尘、粉尘治理方式相比，仅规模较小，治理工艺等基本相同，可以视为烟尘处理系统的简化版，即采用简单手动控制或者简易的联动控制方式控制设施启停运行、弱化除灰等公辅设施，简化处理方式等。

3.3.1.4 大气污染物源解析技术

大气污染源的日常监管及重污染天气的应急管控对环境空气质量的改善尤为重要。由于大气污染源的不断变化，源解析的结果也会因此而发生变化，如果不进行动态更新，所采取的大气污染管控措施就会出现偏差，直接影响管控措施的实施效果。为应对大气环境治理的严峻形势，推进产业园区层面大气污染防治，有必要对大气污染物动态来源进行解析，建立主要污染源特征谱库，为大气环境日常监管及重污染天气应急工作提供决策支持。

（1）在线源解析源成分谱数据库构建

方案主要包括采样点位的布设、源谱样品的采集及分析、数据处理和源谱库的建立及修正等几个步骤，方案流程如图 3-31 所示。

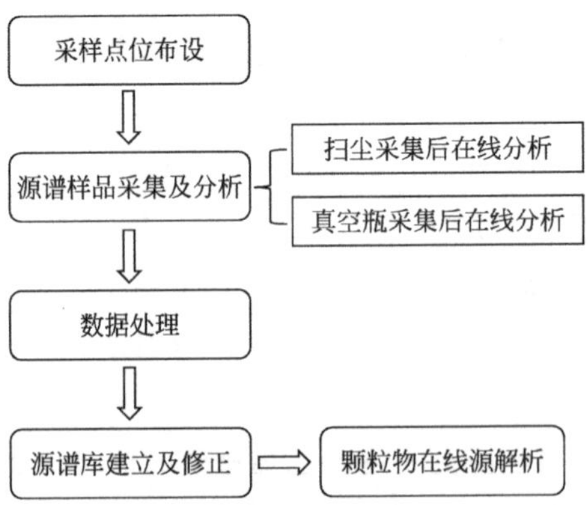

图 3-31　源成分谱数据库构建方案流程

分析大气环境主要污染来源，一般包括工业源、燃煤源、扬尘源、机动车尾气源、生物质燃烧源等主要源类。采集各主要污染源样品，应用在线源解析监测设备对采集到的各类主要污染源样品进行质谱分析，获取各类重点污染源样品中特征污染物的质谱（正/负离子）检测结果（见图 3-32），再利用示踪离子判别法、相关离子群判别法、自适应共振神经网络算法（ART-2a）等方法对各类污染源颗粒物进行分类，得到源成分特征谱库。

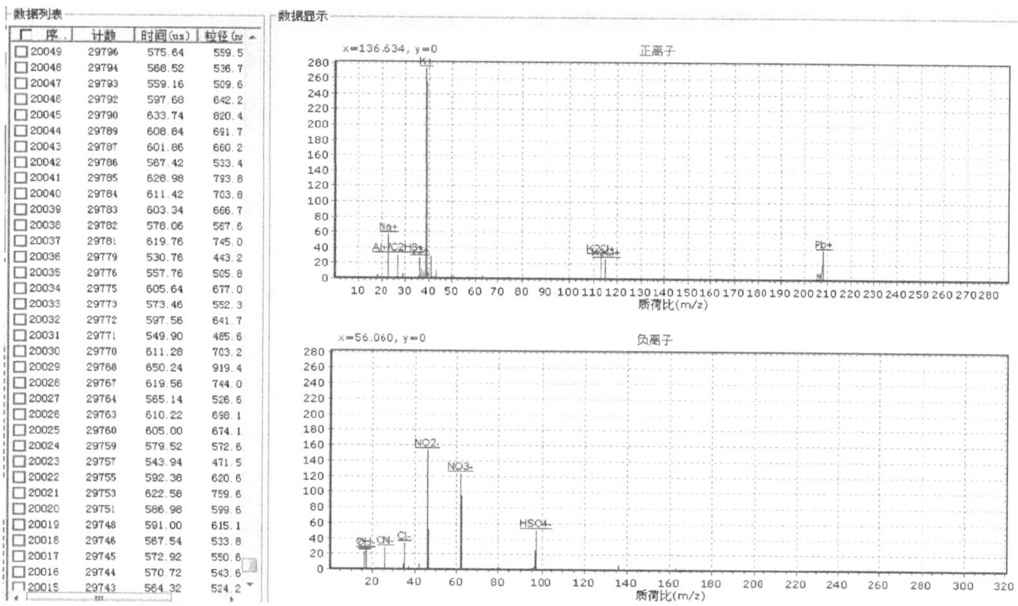

图 3-32 重点污染源样品中特征污染物的质谱检测结果

（2）在线源解析受体成分谱数据库构建

在线受体成分谱库的建立方法与在线源成分谱库的建立方法一致，区别在于受体成分谱库所分析的样品是大气环境监测点位的颗粒物成分信息。应用在线源解析监测设备（见图 3-33、图 3-34），对采集到的大气环境样品进行质谱测量，获取大气环境样品中特征污染物的质谱（正/负离子）检测结果，同时获得颗粒物粒径和颗粒数等信息，经过数据的格式转换，形成软件可直接分析的数据格式，然后对符合特定条件（包括时间段，质荷比、峰面积、相对峰面积、峰高等离子信息）的颗粒数据进行统计、搜寻和提取，可以得到污染物的成分特征谱库。

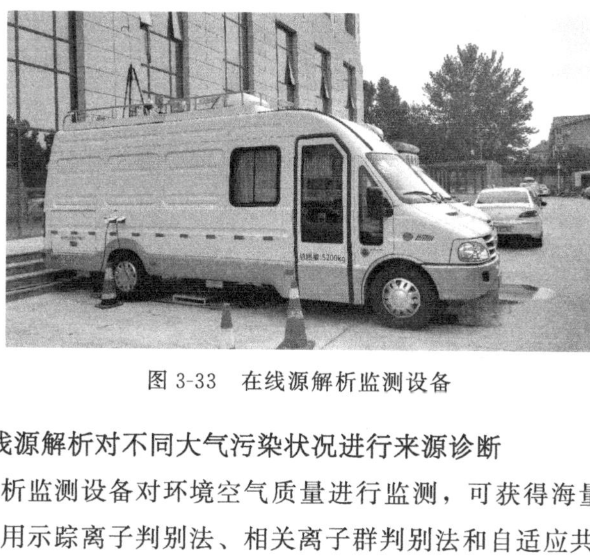

图 3-33 在线源解析监测设备

（3）利用在线源解析对不同大气污染状况进行来源诊断

通过在线源解析监测设备对环境空气质量进行监测，可获得海量颗粒物质谱数据，通过数据转化并利用示踪离子判别法、相关离子群判别法和自适应共振神经网络算法对

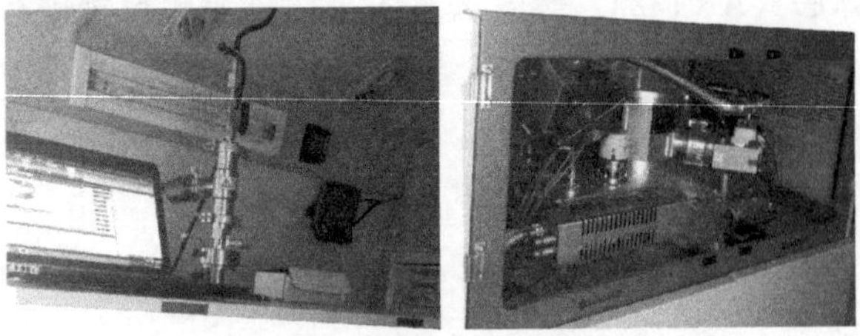

图 3-34　在线源解析监测设备内部

颗粒物质谱数据处理后，与污染源谱库进行匹配判别，可获得环境空气颗粒物在线源解析结果和颗粒物成分构成相关结果，时间分辨率最高可达 1h。

1）示踪离子判别法

将各类污染源特征离子（源谱库）与环境受体颗粒物在线质谱测量结果比对，判别颗粒物的主要来源。

主要步骤如下：

① 离线采集或移动式监测，获取各类主要污染源的特征离子；

② 在环境空气监测点位（受体），利用在线源解析监测设备进行在线监测，获取监测点位环境受体颗粒物的质谱特征；

③ 对每个受测颗粒物的质谱图与污染源的特征离子进行匹配和判别，确定各个颗粒物的污染来源。

2）相关离子群判别法

颗粒物被激光打击而产生碎片离子，从而得到离子的质谱检测结果。母体分裂碎片具有内在相关性，在质谱上表现为相关离子群，依据质谱相关离子群信息，可以判别母体成分或其来源特征。

3）统计模型计算法

将统计数学模型，如自适应共振神经网络算法（ART-2a），内嵌在在线源解析监测设备的数据处理软件中。

首先随机选取各类污染源的颗粒物（每种源 10000 个），基于质谱特征和粒径分布情况，利用软件算法对受体颗粒物进行分类，现场监测时，利用自适应共振神经网络算法，每小时对采集的颗粒物质谱特征、粒径分布情况进行自动分类，并调取颗粒物源谱库，与源谱库进行匹配和判别，以匹配度最高为原则进行归源处理。

在线数据输出模式：a. 每小时显示污染源的分配饼图；b. 每小时显示主要化学成分的分配饼图；c. 实时显示主要化学成分的变化趋势图；d. 实时显示污染源的变化趋势图；e. 实时显示粒径分布图；f. 在污染指数达到一定临界值时，指示当前污染的主要污染物构成及主要污染源影响情况。

3.3.1.5　大气污染防控动态调控技术

大气污染防控动态调控技术是应用数值模拟等综合手段，充分整合气象、环境空气质量、重污染应急措施等重要数据信息，分析园区层面大气环境质量与大气管控措施的应关系，即时指导大气环境管理。该技术对优化和完善大气污染控制措施、大气环境日常监管及重污染天气应急工作具有很好的决策支持作用，有利于提高产业园区精细化、动态化大气污染管控水平。

（1）空气质量模拟技术

深入开展园区涉气污染源排查，挖掘排查结果，以移动源、开放源、农业源为调查重点，完善清单，编制高时空分辨率的大气污染源网格化清单，并基于排放清单，使用主流第三代空气质量模型——CMAQ模型对园区的空气质量进行模拟预测。

CMAQ模型技术框架如图3-35所示。

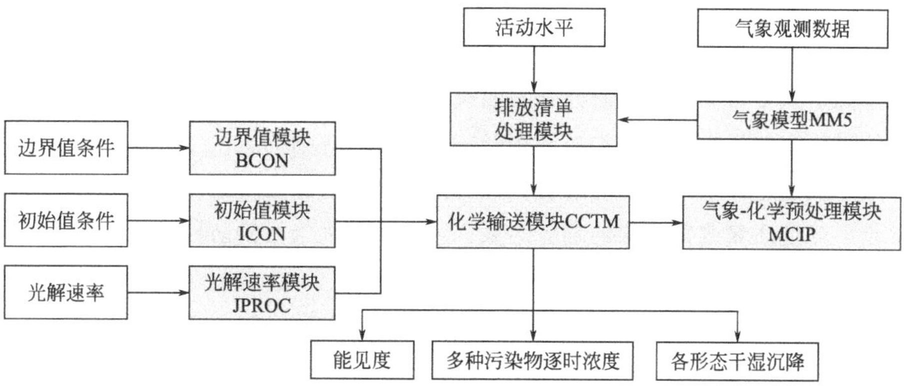

图3-35 CMAQ模型技术框架

空气质量模型是基于气象学原理，用数学方法模拟污染源排放到环境空气中经过二次转化后的污染物浓度。一般考虑了排放（人为和生物源排放）、输送（水平平流和垂直对流）、扩散（水平和垂直扩散）、化学转化（气相和液相化学反应）、清除机制（干湿沉降）等大气过程。

CMAQ模型是近年来大气环境污染控制研究中应用较多的，也是较为先进的模式。该模式是美国环保署（EPA）发布的第三代空气质量预报和评估系统，它将各种复杂大气物理、化学过程的模式系统化，以应用于环境影响评价及决策分析。CMAQ模型适用于城市和区域尺度对流层O_3、酸沉降、能见度、细粒子及污染物的空气质量模拟，模型设计要达到两个目标：环境管理部门可以评估管理方案、措施在不同尺度范围对多种污染物空气质量影响的调控效果；为科学家提供更好的探知、理解和模拟大气中的物理和化学相互作用的手段。

CMAQ模型设计为多层次网格模式，在实际的模拟区域之外，首先以较粗的网格进行模拟，以取得细网格的边界条件，进而使细网格的准确度提高。这样做好处有两点：一是，在粗网格计算时总网格数变少，运算时间有效减少；二是，在细网格部分，由于边界层条件由外层网格提供，而非固定值，则可以提高网格的准确度。CMAQ模型结构严谨，体系完整，并可灵活地根据研究需要与适合的模型相耦合。这既符合科学研究的需要，也满足了环境管理部门的应用需求。

区域大气污染特征主要表现在一次污染二次污染复合和区域间相互影响两方面，CMAQ模型可一次性模拟多种大气环境问题，特别是区域复合型大气污染，如O_3、$PM_{2.5}$及酸雨等环境问题。因此，选择CMAQ模型模拟区域大气环境污染特征，可以为区域大气污染调控提供良好的技术支撑。

（2）大气污染防控措施动态调控决策系统

大气污染防控措施动态调控决策系统主要针对重污染天气期间和日常环境空气质量管理期间所采取的措施开展评估和优化，实现大气污染防控措施的动态调控。

大气污染防控措施动态调控决策系统主要包括5大部分，分别为大气（污染）在线源解析、政策措施资料库、大气污染源排放清单、CMAQ模型和“ABaCAS”系统。由于大气（污染）在线源解析、政策措施资料库、大气污染源排放清单、CMAQ模型在前文都已有所介绍，本节主要对“ABaCAS”系统进行简要的介绍。

“ABaCAS”系统全称为“空气污染控制成本效益及达标评估系统”，是由美国环保署以及国际上众多科学家参与研究开发的应用软件。该软件旨在为科学家和决策者提供一个方便进行空气污染控制成本与健康经济效益综合评估的应用工具。使用空气污染控制成本效益及达标评估系统，通过各种减排措施和应急预案的经济损益分析，结合污染物减排量、环境质量改善成果的响应结果，可以构建大气污染防控措施以及大气重污染过程应急措施动态调控和决策系统。

“ABaCAS”系统由一体化大气污染控制费效及达标评估系统（ABaCAS-SE）、空气污染控制成本效益与达标评估优化反算系统（ABaCAS-OE）等8个模块组成。

“ABaCAS-SE”系统包含以下4个子模块：a.大气污染控制成本评估工具（CoST-CE）；b.实时空气质量模拟可视化分析工具（RSM-VAT/CMAQ）；c.空气质量达标评估工具（SMAT-CE）；d.空气污染控制健康效益评估工具（BenMAP-CE）。

1）CoST-CE模块

CoST-CE工具可以估算来自不同污染源的排放削减量，并且通过用户设定的总排放削减量选择未来年各种控制决策从而得到相应的控制成本，通过反复的迭代计算最终确定一种污染排放控制决策。CoST-CE能够获取污染控制的相关信息，如控制措施，控制成本以及针对不同污染源的控制类型。

CoST-CE工具可以通过一系列的算法（如“最大污染减排量”“最小成本”“采取一系列减排措施”等），将不同的控制措施与各种排放源配对，并模拟计算出排放削减量。控制决策结果可以通过csv文件格式导出，或者以图表形式进行查看（支持分类、筛选和绘图）。

2）RSM-VAT/CMAQ模块

RSM-VAT是一个将CMAQ模型结果作为输入文件，采用高维度克里金插值法建立污染物浓度与减排控制之间实时响应关系的工具。它可以通过预先设定的排放来源，位置和前体物类型来即时计算污染物排放量变化所导致的污染物环境浓度变化。这将帮助决策者挑选出一种能够实现空气质量达标的最佳方案。

RSM（基于CMAQ的响应曲面模型）的方法论和处理过程如下：a.根据决策需要选定一组控制因子；b.通过拉丁超立方取样建立控制矩阵；c.将CMAQ的模拟结果输入RSM中，并对应用区域进行局部设计；d.使用克里金插值法对大量的CMAQ模拟结果进行非线性统计；e.通过交叉效度分析和非样本校验对拟合出来的RSM结果进行校验。

RSM-VAT的运算过程大致分为生成控制矩阵、RSM搭建模块、可视化分析模块以及 RSM vs. CMAQ 校验模块 4 个部分。其中，RSM 搭建模块是整个 RSM-VAT 的核心模块，终端用户需要输入一组数据文件到此模块作为建立 RSM 的参数，从而在 RSM-VAT 工具中创建一系列与模型和政策文件相关的文件。由于 RSM 的发展和应用存在着不确定性，需要在 RSM vs. CMAQ 校验模块中运用各种方法对运算结果进行校验，以保证 RSM 的精确度。在可视化分析模块中，利用实时响应浓度地图、可视化展示曲线图以及数据分析图对排放控制因子和环境浓度之间的关系进行展示和分析。

3）SMAT-CE 模块

SMAT-CE 工具是通过改进后的新一代 MATS（模型结果测验软件）。SMAT-CE 旨在成为一个能够对 $PM_{2.5}$ 和 O_3 进行模拟值校验，并且能够对区域性雾霾进行可视化分析的工具。其得出的空气质量估算值可以为空气污染控制和决策制定提供科学支持。

SMAT-CE 工具能够对选中的排放削减量能否使环境浓度达到国家环境空气质量标准进行模型模拟的结果进行校验分析和演示。它可以通过用基准设计值乘以在监测点附近的 RRF 值来得到监测点的未来年设计值。RRF 值是指在监测器附近所预测的，未来年浓度模拟值与基准年浓度模拟值的比值。

SMAT-CE 的输入数据包括模拟值和监测值。其中，模拟值来自 CMAQ 或者 RSM 模型。由 SMAT-CE 生成的结果包括浓度的点估算值（监测站点）和研究区域的空间场浓度值。

SMAT-CE 工具包括配置模块、校验分析模块和数据查看模块 3 个主要模块。设置配置文件是运行 SMAT-CE 的第一步，它能为用户在处理众多分析目标时建立批处理的工作模式。校验分析模块是 SMAT-CE 的核心模块，它能将 $PM_{2.5}$ 和 O_3 的设计值投射到点和空间场中，并且能够计算出在研究区域中基准（未来）最好的和最坏的日均水平（可视化）。数据查看模块可以生成可视化的浓度图（包括 Map 和 GIS 功能）以及数据分析图表，有助于模拟成功性校验结果的解释。

4）BenMAP-CE 模块

BenMAP-CE 能够帮助用户估算出由于空气质量变化所带来的人体健康效益的变化，估算结果可为空气质量管理以及污染控制决策的制定提供科学支持。

（3）大气污染防控措施动态调控方法

大气污染防控措施动态调控方法主要针对重污染天气期间和日常环境空气质量管理期间所采取的各项措施开展模拟、评估和优化，实现大气污染防控措施的动态调控。

重污染天气期间大气污染防控措施动态调控的技术路线为：

① 利用在线源解析监测设备解析各类污染源在重污染天气过程中的不同贡献率及其变化；

② 搜集重污染天气过程所采取的预警级别和相应的应急措施；

③ 根据各类源在重污染天气过程中的不同贡献率有针对性地对本地区大气污染源排放清单进行调整；

④ 将调整的大气污染源排放清单和 WRF 气象场数据输入 CMAQ 空气质量模型进行空气质量的模拟和预测；

⑤ 借助 CMAQ 空气质量模型模拟结果和“空气污染控制成本效益及达标评估系统”，综合考虑应急措施与实施效果间的响应关系，对重污染天气过程所采取的应急措施进行优化；

⑥ 基于模型模拟效果评估的结果，筛选出较优的应急措施，对大气重污染应对措施提出优化改进的建议，最终实现对重污染天气过程中该地区大气污染排放行为的动态调控。

对于日常环境空气质量管理期间常规大气污染防控措施动态调控的技术路线为：

① 利用在线源解析监测设备解析各类污染源在日常环境空气质量管理期间的不同贡献率及其变化；

② 搜集日常环境空气质量管理期间本地区所采取的常规大气污染防控措施；

③ 根据各类污染源在日常环境空气质量管理期间的不同贡献率有针对性地对本地区大气污染源排放清单进行调整；

④ 将调整的大气污染源排放清单和 WRF 气象场数据输入 CMAQ 空气质量模型进行空气质量的模拟和预测；

⑤ 借助 CMAQ 空气质量模型模拟结果和“空气污染控制成本效益及达标评估系统”，综合考虑常规大气污染防控措施与实施效果间的响应关系，对日常环境空气质量管理期间所采取的大气污染防控措施进行优化；

⑥ 基于模型模拟效果评估的结果，筛选出较优的常规大气污染防控措施，对大气环境质量改善措施提出优化和改进的建议，最终实现对日常环境空气质量管理期间该地区大气污染排放行为的动态调控。

大气污染防控措施动态调控方法体系技术路线如图 3-36 所示。

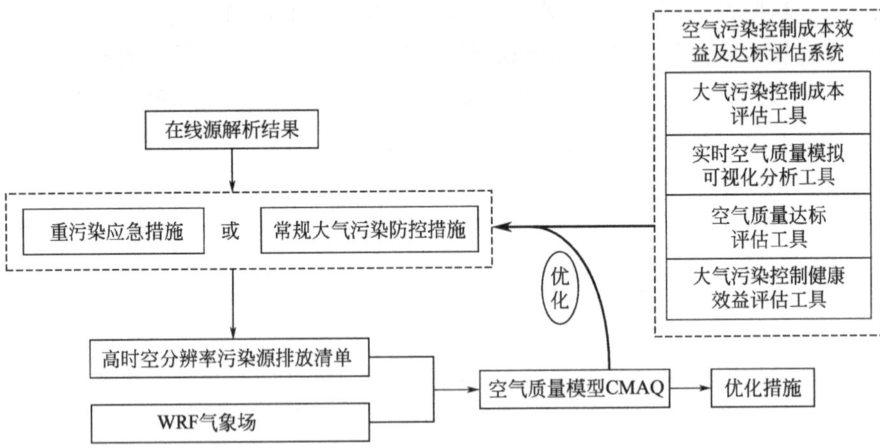

图 3-36 大气污染防控措施动态调控方法体系技术路线

3.3.2 园区水环境改善技术

3.3.2.1 污水的湿地处理工艺

(1) 污水的湿地处理工艺分类

根据湿地的水力学特征，可以将常用的污水湿地处理工艺分成三大类，如图 3-37 所示。

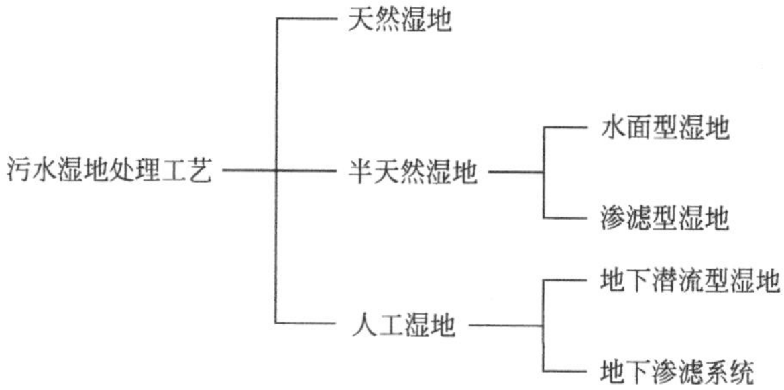

图 3-37 污水湿地处理工艺分类

（2）污水的湿地处理工艺简介

1）天然湿地

天然湿地包括天然湿洼地、沼泽地、苇塘等，湿地中通常生长有一种或多种水生植物，其生长密度和生长状况很不均匀。湿地的形状为不规则型，利用自然形状，只是采取极少的人工堵截工程措施，如围堤、导流堤等，使之形成有利于污染物净化的水力学条件。地表很不平整，而且不采取任何人工平整措施，因此水深差异较大，水的流速及水力学路线不易控制，污水的主要流动路线限制在较深的沟状区域，湿地各处水深也很不一致，湿地面积的有效利用率较低。布水区一般选择地势较高的一端，地势较低的一端作为出水口。天然湿地系统只能作为三级处理措施。

天然湿地处理污水的原理是，污水与土壤、植物，特别是与湿地地表根毡层和植物茎秆上的生物膜相互作用而得到净化。水力负荷 2.5～3.0cm/d，水深 5～80cm，HRT（水力停留时间）10～15d，天然湿地剖面如图 3-38 所示。

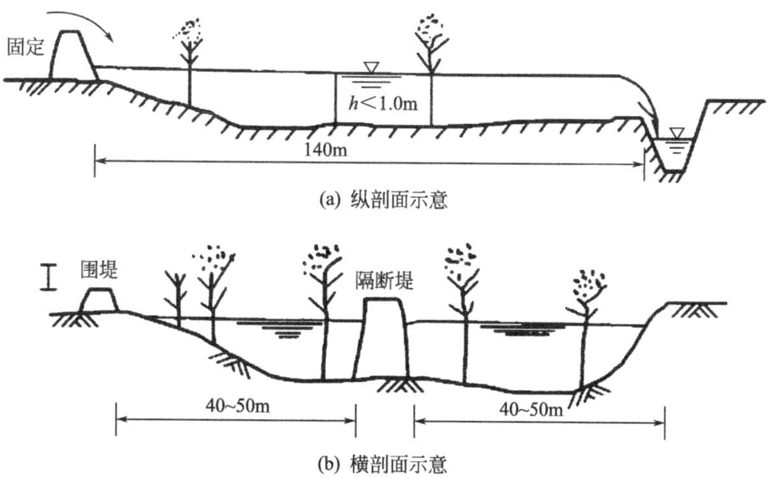

图 3-38 天然湿地剖面示意

2）水面型湿地

水面型湿地以地表布水，并保持一定水层，表面水体呈推流式，以地表出流为主要特征。工程通常维持原场地纵坡，辅以尽可能少的人工平整，底部不封闭、保持原貌不扰动，污水在缓坡上以推流形式缓慢流动，形成自由水面状态，水沿床面流动时，水面与空气之间可发生快速的气体交换。污水与土壤、植物，特别是与土壤表层由气生根、水生根和枯枝落叶等形成的湿地地表根毡层和植物茎秆上的生物膜相互作用而得到净化。

水力负荷 2.5～3.5cm/d，水深 10～40cm，HRT 1.5～3d。该类型湿地具有工程简单、易于控制、运行调节较灵活的优点，但有机负荷和水力负荷较低，冬季运行难度较大，其纵断面如图 3-39 所示。

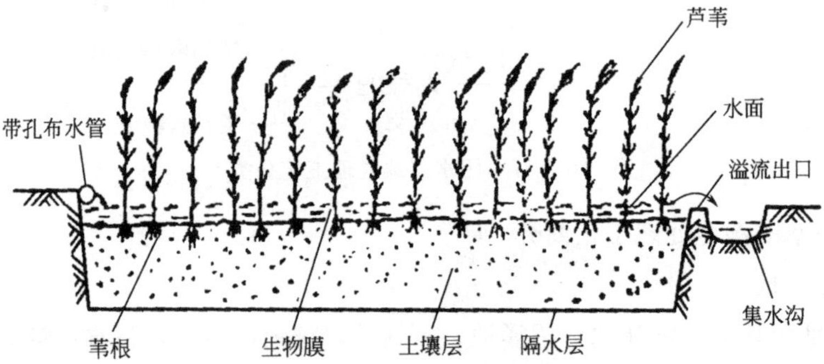

图 3-39　水面型湿地纵断面示意

3）渗滤型湿地

渗滤型湿地采用地表布水，经水平和垂直入渗汇入集水暗管和集水渠出流，它能充分利用地表和地下两部分的物理、化学和生物作用使污水得以净化。处理单元包括布水区和收水区两部分，并有进出水控制设施。单元设计主要考虑水力负荷、布水方式、集水系统布设位置、地下水位、土壤渗透性等。

水力负荷 3～6cm/d，水深 30～40cm，HRT 1～2d，暗管埋深 0.7～1.5m。渗滤型湿地的优点是全年水力负荷大、污染物去除率高、能保证冬季安全连续运行、能维持湿地生态和植被的最佳生长条件，缺点是工程投资相对较高。其工程结构与水流路径如图 3-40 所示。

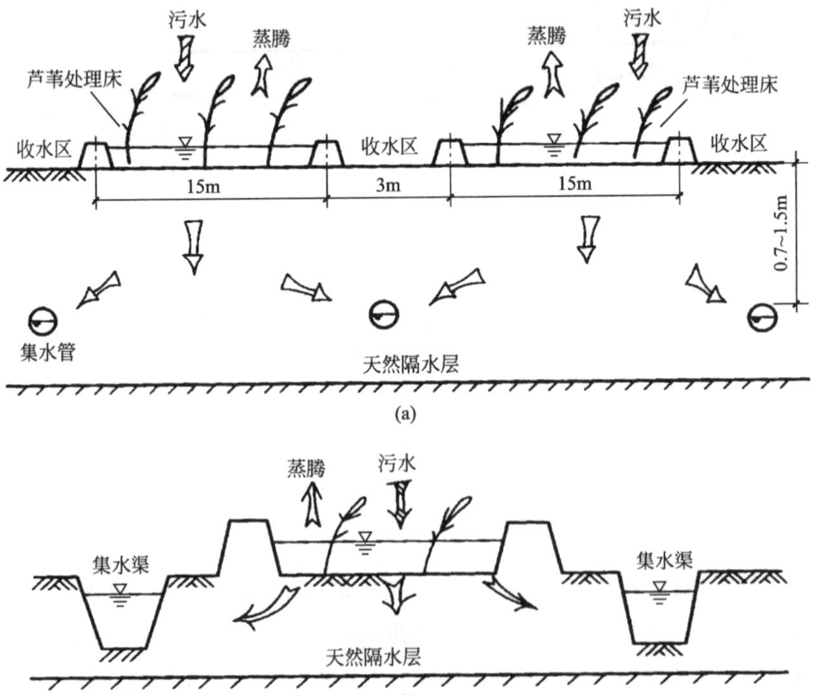

图 3-40　渗滤型湿地工程结构与水流路径示意

4）地下潜流型湿地

地下潜流型人工湿地从结构角度分析，是在水平潜流型人工湿地的基础上提高深度，且在湿地中间设置隔水层，使水流形成折返流，湿地进水和收水在同一端。原污水通过进水管进入湿地后，首先进入湿地下层区域，进行深度厌氧反应，下层区域为湿地系统 TN（总氮）的去除提供了有利的厌氧环境；当污水流至末端，折返流入人工湿地上层，由于植物根系以及大气的富氧，湿地上层 DO（溶解氧）含量明显高于湿地下层，使得污水中的有机污染物得到了进一步去除；污水经上层好氧环境后，进入砂滤层，进一步拦截污水中的 SS（悬浮物），然后通过收水花墙，进入收水槽后经排水管排出，地下潜流型湿地结构如图 3-41 所示。

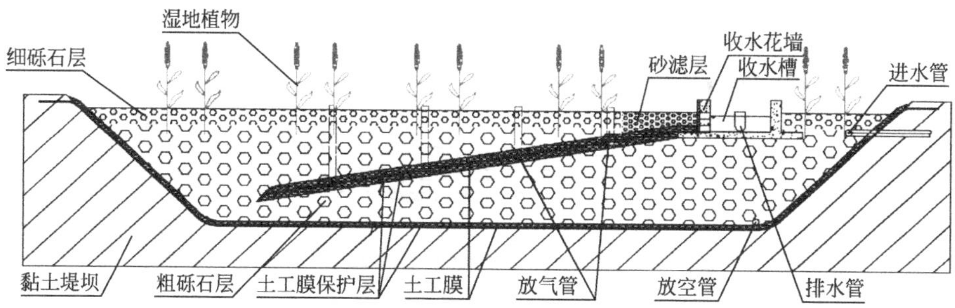

图 3-41 地下潜流型湿地结构

此系统有效地解决了人工湿地前端的堵塞问题，延长了湿地寿命，能大幅度提高 TN 的去除效果，增加深度，节省了占地面积，同时冬季运行也可保证良好的污染物处理效果。

5）地下渗滤系统

地下渗滤系统的工艺流程是：污水经预处理后进入陶土管或穿孔 PVC 管，其四周铺有砾石层，其下为沙层，砂层下铺有不透水防渗层，污水通过砂砾的毛细和虹吸作用，缓慢地向上升并向四周浸润、扩散，从而进入周围土壤，在地表下 30～50cm 深度的土壤内发生非饱和渗透，通过此土层内的微生物的吸附、降解，达到净化和除臭目的。深入土层中的植物根系则吸收由于污水矿化而产生的 N、P。系统的水力负荷 30～40L/(m^2·d)，BOD_5 面积负荷为 10.8g/(m^2·d)。地下渗滤系统如图 3-42 所示。

(3) 污水的湿地处理工艺比较

各种污水的湿地处理工艺的特征比较如表 3-6 所列。

3.3.2.2 生物方法水体修复技术

(1) 生物方法水体修复技术简介

生物方法水体修复技术也称生物整治、生物恢复、生态修复或生态恢复，是利用培育的植物或培养、接种的微生物的生命活动，对水中污染物进行转移、转化及降解，从而使水体得到净化，或者使环境中的污染物的危害程度降到最低。这种技术的最大特点是可以对大面积的污染进行治理，具有处理效果好、工程造价相对较低、不需耗能或耗能低、运行成本低廉等优点。另外，这种处理技术不向水体投放药剂，不会形成二次污染。还可以与环境绿化及景观改善相结合，在治理区建设休闲和体育设施，创造人与自然相融合的优美环境。所以，这种廉价实用技术适用于我国大范围的城市景观水体治理。

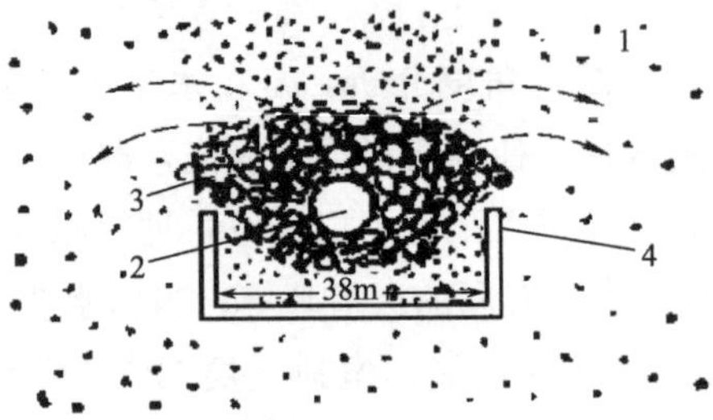

(a) 典型示意剖面

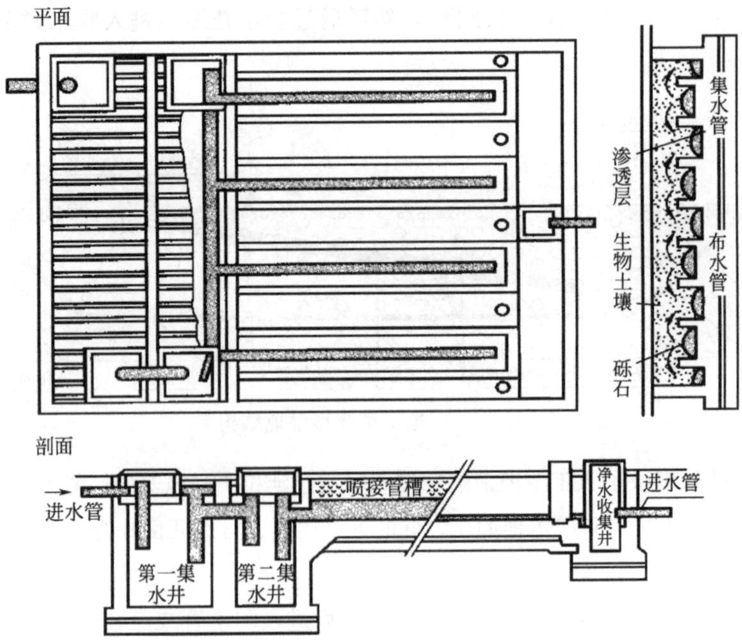

(b) 工程(平面和剖面)

图 3-42 地下渗滤系统工程剖面

1—透气性土壤；2—有孔管；3—砾石；4—膜

表 3-6 各种污水的湿地处理工艺的特征比较

特征	天然湿地	水面型湿地	渗滤型湿地	潜流型湿地	地下渗滤系统
介质及渗透性	原状土壤 低渗透性	原状土壤 低渗透性	原状土壤 中等渗透性	碎石、粗砂、炉渣、土壤 高渗透性	土壤(也可能是原状土壤，或人工土壤) 中等渗透性
防渗层	天然隔水层、地下水顶托	天然隔水层、地下水顶托	天然隔水层、地下水顶托	人工防渗层，如塑料、HDPE板、膨润土、土工布等	人工防渗层，如塑料、HDPE板、膨润土、土工布等
布水方式	地表布水	地表布水	地表布水	地下布水	地下布水
水面	有	有	有	无	无
布水器	水管	溢流堰	水管	砾石布水器	穿孔管+碎石
水流路径	地表推流	地表推流	垂直与水平入渗	水平渗透	四周浸润扩散、毛细管作用

续表

特征	天然湿地	水面型湿地	渗滤型湿地	潜流型湿地	地下渗滤系统
集水方式	明沟	明沟	穿孔PVC波纹管或侧渗明沟	滤层砾石	穿孔管+滤布+碎石
植物种类	天然浮水植物、挺水植物等	天然或人工引种挺水植物、浮水植物等	天然或人工引种挺水植物、浮水植物等	人工引种挺水植物、花卉等	人工引种挺水植物、花卉或草皮等
O_2来源	表面交换与植物传输	表面交换与植物传输	表面交换与植物传输	植物传输	植物传输
适用范围	大中规模城镇污水三级处理工程	大中规模城镇污水二级、三级处理工程	大中规模城镇污水二级、三级处理工程	中小规模生活污水二级、三级处理工程	中小规模生活污水二级、三级处理工程
温度影响	最大	较大	较小	中等	较小
有效处理部位	水柱中植物表面、土壤表层	水柱中植物表面、土壤表层	水柱中植物表面、根毡层、土壤、植物根际	介质表面、植物根际	介质表面、植物根际

（2）生物方法水体修复技术案例

1）什刹海水华防治试验区

什刹海水域面积0.34km^2，为典型的城市型湖泊，是位于北京市中心城区的旅游胜地。由于补给水源不足、雨污及地面径流冲击，加之水体自净能力有限，水体污染严重。2001年夏季，大面积暴发水华。

2002～2003年，开展了生物方法水体修复技术试验与示范，效果良好，具体做法如下：围隔区放养水葫芦，可快速吸收氮、磷等营养物，并在根系区形成微生物富集区，加速降解污染物；养鱼除藻，鲢鱼通过滤食可有效吞噬藻细胞，降低藻细胞密度，抑制藻生长、繁殖速率；投撒微生物制剂用于局部闭塞水域应急除藻；利用针刺无纺布包裹活性炭、沸石、滤料等吸附性材料后进行投放；采用推流曝气-超声波杀藻技术等。

2）转河综合治理工程

转河综合治理工程为北京市2003年重点工程，北京市水利局转变治水思路，在城市河道整治中坚持“以人为本，少留人工痕迹，宜宽则宽，宜弯则弯，人水相亲，和谐自然”的思路。

景观设计与结构设计并重，在满足河道功能的前提下，体现以人为本的设计理念。在水质保护和水景营造方面，采用天然植物、天然石材木材和钢筋、混凝土以及耐水原木等多种形式的生态驳岸。河底采用遵从自然过程的设计，以卵石、砂、多孔砖铺设河底，保证水陆之间交换的通透性；两岸河堤路采用透水混凝土砖铺设，既能吸收降雨径流水分和热量，又能改善地面和土壤微生物环境（见图3-43）。

3）翠湖湿地生态园区

翠湖坐落于北京市西山脚下的海淀区上庄镇，翠湖湿地生态园主要通过开挖200m环湖生态渠，将上庄水库北侧的1500亩低凹地建设成具有湿地生态特征的生态园，并引进湿地动植物，建设荷花塘、芦苇塘、野生湿地植物展览区、水禽池、湿地生态农业

(a) (b)

图 3-43 转河生态示范工程实例

图 3-44 翠湖湿地河道生态恢复实例

园区、科教园区、观赏鱼塘、垂钓区和水上公园九大功能区域，总面积 100 万平方米。翠湖湿地生态园利用湿地的自然景观和自然结构，建成集休闲、娱乐、观赏、学习和研究于一体，是自然与美、休闲度假与学术研究完美结合的湿地公园（见图 3-44）。

3.3.3 园区固体废物污染防治技术

3.3.3.1 一般工业固体废物的处理措施

一般工业固体废物是多种多样的，既有金属、非金属，又有无机物和有机物等。经过一定的工艺处理，可成为工业原料或能源，较废水、废气易于实现再生化。目前，各种工业固体废物已制成多种产品，如制造水泥、混凝土集料、砖瓦、纤维、铸石等建筑材料；提取铁、铝、铜、铅、锌等金属和钒、铀、锗、钴等稀有金属；制造肥料、土壤改良剂等。此外，还可以用于处理污水、矿山灭火以及用作化工填料等。

（1）减量化措施

对一般工业固体废物而言，减量化是防治污染的首要办法。由于工业固体废物的成分复杂，产生量大、处理难，处理设施一般投资很大。作为城镇固体废物污染防治的重点是综合利用，尽量减少排放量，无法进行综合利用的一般工业固体废物可以送到最近的无害化固体废物填埋中心。

碱渣是重要的一般工业固体废物之一，现在已基本能够做到全部综合利用。天津市塘沽区（现已纳入滨海新区）在这方面取得了显著的成绩。以前，80 多年形成的碱渣山占地 3.5km^2，平均高度 10～15m，一直是困扰当地政府和居民的环境污染老大难。为了彻底解决碱渣污染问题，当地环保部门将彻底治理碱渣污染、推动碱渣综合利用作为实施可持续发展战略、促进经济环境“双赢”义不容辞的责任，积极协调原国家环保总局予以支持和协助，并与天津市计委、塘沽区政府等有关部门共同努力，使天津市的碱渣治理工程获得国家增量资金支持。在各有关部门的共同努力下，天津市累计投入资金 3.5 亿元以上，治理碱渣 1200 万立方米，并利用原碱渣山堆山造景，建成了占地 32 万平方米的国内第一座利用工业废料建设的环保公园，如图 3-45 所示，取得了显著的经济效益和社会效益。

(a) 改造前　　　　(b) 改造后

图 3-45　碱渣山改造后的公园与改造前对比

总之，一般工业固体废物的综合利用前景是广阔的，对有条件的，要尽量综合利用；对目前暂时没有条件综合利用的，要合理处理处置、存放，待条件成熟时再作为原料重新利用。

（2）减量化与综合利用方案

根据区域特点，可以通过推广清洁生产，建立健全工业固体废物交换平台等措施，减少单位工业增加值工业固体废物产生量，具体措施如下。

① 鼓励企业引进无固废或少固废的清洁生产工艺，实施全过程废物管理。本质上，固体废物的产生是原材料在生产过程中没有得到充分利用造成的。对产品生产进行全过程控制，提高能源、资源利用率，从源头及生产过程中减少固体废物的产生。对于不能进行回收利用的一般固体废物，工业园区应设立职能部门对各类废物的排放、储存、运输以及最终的资源无害化处理进行全过程监控管理。

② 做好工业固体废物的申报登记工作，通过招标等方式将物资回收工作交由合格的入围企业统一实行，对回收机构的收运-处理处置（或综合利用）等实施全程监督，

跟踪管理。

③ 通过企业内、企业间、区域间的包装物和副产品等的重复利用和交换，减少固体废物的排放量，以满足区域统一要求为前提，建立企业自身的固体废物综合利用体系。

④ 建立区内工业固体废物信息平台，为区内外企业间的固体废物交换提供信息公开与服务支持。

⑤ 充分利用现有的固体废物无害化处理处置设施，实现设施共享，有效节约社会资源。

⑥污泥应严格采取减量化、稳定化、无害化、资源化思路进行处理。污泥减量化主要通过浓缩和脱水实现；污泥稳定化和无害化可采取添加化学药剂、灭菌等方法实现；污泥和食品残渣的资源化方式主要包括将污泥作为农林肥料、环保材料、建筑材料进行利用以及高温堆肥等。

3.3.3.2 危险废物的处理措施

（1）危险废物定义

对危险废物的定义，不同的国家和组织有不同的表述。

联合国环境规划署（UNEP）将危险废物定义为："危险废物是指除放射性以外的那些废物（固体、污泥、液体和利用容器的气体），由于它们的化学反应性、毒性、易爆性、腐蚀性和其他特性引起或可能引起对人体健康或环境的危害。不管它们是单独的或与其他废物混在一起，不管是产生的或是被处置的或正在运输中的，在法律上都称为危险废物。"

世界卫生组织（WHO）认为："危险废物是一种具有物理、化学或生物特性的废物，需要特殊的管理与处置过程，以免引起健康危害或产生其他有害环境的作用。"

美国《资源保护和回收法》对危险废物的定义为："危险废物是固体废物，由于不适当的处理、储存、运输、处置或其他管理方面的问题，能引起或明显地导致各种疾病和死亡，或对人体健康或环境造成显著的威胁。"

日本《废物处理法》将"具有爆炸性、毒性或感染性及可能对人体健康或环境产生危害的物质"定义为"特别管理废物"，相当于通称的"危险废物"。

我国的《中华人民共和国固体废物污染环境防治法》将危险废物定义为"列入国家危险废物名录或者根据国家规定的危险废物鉴别标准和鉴别方法认定的具有危险特性的固体废物"。2016年环境保护部发布的新版《国家危险废物名录》规定："具有下列情形之一的固体废物（包括液态废物），列入本名录：（一）具有腐蚀性、毒性、易燃性、反应性或者感染性等一种或者几种危险特性的；（二）不排除具有危险特性，可能对环境或者人体健康造成有害影响，需要按照危险废物进行管理的。"同时规定"医疗废物属于危险废物"。

危险废物的特性通常主要指毒性、易燃性、腐蚀性、反应性、浸出毒性和传染性等。因此，根据这些特性，世界各国都制定了各自的鉴别标准和危险废物名录。如联合国环境规划署在《控制危险废物越境转移及其处置巴塞尔公约》中列出了"应加控制的废物类别”共45类，“须加特别考虑的废物类别”共2类，危险废物“危险特性的清单”共14种特性。

我国的新版《国家危险废物名录》将危险废物分为46类，同时制定了《危险废物鉴别标准 通则》等一系列标准，并规定应按照危险废物鉴别标准和方法予以认定，经鉴别属于危险废物的，应确定所属类别，并进行归类管理。

危险废物中所含有的有毒有害物质可以直接造成人畜中毒，还可以通过燃烧、爆炸、渗滤等作用对大气、水体、土壤等自然生态系统造成严重污染。此外，危险废物的危害还具有长期性和潜伏性，治理环境污染和修复生态破坏不仅需要较长时间，而且耗资巨大，有的甚至无法恢复。表3-7中列出了几种典型的化学工业危险废物的化学组成及对人体和环境的危害。

表3-7 几种典型化学工业危险废物的化学组成及对人体和环境的危害

废物名称	主要污染物及其含量	对人体和环境的危害
铬渣	六价铬，0.3%～2.9%	对人体消化道和皮肤具有强烈的刺激和腐蚀作用，对呼吸道造成损害，具有致癌作用；铬蓄积在鱼类组织中对水体中动物和植物区系均具有致死作用，含铬废水影响小麦、玉米等作物的生长
氰渣	CN^-，1%～4%	引起头痛、头晕、心悸、甲状腺肿大，急性中毒时呼吸衰竭而死，对人体、鱼类危害很大
含汞水泥	Hg，0.2%～0.3%	无机汞对消化道黏膜有强烈的腐蚀作用，吸入较高浓度的汞蒸气可引起急性中毒和神经功能障碍；烷基汞在人体内能长时间滞留，甲基汞会引起水俣病；汞对鸟类、水生脊椎动物会造成危害
无机盐废渣	Zn^{2+}，7%～25% Pb^{2+}，0.3%～2% Cd^{2+}，100～500mg/kg As^{3+}，40～400mg/kg	铅、镉会引起人体神经系统、造血系统、消化系统等中毒，造成严重伤害；含砷化合物有致癌作用；锌盐对皮肤和黏膜有刺激和腐蚀作用；重金属对动植物、微生物有明显的危害作用
蒸馏釜液	苯、苯酚、腈类、硝基苯、芳香胺类、有机磷农药等	对人体中枢神经、肝、肾、胃、皮肤等造成障碍与损害；芳香胺类和亚硝胺类有致癌作用，对鱼类等水生生物也有致毒作用
酸、碱渣	各种无机酸碱，10%～30%；大量金属离子和盐类	对人体皮肤、眼睛和黏膜等具有强烈的刺激和腐蚀作用，对鱼类等水生生物有严重的有害影响

（2）危险废物处置原则

控制危险废物对环境和人类健康的危害，已成为当今世界各国共同面临的一个重大环境问题。世界各国政府对危险废物和其他固体废物的非法转移和安全处置的管理越来越严格。联合国环境规划署于1989年3月通过了《控制危险废物越境转移及其处置巴塞尔公约》，并于1992年生效，我国是《巴塞尔公约》最早的缔约国之一。

鉴于其特性，在对危险废物污染环境防治实行重点防治与严格管理总的指导原则的基础上，要遵循减量化、资源化、无害化原则（即“三化”原则），全过程监督管理的原则，集中处置原则、产生者处置原则（处置责任自负原则）、强制处置原则、禁止排放原则、达标处置原则、代为处置原则，以及综合污染控制原则。

产业园区对危险废物须采取全过程监管措施，严格按照国家对危险废物的管理办法，做到处理成分可明确，处理过程可控制，处理去向可追踪，规范危险废物的储存、运输和对处理、处置实施许可证制度，逐步完善危险废物鉴别、监测和转移跟踪等管理。

危险废物处置过程中首先要推行清洁生产，从源头削减危险废物的产生量，对可回收再生的危险废物进行分类回收，实现综合利用。以某开发区危险废物综合利用为例，区内风电设施部件生产厂生产过程中会产生大量复合材料叶片废弃物，主要包括增强材料、脱模后各种切割飞边、成型用辅助材料、表面打磨产生的粉尘等，因生产规模大，废物量也很大，其成分主要是热固性复合材料，不能自然降解。该公司在确定对口处理单位前，叶片废物均交由危废处理公司处理，增加了公司运行成本。通过产业园区与公司不断努力，与再利用公司建立合作，采用热固性复合材料综合处理与再生技术，使得大量此类原本难以处理的危废得以合理化处理和再生利用。

（3）危险废物安全处置

危险废物中虽然有大部分是可以综合利用的，但最终总有一部分危险废物需要进行处置。这里所讲的处置，是指对危险废物采用焚烧和其他改变其物理、化学、生物特性的方法进行处理，达到减少已产生危险废物的数量、缩小危险废物的体积，减少或者消除其危险成分的活动，或者将危险废物最终置于符合环境保护规定要求的场所、设施并不再回用的活动。危险废物如果处置不当，会造成严重的环境污染。因此，处置危险废物要采取科学的方法，减少或者消除危险废物对环境的污染，并避免因处置不当而造成的二次污染。

国内首座综合性危险废物处理处置中心坐落于天津，该中心是国家高科技产业化示范项目，占地 130 亩，是目前国内首座集资源化、焚烧、安全填埋为一体的现代化有毒有害危险废物处理处置示范基地，由有毒有害危险废物焚烧厂（见图 3-46），有毒有害危险废物安全填埋场（见图 3-47），有毒有害危险废物资源化处理厂和医疗废物收集、运输、处理处置厂（见图 3-48）组成，每年可无害化处理处置各类危险废物 3.7 万吨。项目运行后，天津市产生的各类危险废物、医疗废物，均由市容管理部门负责收集，统一运往该中心进行无害化处理。

图 3-46　有毒有害危险废物焚烧厂

图 3-47　有毒有害危险废物安全填埋场

图 3-48　医疗废物收集、运输、处理处置厂

3.4　产业绿色循环体系构建技术

3.4.1　绿色循环产业体系概念

3.4.1.1　产业链和产业体系

产业链的思想最早起源于国外，是将企业内部的劳动分工扩大到企业与企业之间的分工，此后演变成上下游产业之间包括生产链、供应链、价值链、信息链等在内的关联效应。产业链是各个产业部门之间基于一定的技术经济关联，并依据特定的逻辑关系和时空布局关系客观形成的链条式关联关系形态。随着产业的发展和经济活动的日益频繁，企业生产链条的延长使得生产分工不再局限于企业内部，而是延伸到企业外部，企业内部的生产协作关系上升到社会层面的企业间分工协作，最后成为区域的产业链。

园区的产业体系是由生产、经营、配套服务等多方面互相作用互相关联形成的，具有提升园区产业地位、增强整体竞争力、促进园区产业经济发展和推动园区产业优化发展功能的有机整体。各产业链上下游企业不断聚集并竞争合作，在促进园区产业体系优化、形成区域产业竞争优势方面发挥着重要作用。产业链中主要以规模较大、产值较高、占据支配性地位的核心企业为主，围绕其生存发展的企业为辅。适当延长产业链，引入补链企业，并且充分进行彼此之间的物质流、能源流的循环，有利于园区企业形成一个相互依存、彼此共生、共谋发展的整体，实现产业的增值。

随着我国经济不断地飞速发展，产业结构升级转型的需要，近年来企业、园区和各级政府部门等普遍重视对产业链的构建。产业链不仅给地方经济和发展带来巨大的优势，而且通过产业聚集的规模效应，吸引投资，拉动地方经济增长，充分发挥地方优势资源，增加经济类型、实现经济稳定以及提高抗风险的能力。

3.4.1.2 绿色循环产业体系

目前在我国大力倡导绿色发展、循环发展、低碳发展的理论引导下，在各级政府对可持续发展、循环经济、产业结构优化调整的方针政策指导下，各级各类产业园区都重视将园区整体产业体系向绿色循环方向调整，很多园区都进行了绿色循环产业体系建设的积极实践。

在国家倡导生态工业园区建设背景下，很多学者结合生态工业园区的设计理念，把产业学与生态学相结合，对生态产业链的形成、建设、模式等进行了探索。在以生态工业园区为中心的生态工业实践领域，对园区中如何构筑企业间彼此互利的共生体、构成稳定的且规划合理的产业链进行了研究。杜惠平等对我国电子信息制造业等高新技术产业的产业链结构、特点进行了分析，并研究了今后的发展趋势；马彦分析了生物医药产业链的构建，总结了产业结构和发展规律，并探讨了未来最佳发展模式。

鉴于近年来绿色、循环、低碳发展理念的兴起，本书引入绿色循环产业体系的概念。园区建设绿色循环产业体系，是通过对区内从事生产、经营、配套服务等各相关产业开展绿色循环产业链构建、生产资源共享和清洁生产改造，实现生产过程中资源、能源、物料的高效利用、梯级利用、循环利用，使园区产业结构不断优化，绿色竞争优势不断增强，产业经济绿色低碳增长。

绿色循环产业体系是在生态产业链的基础上进一步引入了循环经济和低碳发展的理念，不仅包括对产业链的构建，还包括对园区整体产业结构做出优化调整、以及对未来产业发展持续优化的规划过程。绿色循环产业体系关注产业模式的提升和绿色化结构的调整，具有政策与产业协同、环境与产业协同、资源能源利用与产业协同的特征。

应注意的是，绿色循环产业体系的构建，虽然有形式上的相似特征，却不是千篇一律的模板，需要结合产业园区的行业分布特征和区域发展特点，从规划入手，因地制宜采取针对性的策略。同时绿色循环产业体系的构建是一个持续过程，在产业园区发展的不同时期所采用的方法不同。需要根据园区发展需要，充分发挥政府、企业、第三方机构的作用，从规划制定、提升改造、日常管理等不同角度入手，为产业园区的绿色循环发展寻找适宜的切入点，从而突出重点，更有效地发挥绿色循环产业体系对产业园区发展的推动和优化作用。

3.4.2 绿色循环产业体系构建方式

3.4.2.1 根据企业主导形式

主导企业是在产业园区的经济发展中处于产业集群核心位置的企业，主导企业不只是在园区产值最高、经济效益最好的企业，更重要的是其对园区的产业提升、产业链构建、产业网络培育具有很重要的带动和影响作用，对上下游中小型企业具有很强的吸引力。园区中一家或多家主导企业对绿色、循环、低碳的投入和理念，直接或间接地对产业链上相关中小企业的绿色发展产生积极带动作用。一方面，主导企业对上游中小企业所提供的原辅材料和零部件在绿色低碳方面提出更高要求；另一方面，主导企业的绿色发展对与其处于竞争合作关系的同类企业带来社会责任压力，也会吸引更多注重绿色发展的企业入区，提升园区整体的绿色发展软实力。此外主导企业产生的副产品和对水资源和能源的利用，可以成为相关中小企业可利用的原材料，形成合作共生的运作模式，为进一步减少废弃物、污染物产生和提高资源能源利用效率提供了机会。

产业园区根据主导企业数量的不同，可以划分为单一中心型、多中心型、无中心型三种类型。

(1) 单一中心型

当产业园区中主导企业只有一家，其他企业围绕主导企业发展为产业集群，就是单一中心型产业园区。这种类型的园区形成过程多以矿产、资源生产为主导，通常是一些大型企业集团，为扩大规模围绕集团核心业务建立一系列的分厂，充分利用各种副产品和原材料，形成集团内部企业共生网络。

对于单一中心型产业园区，整个园区是一个有机结合的整体，因此构建绿色循环产业体系应以主导企业作为核心。一方面，围绕主导企业的资源能源利用和副产物、废物产生环节，引入下游企业或生产工序，对主导产业链进行合理补充，同时在下游企业间寻找耦合关系，对副产物、废物做进一步利用。另一方面，由于单一中心型产业园区中的主导企业大多对资源能源消耗较高，因此在构建绿色循环产业体系过程中应重视对资源能源的梯级利用和循环利用，加强企业间物质、能量交换和基础设施共享，从而提高园区整体的资源能源利用效率。

典型案例是广西贵糖（集团）股份有限公司。广西贵糖（集团）股份有限公司位于广西贵港市，是一家拥有日榨甘蔗上万吨的制糖厂、大型造纸厂、酒精厂以及轻质碳酸钙厂的集团企业。为了解决最初的制糖业排污多、污染重的大问题，引入循环经济理念，创建了一系列子公司或分公司来循环利用废物，变废为宝，在降低污染的同时实现经济效益。目前，贵糖集团已经形成了一个比较完整和闭合的网络体系，包含蔗田系统、制糖系统、酒精系统、造纸系统、热电联产系统、环境综合处理系统，形成了“甘蔗→制糖→废糖蜜制酒精→酒精废液制复合肥→蔗田”和“甘蔗→制糖→蔗渣造纸→制浆黑液碱回收”两条主要的工业循环产业链，以及“制糖滤泥→制水泥”，“造纸中段废水→锅炉除尘、脱硫、冲灰”，蔗渣和糖渣替代部分燃煤实现热电联产、供应生产所必需的电力和蒸汽等多条副线循环生态链，详见图3-49。

(2) 多中心型

在多中心型产业园区中，有两家以上主导企业，园区中企业围绕多家主导企业发展为一个或多个产业集群。多中心绿色循环产业体系中的主导企业与上下游企业间的业务关系广泛，业务并不只针对某一家企业完成。主导企业与其他企业间依赖性减弱，企业间更加独立。产业体系的稳定性更高，处于产业链相近生态位的企业增多，一方面增加

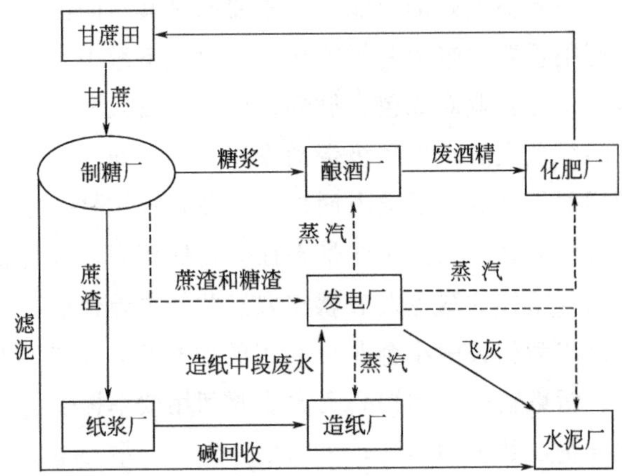

图 3-49　广西贵糖（集团）循环生态产业链示意（张晓盈，2015）

了企业间开展竞争合作的机会，另一方面降低了某一环节中断而使整个产业体系瘫痪的可能性。

这类产业园区比较常见，大部分综合型产业园区都是此类。在多中心型产业园区中，由多家主导企业构成园区产业体系的主框架，主导企业的落户吸引了上下游配套中小型企业入区发展，从而形成若干以主导企业为中心的子网络。各子网络间交互渗透形成全区产业体系。

多中心型产业园区构建绿色循环产业体系，园区管理者一方面需要着重关注产业链招商，积极为主导企业引入优质上下游配套企业，在物质循环利用关键节点上引入核心补链企业，不断巩固和提高产业网络稳定性。另一方面应以主导企业为抓手，协助推进主导企业提高清洁生产水平，吸引更多低碳环保型企业入区发展。

以天津经济技术开发区为例，该区围绕食品厂、生物制药厂、电子通信厂、汽车制造厂等几个核心企业，延伸产业链和废物代谢链，完善生态产业体系，形成以企业类型多样、产品链接紧密、资源闭合流动、资源能源高效利用为特征的产业链网（见图 3-50）。

（3）无中心型

无中心型产业园区中，各企业发展规模和影响力相对平衡，在资金、产品、行业地位等方面均没有突出的主导企业。这类型园区的企业之间没有显著的产业链，企业间的物质、资金、信息、人才等方面流动都比较灵活，企业间以比较松散的状态存在（见图 3-51）。

这类产业园区以小型园区、高新园区较常见。所谓“小型”园区，一方面，园区本身占地面积和规模不大，大型企业不多，未形成突出主导企业；另一方面，企业多为中小型企业，企业之间在业务关系上平等，不存在显著依赖关系，即使存在企业间关联也是以市场为导向完全自发形成，灵活而不稳定，一旦市场变动，关联随时终止。而在高新园区较常见，则是因为高新技术产业的聚集大多是受政策、服务等方面吸引而聚集在高新区孵化器中，所属产业虽然类似但内部高度分化，各细分领域间差异化显著，企业间以服务外包和信息交互的形式开展合作，物质能量的交流较少，企业间的合作共生关

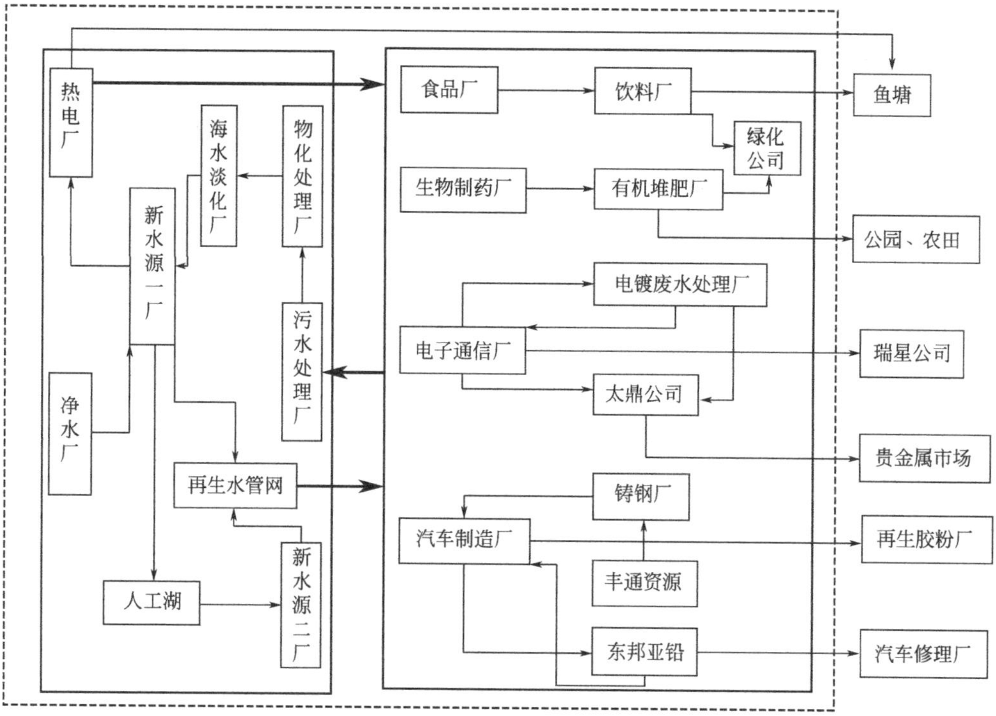

图 3-50 天津经济技术开发区循环产业链示意（唐玲等，2014）

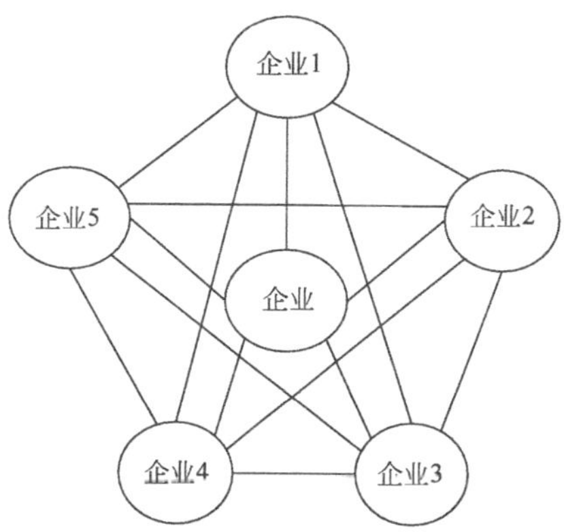

图 3-51 无中心型产业园区企业关联示意（王兆华，尹建华，2005）

系分散而复杂，不同于传统企业简单的上下游产业链关系，因此没有明确的主导企业。

对于无中心型产业园区的管理者，构建绿色循环产业体系首先应注重充分挖掘园区企业特色，结合本区企业生产特点，发挥绿色循环领域具有优势的企业的影响力，树立绿色品牌，从而带动其他企业参与。其次，应调动协调各方力量，做好精细化管理。由于孵化器、租赁厂房内小微企业众多，生产技术和产品各异，生产工艺灵活多变，园区管理者需要做好企业基础调研和分类管理，摸清底数，防范风险发生。再次，应加强对企业在绿色低碳、循环经济方面的技术支持。小型企业和高新企业都具有人员少、流动快的特点，对生态环保方面的投入不稳定，对接管理者的人员专业性不强，需要园区提供全方位服务，协助中小型企业从整体上提高循环经济、绿色低碳发展水平。

以 H 园区为例，该园区面积不到 $12km^2$，区内企业以高新技术企业为主。在园区重点发展的主导产业中，软件与相关服务外包、生物医药、现代服务产业以中小企业、小微企业为主，企业间相对较为独立，主导企业不明显，但整体实力较强。

该园区拥有国家和市级企业技术中心 67 家，工程中心 13 家，博士后工作站 17 个。软件园享有“国家软件出口基地”“国家火炬计划软件产业基地”“国家 863 软件专业孵化器”“中国服务外包基地城市示范园区”“国家综合性高新技术产业基地信息服务业核心区”五个国家级品牌。H 园区软件企业占全市的 2/3，汇集了天津市约 70%的 IT 服务类公司，形成了一定的产业聚集优势。生物医药产业拥有天津 1/5 的医疗器械企业，形成了医疗器械产业集聚地，医药相关服务业也发展较快，目前已在药物研发、药物评价、临床试验、医学研究等多个环节建立起公共技术服务平台，在化学药品、干细胞、诊断试剂等多个领域确立了研发优势。

在构建绿色循环产业体系方面，园区管委会一方面搭建平台，与教委、科委、高等院校合作建设软件学院，建立起产业适用型、复合型人才的培养体系。吸引大量具有培训资质且在业内有一定知名度的培训机构进入人才培养基地，实现学科链、技术链、产业链、人才链的有效对接。另一方面，在区内开展企业环境基本信息调查工作，对企业的管理现状、资源能源消耗利用情况以及上下游产业情况进行全面的摸底调查，建立区内企业生产、环保、产业链位置等全方位的档案。以上措施有利于挖掘潜在的生态产业链条，搭建企业间的物质、资源、能源循环利用的生态产业链网。

3.4.2.2 根据行业分布特点

主导行业（或称主导产业）是在产业园区发展中在企业数量、经济贡献程度或发展带动能力方面占主导支配地位的行业。产业园区的主导行业，有自然发展形成的，也有园区规划确立形成的。通常，主导行业或在区内建有一家或多家规模大、产品精、行业内影响力高的具有引领作用的龙头型企业；或在园区内发展多年，形成一定的产业集聚效应，并在产业结构中具有较高占比；或属于国家鼓励发展的战略性新兴行业，经济前景好，因此被园区规划设定为重点发展的主导产业。

主导产业因其对产业园区的发展具有强大的引导和带动能力，对园区绿色循环产业链构建和产业体系形成发挥着重要作用。根据产业园区主导行业划分，包括单一主导行业园区和多主导行业园区两大类，两类园区在绿色循环产业体系构建方面各有侧重。

（1）单一主导行业园区

在产业园区只有一个主导行业，所有企业基本围绕主导行业发展，就是单一主导行业的产业园区。单一主导行业园区往往特色鲜明，专业性较强，较易形成大型产业集群，企业间上下游关系密切，物质能量交换较多。

单一主导行业园区因所属行业不同而各有侧重，在我国各地都有分布，如化工产业园、纺织产业园、电子产业园等，还有对行业划分更细的小型园区如自行车产业园、地毯产业园等。单一主导行业园区绿色循环产业链也是围绕主导产业链而产生的上下游原材料-产品间的相互转化利用关系（见图 3-52）。

在绿色循环产业体系构建过程中，单一主导行业园区重点关注的方面有以下几个。

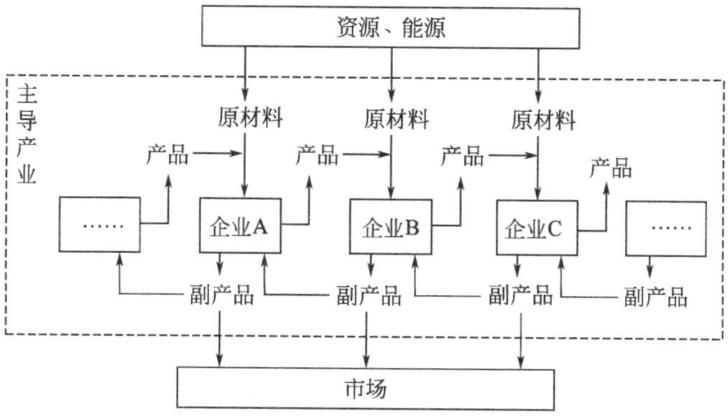

图 3-52 单一主导行业园区绿色循环产业链构建示意

1）基础设施集中利用

因企业的行业一致，生产工艺相似，便于集中和专业化实施环境管理，通过污染物集中收集统一处理可发挥基础设施的更大效益，对于某行业特定的污染物排放可以更有针对性地统一处理，相对单个运营企业更专业而经济。如化工园区可针对化工企业特点，统一采取污水处理厂高COD废水处理技术、危险废物处理处置方案、普及VOCs治理技术，弥补单一企业废弃物治理处置能力不足、污染治理设施运营不专业不到位带来的环境问题。

2）重视产业链向上下游延伸，构建全产业体系

单一主导行业园区应侧重产业链构建，避免企业过于集中在某一产品线，避免出现企业小而散、多而乱的现象，而是要不断延伸上下游产业链，不断挖掘产业链上各级副产品利用价值，完善全产业体系，充分发挥规模效应和集聚效应，从而“吃干榨尽”减少废物和污染物的产生。废弃物和污染物的产生往往与产业链构建不完善，本地对副产品消纳不彻底有关。特别是在化工园区，当化工企业产品衍生出的副产品难以本地消化，由此而来的化工产品运输、管理、存储和使用等诸多方面存在的漏洞是导致污染发生的重要原因。此外单一主导行业园区受行业经济形势和政策引导影响较大，应提升产业体系稳定性，避免因某家企业关闭而失去整条产业链，进而影响全区的物质能源循环利用体系。

以T纺织园为例，园内以大型纺织集团T为主体，吸引相关上下游企业，形成以纺纱→织造→染整→服装加工→物流等为主线的产业链（见图3-53）。棉纺厂和印染厂地理位置相邻，形成稳定的上下游原材料供应链条，而且从管理体系接口，全部通过了ISO 9000质量体系认证。制衣厂加工服装所需部分原材料来自棉纺厂、印染厂、毛纺厂生产的产品。同时，该企业还为园内其他企业加工制服。所有纺织废水统一排入污水处理厂处理，纺织企业所需能源由集中热源厂供应，符合基础设施共享原则。

（2）多主导行业园区

当产业园区有一个以上主导行业，园区产业链围绕多个主导行业发展延伸，就是多主导行业的产业园区，目前大部分产业园区都是多主导行业园区。多主导行业园区较单一主导行业园区发展更加多元化，产业体系稳定性更强。多主导行业园区的各产业之间，通过资源输入和产品输出建立关联，实现聚集、共生的效果（见图3-54）。

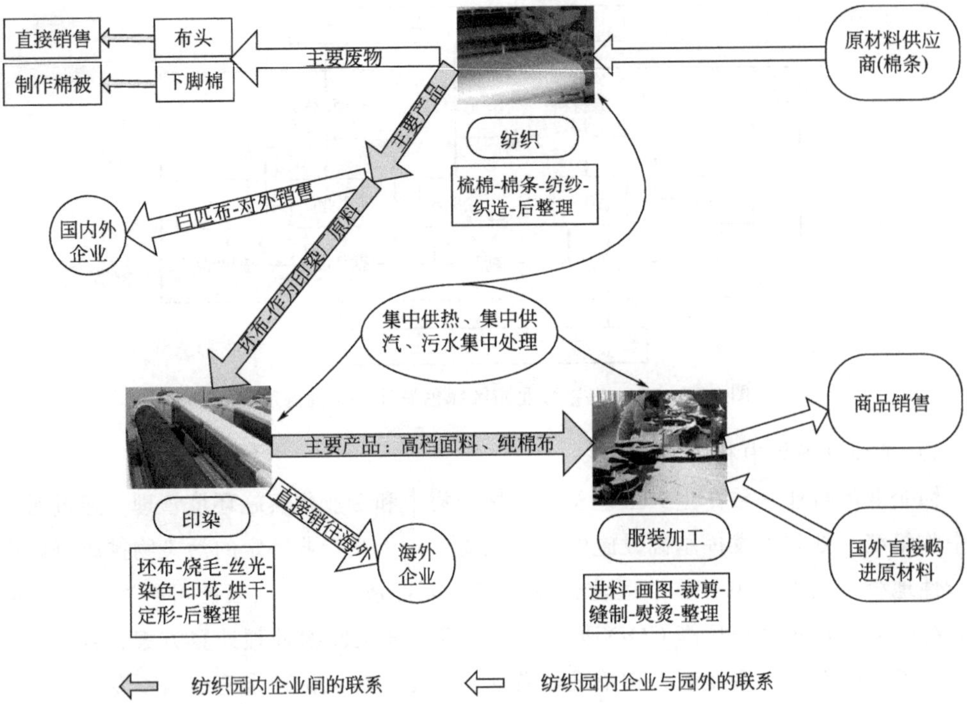

图 3-53　T 纺织园单一主导行业绿色循环产业链示意

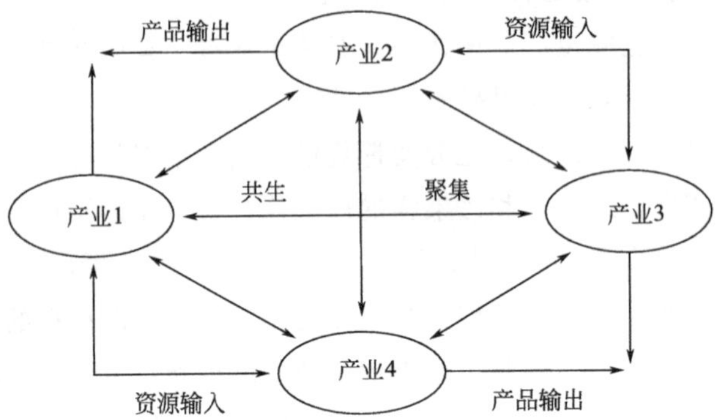

图 3-54　多主导行业园区绿色循环产业链构建示意（张晓盈，2015）

产业园区主导行业的确立，受企业自发汇聚形成产业集群的作用以及园区和当地政府大力推进作用两方面影响。主导产业的设定应首先符合区域社会经济发展需要和整体产业规划，并考虑周边产业园区的发展，避免重复建设，力求优势互补。当主导行业是企业因园区的区位、交通、人力、社会等因素而自发汇聚形成，则在产业园区具有较好的发展基础，产业链较发达，产品较丰富，有利于产业体系扩展和延伸；但由于产业结构升级的需要和市场环境不断变化，产业园区需要对主导产业的发展策略不断调整，及时引导企业升级改造，提升区域产业绿色循环水平的同时，适应社会发展需要。

多主导行业园区的绿色循环产业体系构建，还需要重点关注基础设施共享，积极引进产业链网关键节点上的补链企业。通过资源能源利用和园区企业间物质能量代谢关系的详细梳理，寻找到串联起主导产业和龙头企业的“节点”，发挥资源和能源循环高效利用的“枢纽”作用。

以N开发区为例，该区绿色循环产业体系构建主要围绕现代服务业体系的构筑及电力、钢铁、石化等几大行业资源代谢链网的构建进行，以此提升优化产业结构（见书后彩图2）。园区已初步构建绿色、循环、低碳的产业体系，促进企业、行业内部以及相互之间的物质、能量交换，实现资源、能源的有效利用，完善园区产业结构，提升园区竞争实力。

3.4.2.3 根据资源循环利用方式

根据产业园区对生产副产品和废弃物的利用方式，可划分为静脉产业园区、动脉产业园区和动静共生产业园区。

（1）静脉产业园区

静脉产业一词是由日本学者提出的，指的是相对于从原料开采到生产、流通、消费、废弃这个类似于人体血液循环的动脉过程的产业来说，从被废弃产品的收集、运输、分解、资源化到最终安全处置这个过程则可被称为静脉产业。静脉产业是构建产业链中资源闭合循环的重要组成部分，承担着废物的收集、分类、运输、分解、资源化及最终安全处置的功能。我国在2006年《静脉产业类生态工业园区标准（试行）》（HJ/T 275—2006）中提出：“静脉产业（资源再生利用产业）是以保障环境安全为前提，以节约资源、保护环境为目的，运用先进的技术，将生产和消费过程中产生的废物转化为可重新利用的资源和产品，实现各类废物的再利用和资源化的产业，包括废物转化为再生资源及将再生资源加工为产品两个过程。”

静脉产业园区是静脉产业的最佳实践形式，它是以资源再生利用企业为主建设的产业园区（见图3-55）。园区以减量化、再利用、资源化为指导原则，运用先进的、经济可行的技术，将生活、生产和消费过程中产生的废物资源化，以实现节约资源使用、减少废物排放、降低环境污染负荷的目的。静脉产业园区的绿色循环产业体系构建，需要突出静脉产业特点，加强资源再生利用技术利用，突出示范性，同时重视安全和环保监管、避免二次污染。

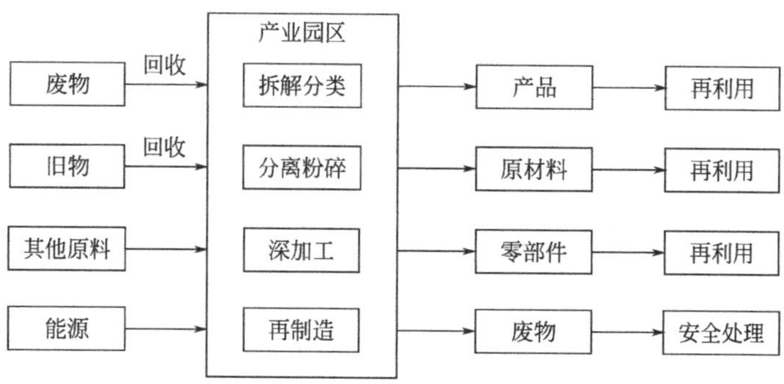

图3-55 静脉产业园区输入-产出示意

典型静脉产业园区如天津子牙循环经济产业区，该园区在废物拆解利用企业基础上，规划建设报废汽车拆解加工、废旧机电产品拆解加工、废旧橡塑再生利用、废旧电子信息产品拆解加工四条主导生态产业链，使企业的废弃物得到有效利用而达到污染物排放最小化，通过延长产业链提高企业产品附加值。

（2）动脉产业园区

动脉产业园区是与静脉产业园区相对应的，是一种从外部采购资源、原材料后，加工生产产品，生产中所产生的废弃物送到区外处理的生产形式。动脉产业园中的企业只考虑原料加工、生产产品的过程，不考虑废物回收和产品再利用，对不能使用的废物则变卖或丢弃处理，经济和环境效益有待提高（见图 3-56）。

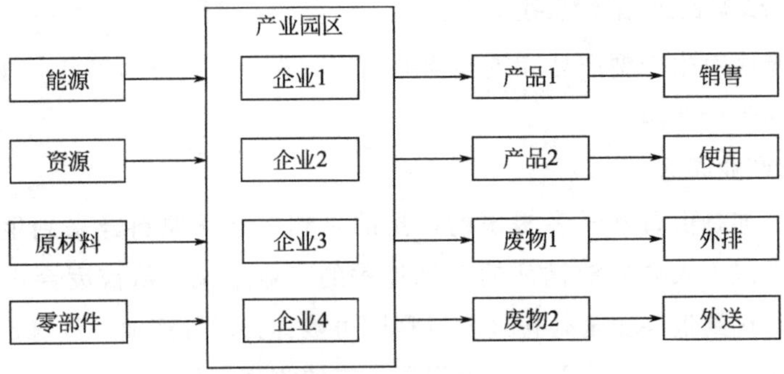

图 3-56　动脉产业园区输入-产出示意

（3）动静共生产业园区

动静共生产业园区应用循环经济和生态工业理念，把动脉和静脉产业相结合，在产业布局时综合动脉和静脉产业园区的特点，利用产业园区的集群优势构建产业共生网络，引导鼓励企业互相合作开展资源能源循环利用，并发挥交互平台作用，提高资源循环利用率，形成更绿色的园区产业聚集模式，达到循环经济集群式、持续性的发展。在共生集群中，企业不是简单划分为动脉和静脉产业，而是根据对资源能源利用的需要，处于物质循环代谢链的不同位置。

动静共生产业园区构建绿色循环体系的优势在于充分发挥产业间互补与共生优势，克服单个产业有限的延伸空间，把各产业的资源能源及环境影响综合统筹。通过产业链的整合、延伸，构建基于物质流、能量流、信息流最优解的耦合共生体系，突破区域产品种类和规模、产业结构布局等的最优网络设计难点，破解产业园区发展所面临的高耗能、高耗水、高排放制约。

3.4.3　冶金产业绿色循环企业构建案例

3.4.3.1　案例概述

冶金企业 R 是一个跨地区经营的钢铁联合企业，具备年产铁 280 万吨、钢 260 万吨、材 200 万吨、焦炭 28 万吨、烧结矿 420 万吨的综合生产能力。冶金企业 R 在发展建设中始终把环境保护放在首位，努力实现循环经济、绿色工程、生态工业的先进企业模式，通过了 ISO 14001 环境管理体系认证和 OHSAS 18001 职业健康安全管理体系认证。

在企业发展过程中，冶金企业 R 经过不断的技术改造，考虑到冶金企业对资源能源消耗量较高，同时又为其他行业提供重要的基本原材料，因此冶金企业 R 的绿色循环体系构建对园区的绿色发展具有特殊的重要意义。该企业结合冶金产业中主要的钢铁生产工艺需要，综合多项水资源循环利用技术，提出冶金产业绿色循环企业构建技术。

冶金产业绿色循环企业构建技术是以水资源循环利用为基础的绿色循环企业构建案例。首先由冶金企业采取先进的污废水处理工艺，完善厂内各水循环系统，以达到厂内生产环节废水零排放、补充新鲜水量最少化、循环水质满足分质供水要求等循环经济型企业的目标。

本案例主要在水量、水质以及循环系统上划分为以下3个层次进行改造。

① 生产环节内部循环系统。包括净循环、浊循环及生产环节的水资源梯级利用。

② 厂区内循环系统。各生产环节产生的生活污水、生产废水经各处理站处理后回用。

③ 区域综合循环系统。大沽河城市污水和葛沽镇生活污水经处理后供厂区循环利用，实现区域性的水资源循环。

冶金产业绿色循环企业构建技术通过对生产车间内部、冶金企业厂区内以及冶金企业所在区域3个层次的水资源循环进行优化设计，实现区域性的水资源循环利用，同时实现了生产水零排放，综合利用各污水处理站污泥，消除了对环境的污染，实现了社会效益、经济效益、环境效益的统一。

3.4.3.2 原厂情况

(1) 用水情况

冶金企业R原用水情况主要包括生活用水和生产用水，其中生活用水及厂区绿化、工程施工、路面浇洒用水，生产过程中锅炉、软水系统等所使用的是新鲜水，主要由地下水供给，而烧结、炼焦、炼铁、炼钢、轧钢、连铸等生产过程中用水主要来自厂区排水回用。冶金企业R在水资源利用方面已经实现了一定程度的循环回用，但回用水平不高。

(2) 排水情况

冶金企业R原有排水泵站包括炼铁泵站、炼钢泵站和轧钢泵站3个。泵站排水均进入厂外的排水渠。各泵站的日排水量合计约7000m^3。改造前企业生产废水及生活污水联合排放，混合进入泵站后未经处理直接排入厂区东部水塘，而水塘中也未采取任何处理措施即回用补充生产用水，致使水塘中水的SS、Fe^{3+}、Cl^-等浓度过高，不满足《再生水用作冷却用水的水质控制标准》。因此厂内烧结、炼焦、炼铁、炼钢、轧钢、连铸等生产过程补水不满足其生产要求。

(3) 水循环系统

改造前的冶金企业R生产用水系统包括净循环和浊循环系统。净循环水主要包括炼铁、炼钢、轧钢、连铸、制氧车间的设备冷却水及炉体冷却水。浊循环水主要包括水轧钢、炼钢、连铸过程直接冷却水及旋流井水。

冶金企业R生活污水及生产废水最终进入厂区东部的调节水塘，作为生产过程的直接冷却补水。虽然某些水质指标超标，但实现了部分水资源的循环回用，为日后生产节水提供了良好的基础条件。

通过监测发现，冶金企业R改造前净循环水、浊循环水以及用作生产冷却补水的调节水塘的水质均不满足要求（《再生水用作冷却用水的水质控制标准》），主要存在以下问题。

① 二轧浊循环，外排废水中含有油，平流沉淀池中没有破乳过程，故回用循环水中含油高、沉淀分离效果不好，为水包油的乳化状态。

② 湿式熄焦排水中 NH_3-N、CN^- 等处理工艺落后，曝气方式不能去除 NH_3-N，熄焦水的多次循环使用带来了 NH_3-N 的累积。

③ 生产废水、生活污水尚未分开治理，应有单独处理设施。

④ 氟化物含量高是区域地下水所致，冷却水多次循环使用，管线及直接冷却产品表面会有 CaF_2 沉积，对 F^- 应予以去除。

⑤ 各车间外排水预处理不足，许多循环水排水中不应含有的污染物均已出现。焦化废水排水含砷量达 0.078mg/L；炼铁高炉冲渣水含砷量达 0.026mg/L；厂区排入排水渠内，无论新区、老区排水口皆检出有砷，含量分别为 0.104mg/L 和 0.062mg/L。这些污染物随水循环不断累积和转移。

⑥ 外排废水进入排水渠系，没有达到标准，排入塘系中，易形成渗坑，污染地下水，池塘成了污染物集散地。

⑦ 企业生产用水水源地是位于厂区东部的调节水塘，其水质指标，尤其是 SS、Fe^{3+} 等超标，Cl^- 和 SO_4^{2-} 等的浓度接近循环补充用水水质指标的上限，企业生产用水在“生产过程—排水渠—调节水塘—生产过程”不停循环的过程中，调节水塘的水质将会继续恶化，无法满足生产用水的水质要求。

3.4.3.3 水资源循环利用

（1）生产车间内部水循环系统

1）净循环系统

此系统在钢铁企业中涉及的水为设备间接冷却水，此水水质只受温度影响，没有其他的污染物，所以只需进行冷却降温、补充其蒸发量即可循环利用，不外排。在循环冷却过程中采用过滤、离子交换的工艺，使水质保持稳定，避免对设备产生腐蚀或造成结垢阻塞现象，使净环水补充水源在循环冷却过程中满足要求，进而节约新鲜水用量。采用此工艺的冷却水系统包括：焦化车间煤气冷却（初冷器）循环水、炼钢车间设备冷却水、轧钢车间间接冷却水、炼铁车间高炉冷却水等。

2）浊循环系统

浊环水主要来自轧钢、设备直接冷却及冲氧化铁皮用水。水中氧化铁含量较高，含油量大。

浊循环系统的基本工艺如图 3-57 所示，各车间根据其浊环水的具体情况相应地增减处理环节。

通过此工艺，可以有效降低水中油浓度，去除 SS，调节系统的 pH 值，降低对设备、管道及产品的腐蚀。

3）厂内水资源梯级利用

厂内各车间内部都包括一定的净环水和浊环水系统。净环水系统的排水可直接作为

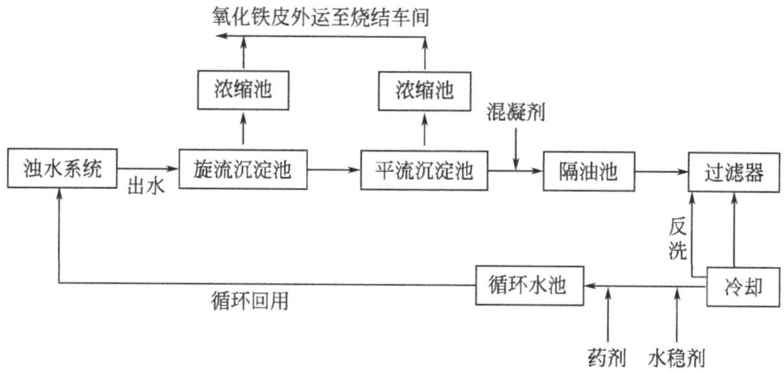

图 3-57 浊循环系统的基本工艺（常文韬，包景岭，赵翌晨，等，2013）

浊环水系统的补水，而净环水的补水来源是反渗透处理后的出水。

以焦化车间为例，煤气冷却排水直接用于焦化炼焦；焦化炼焦产生的废水经处理站处理后被烧结车间所利用。

焦化废水来源于两个方面：炼焦煤和焦化生产过程中的用水和蒸汽。焦化废水中所含污染物包括 SS、COD、石油类、NH_3-N 、F^- 等，而生活污水中污染物为 SS、COD、BOD_5 等，两者所含污染物相似。因此本技术采取一定的处理工艺，使得全部焦化废水和此车间的生活污水同时处理后回用，同时作为烧结环节的补水，达到节约水资源，同时避免此环节生活污水排放的目的。

焦化废水处理站处理工艺设计如图 3-58 所示。

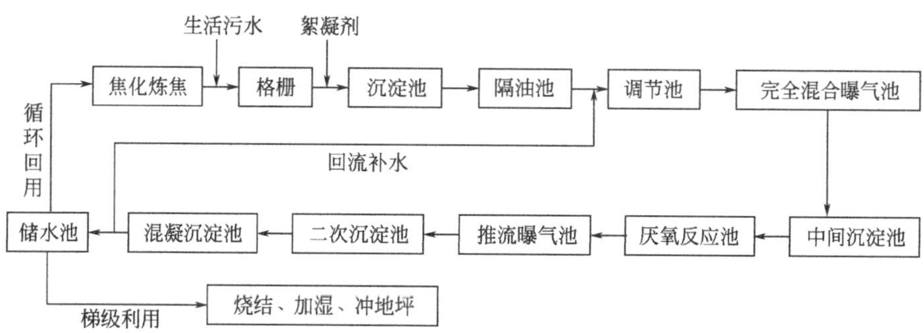

图 3-58 焦化废水处理站处理工艺示意

此工艺中，采用完全混合曝气池和推流曝气池联合处理，减小了进水冲击负荷的影响。同时引入厌氧反应，以去除水中 NH_3-N，降低出水中总氮含量，同时有利于萘、联苯等多种难降解有机物的去除，对于降低 COD 也非常有益。解决了原来系统曝气方式不能去除 NH_3-N，多次循环使用所带来的 NH_3-N 累积问题。

（2）厂区内循环系统

对于厂区外排水采用分区域闭路循环，从而大大提高了水资源的利用效率，解决了水量过剩和因水量不平衡造成的外排问题，在满足工艺要求的前提下，提高了工艺质量。

1）生活污水及雨水

生活污水与生产废水分开处理，在各处理站内建立各自独立的处理系统。对焦化、烧结、炼钢、轧钢、制氧、连铸车间的生活污水与各车间废水分开收集，其处理视具体情况而定，但处理后都用于其水质满足要求的生产环节。其中焦化车间的生活污水可直接收集后与生产废水一起处理，既补充了其所需水量，又对生活污水进行了处理；其他车间生活污水分别收集后输送到各废水处理站的生活污水处理系统进行集中处理后回用。

各厂区的雨水和生活污水处理后部分回用于生产过程的补水，剩余部分排入排水渠生化塘。因此在达到污水排放标准的基础上应尽可能使水质满足回用要求。

废水处理站中雨水及生活污水处理工艺如图 3-59 所示。

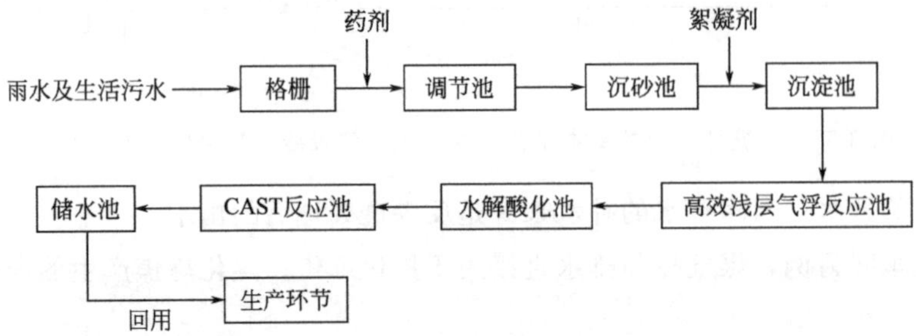

图 3-59　雨水及生活污水处理工艺示意

循环式活性污泥法（Cyclic Activated Sludge Technology，CAST）工艺的核心为间歇式反应器，在此反应器中曝气与不曝气阶段交替运行，将生物反应过程与泥水分离过程集中在一个反应池中完成，属于序批式活性污泥法（SBR）的一种变型。CAST 反应池分为生物选择区、预反应区和主反应区，如图 3-60 所示，运行时按进水-曝气、沉淀、撇水、进水-闲置完成一个周期。主反应区在可变容积完全混合反应条件下运行，完成含碳有机物和含氮、磷的污染物的去除。运行时通过控制溶解氧的浓度使其从 0 缓慢上升到 2.5mg/L 来保证硝化、反硝化以及磷吸收反应的同步进行。

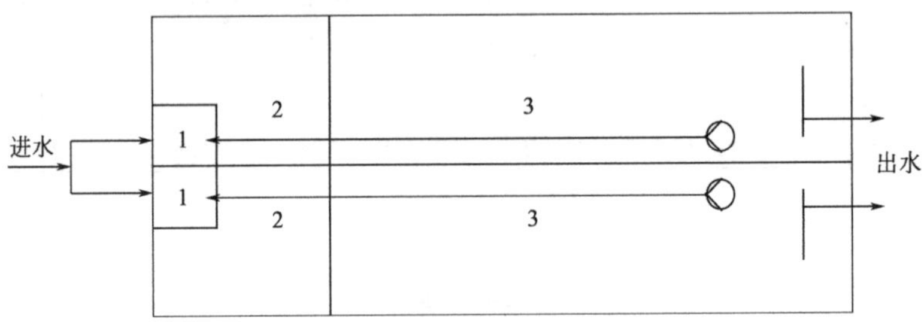

图 3-60　CAST 反应池结构示意

1—生物选择区；2—预反应区；3—主反应区

CAST 工艺投资和运行费用低、处理性能高，具有优异的脱氮除磷效果。处理前后水质比较见表 3-8。

表 3-8　CAST 工艺处理前后水质比较　　单位：mg/L

水质指标	处理前	处理后
SS	160	20
COD_{Cr}	220	50
BOD_5	120	5.8
NH_3-N	25	10
石油类	10	0.5

2）生产废水

① 炼铁废水处理站。炼铁废水处理站收集的污水包括区内雨水、生活污水、烧结及炼铁废水。站内分为雨污处理系统和炼铁废水处理系统。其中，炼铁废水主要污染物为悬浮物，其处理的技术路线包括悬浮物的去除、温度的控制、水质的稳定、沉渣的脱水与利用，以及重复用水五方面内容。其处理工艺设计如图 3-61 所示。

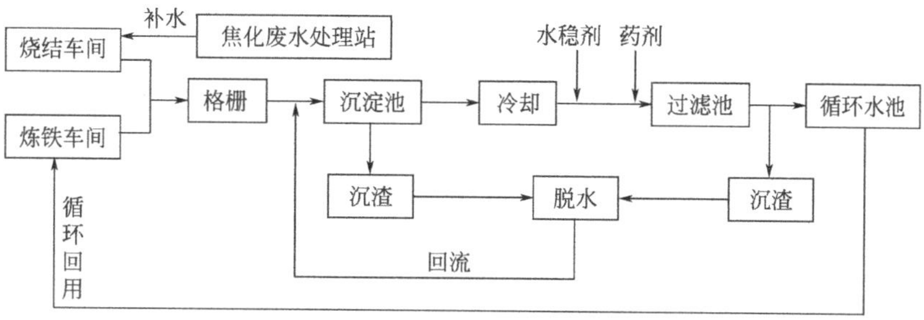

图 3-61　炼铁废水处理站处理工艺示意

经过沉淀池后近 95%的渣沉淀下来。沉渣池出水经分配渠进入过滤池，过滤后的水经加压泵送至冷却塔，用泵供应高炉冲渣循环使用。此工艺处理前后水质对比见表 3-9。

表 3-9　处理前后水质对比　　单位：mg/L

水质指标	处理前	处理后
SS	141	14.1
COD_{Cr}	64	9.6
F^-	1.6	0.08

② 轧钢废水处理站。废水主要污染物为悬浮物、油、Ca^{2+}、Mg^{2+}、Cl^-、SO_4^{2-}等。轧钢工序中使用大量的润滑油、冷却油，所排出的乳化含油废水和废乳化液是比较难处理的工业废水。乳化含油废水的处理方法有很多，有机械破乳、离心分离、电解破乳、化学破乳、气浮等方法。这些方法处理周期长，占地面积大，而且受酸碱条件和废水中化学成分变化的影响也很大，处理效果不稳定，难以达到含油量在 10mg/L 以下的排放标准。近年来，膜技术在水处理中的应用迅速发展，在钢铁企业采用超滤膜处理乳化油废水的技术已经成熟。此技术可高质量回收乳化油，没有二次污染，分离效果稳定。

针对轧钢车间外排废水中含油的现状，考虑其耐污染、耐余氯、耐化学清洗特性，采用中空纤维超滤膜除油。超滤膜的分离机理通常可以描述为与膜孔径大小相关的筛分过程，以膜两侧的压力差为驱动力，以超滤膜为过滤介质，在一定的压力作用下，当水流过膜表面时，只允许水、无机盐等小分子物质透过膜，而阻止水中的悬浮物、胶体和微生物等大分子物质通过。这种筛分作用通常造成污染物在膜表面的截留和膜孔中的堵塞，随过滤时间增加，逐渐形成超滤动态膜，而形成的超滤动态膜也能对水中污染物进行筛分。其处理工艺如图 3-62 所示。

在超滤膜进水中投加杀菌剂，杀灭原水中的细菌等微生物，防止超滤膜、反渗透膜

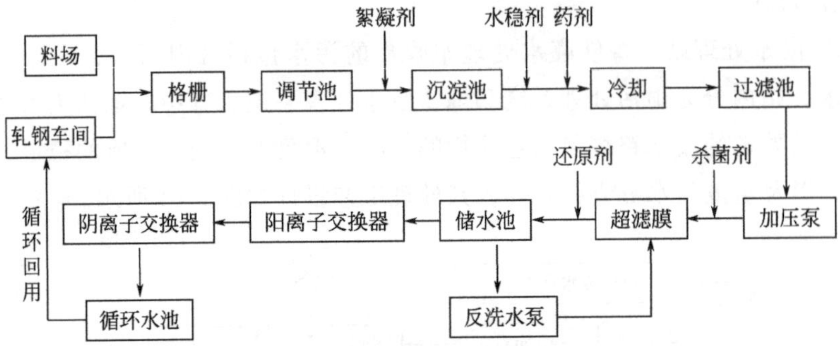

图 3-62　轧钢废水处理站处理工艺示意

被微生物污染。出水投加还原剂，以防止过量的杀菌剂对反渗透膜的破坏。经过去除悬浮物、冷却、除油、软化后，轧钢废水可达到循环利用要求，处理前后水质对比见表 3-10。

表 3-10　处理前后水质对比　　单位：mg/L

水质指标	处理前	处理后
SS	9.98	0.99
COD_{Cr}	13.4	0.42
F^-	0.86	0.04
石油类	0.65	0.13

③ 炼钢废水处理站。炼钢废水处理站收集污水的来源包括：区内雨水、区内生活污水，制氧、连铸、炼钢等多种生产废水。炼钢车间冷却水循环利用，生活污水及炼钢废水单独收集到炼钢废水处理站。废水处理站内单独设置雨水和生活污水处理系统、炼钢废水处理系统，其中雨污处理工艺与炼铁废水处理站相同。

炼钢废水处理系统污水中污染物主要为油、SS、Ca^{2+}、Mg^{2+} 及制氧废水软水站处理后反洗再生水中的 Cl^-、SO_4^{2-} 等，同时含有少量的油脂。其处理工艺如图 3-63 所示，处理前后水质对比见表 3-11。

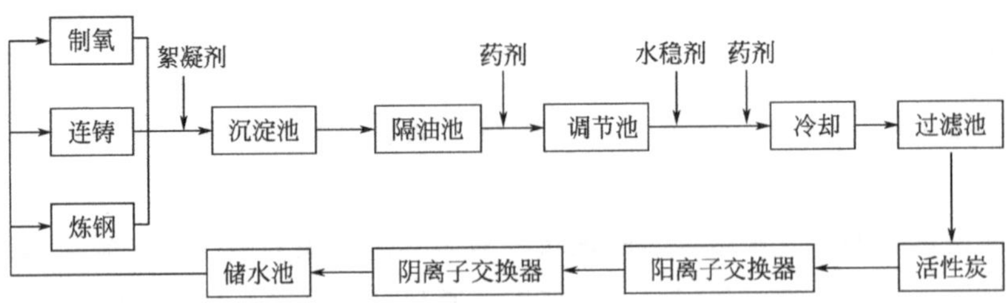

图 3-63　炼钢废水处理站处理工艺示意

表 3-11　处理前后水质对比　　单位：mg/L

水质指标	处理前	处理后
SS	44.38	4.43
COD_{Cr}	18.6	2.79
F^-	3.3	0.22

首先，在废水中加入絮凝剂后进入沉淀池去除悬浮物，然后通过隔油池去除水中所含的少量的油脂，加药进入调节池，在出水中加一定量的水稳剂、药剂后冷却，既而经过滤池砂滤、活性炭双重过滤，进入阳离子交换器软化，去除反洗水中的阴离子后回用。

④ 氧化塘水处理系统。各废水处理站处理后的水除一部分作为各生产环节回用水外，剩余部分需要进行深度处理，以达到工业新水及反渗透补水的要求。利用冶金企业的排水渠系作为氧化塘，对废水处理站出水进行存储调节的同时，采取一定的生物技术，进一步进行处理。主要采用以下方法：对已有塘系进行改造，在塘内建设沉砂池、隔油墙、沉淀池，并利用塘体自身水位差进行曝气；在塘内种植一定量的水生植物，对水中污染物进行去除。

根据不同水生植物所能去除的污染物不同，本技术选择在沉淀池和前半部塘中种植凤眼莲，因为这种水生植物在温暖季节繁殖较快，其庞大根系有很强的富集重金属能力。当生长最旺盛时，其丛叶覆盖水面，可造成塘下层相对缺氧，有利于厌氧菌对污染物的厌氧降解。

在塘中种植草芦、香蒲和菹草。草芦和香蒲都是挺水植物，其水下茎秆可供着生藻固着，同时草芦有较强的去 NH_3-N 能力。菹草除具有去污能力外，还是沉水植物，喜低温，秋季发芽，冬春生长，不受氧化塘塘面结冰的影响，适合北方冬季氧化塘运转需要。氧化塘处理工艺改善前后出水水质对比见表 3-12。

表 3-12　氧化塘处理工艺改善前后出水水质对比　　单位：mg/L

水质指标	工艺改善前	工艺改善后
SS	45	≤10.0
Fe	0.947	≤0.47
NH_3-N	11.23	≤1.73

通过对氧化塘进行改造，其出水中金属离子、COD 等污染物质进一步减少，同时由于各种水生植物的降解作用，减轻甚至消除了对地下水及土壤的污染。

（3）区域综合循环系统

此系统把厂区经过各废水处理站及冶金企业污水处理厂（收集的是葛沽镇的生活污水和大沽排污河的城市污水）处理后的出水，经过深度处理使其达到工业新水及软水补水水质，厂内及水循环过程中损失部分由区域内的生活污水补充，实现区域性水资源循环利用。

工业新水和反渗透水作为整个厂区的循环回用水，其中反渗透水需达到净循环水水质，用以补充净循环过程中损失水量，工业新水达到厂内所需补充的新鲜水水质即可。通过反渗透系统（RO）不同工艺环节可以达到不同的出水水质，便于分质供水。该处理工艺如图 3-64 所示。

综合循环系统的进水除各废水处理站排入氧化塘的出水外，还包括冶金企业区域生活污水。这些水水质较好，已经达到了排放标准，通过反渗透系统的处理即可达到生产回用水标准。这种生活污水补充生产回用水的模式，既解决了生活污水的排放问题，又

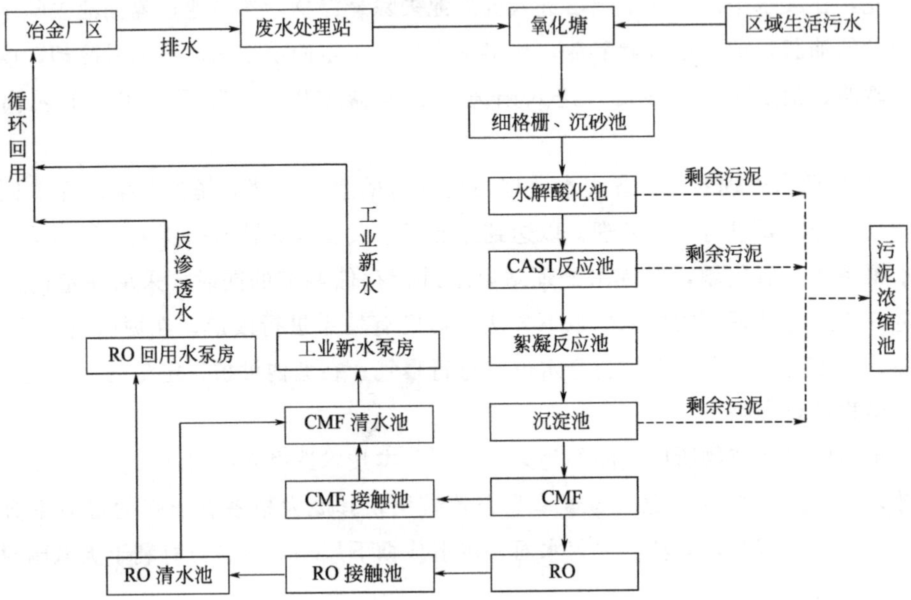

图 3-64　综合污水处理工艺

为冶金企业增加了补水来源，节约了大量水资源。处理前后出水水质比较如表 3-13 所列。

表 3-13　处理前后出水水质比较

水质指标	处理前	处理后	
		工业新水	反渗透水
总硬度/(mg/L)	—	≤200	≤2
碳酸盐硬度/(mg/L)	—	—	≤2
Cl^-/(mg/L)	1500	≤200	≤200
SS/(mg/L)	10.0	≤1.0	检不出
菌落总数/(个/L)	—	≤2	检不出
SO_4^{2-}/(mg/L)	200	≤200	≤200
Fe^{3+}/(mg/L)	—	≤2.0	≤1.0
TDS/(mg/L)	3300	≤500	≤500

注：“—”表示未检测。

3.4.3.4　各处理站污泥处理

(1) 各废水处理站污泥处理

钢铁厂污泥来源包括：炼铁厂高炉煤气清洗污泥、炼钢厂石灰储运清洗污泥、转炉除尘污泥、连铸污泥（含油）、轧钢厂轧钢废水污泥（含油）、钢铁厂废水处理站污泥。

对炼钢、炼铁环节产生的污泥采用综合利用技术，用污泥重力浮选法对污泥进行优选，将其中含碳和含铁物料分离，回用于烧结生产，而浮选后的污泥用于制造建材及其他用途，污泥不再落地。

其他污泥运送到各污水处理站，与站内污泥一起集中处理。处理过程采用隔膜厢式压滤机，它具有耐腐蚀，耐高硬度固体颗粒磨蚀，运行费用低，调整方便等特点。压滤机的工作方式为按批次循环操作，过程分为：进料—过滤—预压榨（可选）—中心反吹—滤饼水洗（可选）—后压榨—滤饼吹扫（可选）—卸饼，以及滤布清洗（周期可调）。

（2）综合污水处理站污泥处理

污水处理站污泥的处理流程应根据污泥的最终处置方法选择，首先应该考虑用作农田肥料。本工程由于污泥中污染物种类比较多，变化比较大，用作农肥尚需进一步研究确定，故考虑首先进行稳定化和无害化处理。

污泥首先在CAST反应池中进行好氧稳定，然后进行浓缩、脱水，泥饼运至污水处理厂外进行卫生填埋。处理工艺流程如图3-65所示。

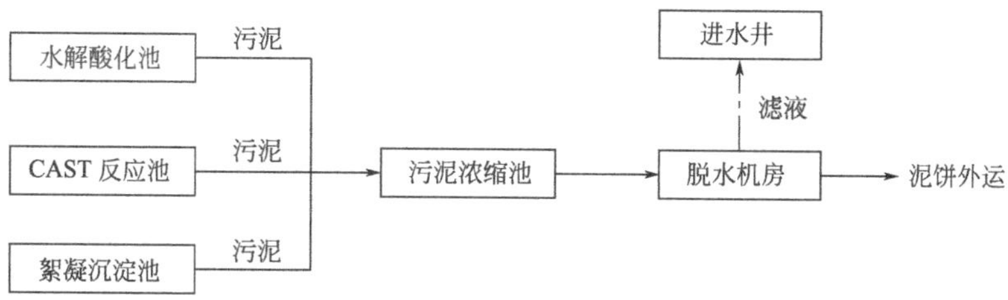

图3-65　污泥处理工艺流程

3.4.3.5　环境经济效益分析

（1）能源

冶金企业R厂内对内部水循环系统进行了改进和完善，净循环、浊循环系统实现了对生产环节所产生废水的当场处理及回用，节约了污水外排至废水处理站及氧化塘系统的管线及电能，降低了基建及运行费用。通过对厂区内氧化塘的改造，增加了水资源净化流程，减少了基建及处理过程对人力、物力及电能的消耗，同时提高了再生水水质。

（2）水资源

水资源循环利用工程本身就是一项重要的环境保护项目，其建设目的是改善水体质量，并提高区域整体环境质量。经过冶金企业R厂内水资源循环系统的改造，可以有效降低污水对周边环境、河流的污染，促进区域排污河水环境质量好转，提高当地人民的生活质量，节约水资源；污水经深度处理达标后回用于冶金企业R，可为企业提供合格的生产用水，降低企业的生产成本。

（3）空气及噪声

对厂区空气质量影响最大的是恶臭。恶臭在污泥堆棚及污泥脱水区影响强度较大，但经过厂内各废水处理站的污泥处理后可基本消除，因此恶臭不会对周边居民及企业职工产生影响。

污水提升泵站、鼓风机房、加氯间、膜滤车间、泵房等噪声源产生的最大噪声传至厂界时在昼、夜间均能达标。

（4）经济效益

为了提高冶金企业R用水效率和效益，通过生产用水的零排放改造工程，实现了生产用水全循环使用和零排放，当补水量小于天然降雨量时实现零补水。完成改造后，系统的经济效益分析如下：

① 每年减少新鲜水使用量约 400 万吨，为企业节约新鲜水使用费用。

② 减少外排水量约 550 万吨/年，为企业节约排污费用。

③ 厂内循环水的补水来自葛沽镇污水和大沽排污河城市污水，由此可减少区域内污染物的排放量。全年总计减少葛沽镇和大沽排污河废水量约 550 万吨。

（5）案例意义

通过对冶金企业 R 水资源循环系统的改造与改进，实现了生产车间内部、厂区内部及整个区域三个层次的水循环回用。炼铁、轧钢、炼钢三个废水处理站在实现生活污水、生产废水单独收集和处理的基础上，针对各个车间废水所含污染物进行分类收集，通过引用一些强针对性的处理工艺对超标污染物强化处理，达到了回用标准。

厂区生活污水、雨水及生产废水经过处理站处理达到排放标准后，进入氧化塘，出水在综合了大沽河城市污水和葛沽镇污水排水后进入生产回用水最关键的综合处理阶段——冶金企业 R 污水处理厂。通过该处理系统后，所产生的工业新水达到冶金企业 R 厂内新鲜水标准，反渗透水满足净环水补水要求，最终实现了生产废水的循环利用。

环境经济效益分析结果表明，其效益远远超过投资额，具有良好的环境效益、经济效益，同时增加了社会效益，为节水技术的开发、发展提供了一个应用示范区和可借鉴的节水模式。

3.4.4 工业区 P“水电汽气污”集成共享绿色循环产业体系

工业区 P 以公用工程岛建设为重点，构建集成共享的绿色循环产业体系。以资源共享、能量互供、节约土地、节能减排为目标，改变传统的企业自成体系，多头建设热、电、空分、仓储、污水处理公用工程的建设模式，集中建设一体化公用工程岛，实施“水电汽气污”多联产项目，兴建集水、电、燃气、蒸汽、工业气体、污水处理于一体的公用工程岛。实现园区内水源、能源的统一供给和能源的梯级使用，降低消耗，提高资源和能源的综合利用率。按照集约利用原则，本着一体化发展理念，坚持招商引资工作和基础设施建设同步推进，充分考虑服务半径和服务重心，均衡布置各项公用辅助设施，形成几个公用工程集中区域，强化集成共享。

工业区 P 的“公用工程岛”是一个能流和物流的聚集中心，“岛”内设有煤气化和净化装置、空分装置、燃气发电装置、海水净化装置、海水淡化装置、浓海水提取钾溴镁及制盐装置、灰渣制建材装置、空压装置、硫化氢和二氧化碳回收装置、污水处理装置和固废焚烧装置等，这些装置可以联合向整个园区提供各种公用工程产品。由于各个装置间的能流、物流以最简约的形式进行交换、传递，使各种能量得以充分梯级利用，外供公用工程产品的价格极富竞争性。同时，可以促进和带动园区工业向现代化、集约化方向发展。

公用工程岛的核心为“水电汽气污”多联产项目，是以热电联产为核心，以海水淡化及制盐为主线，通过把一碳化工、整体煤气化燃气-蒸汽联合循环发电机组和供热、海水淡化、海水净化、工业制盐、污水处理、再生水回用、污泥焚烧等内在关联的节点项目有效整合，连为一体，最大限度地实现能量、物料的梯级循环综合利用（见图3-66）。全面启动多联产项目，重点做好热电联产项目、海水淡化和污水处理与综合利用三个节点。

（1）热电联产项目

该项目包括1台250MW级IGCC发电机组和2台400MW超临界热电机组，可以满足工业区P一期20km^{2}区域内各企业的蒸汽和用电负荷的需要。该项目是"水电汽气污"多联产公用工程的龙头和支撑。

工业区P内在建的整体煤气化联合循环发电系统（IGCC）示范电站是我国首座自主开发、设计、制造并建设的IGCC示范工程项目，与传统的燃煤发电方式不同，IGCC是先将煤气化，采用成熟的、可资源化的化工净化及回收工艺处理煤气，经净化处理的煤气燃烧后驱动燃气轮机发电，利用高温排气在余热锅炉中产生的蒸汽驱动汽轮机。为了制备并净化煤气，IGCC中还设置了空气分离设备和煤气除尘、脱硫设备，能实现99%以上的污染物脱除效率，并可回收高纯度的硫等副产品，能比较容易地将NO_x排放控制在较低的水平。IGCC是迄今能大容量化的最清洁、高效的燃煤发电技术，所有污染排放物浓度只有美国新污染源执行标准的10%～20%，可以在较长时间内满足日益严格的环保要求。

因此，工业区P继续推进大型热电联产项目，采用IGCC发电替代常规火电机组，实现"节能降耗增产"，同时满足工业区P入区企业生产供汽。采用1×250MW煤气化联合循环发电机组替代常规火电机组，为工业区甲醇、合成氨等化工企业提供合成气原料，实现IGCC与化工企业的联产联供。

采用国家重大科技成果"超临界热电联产技术"的发电机组——2×400MW超临界热电机组，可有效提高工业区P入区企业生产供汽的安全性和经济性，并且建设成本低、工期短，设备运行经济、安全可靠。

该项目与常规热电机组及入区企业单建供热机组相比，具有以下几个特点。一是节能。采用超临界热电联产技术，提高发电效率和供热效率，降低煤耗，设计发电煤耗仅为215g/(kW·h)，比小锅炉低50～100g/(kW·h)。二是节水。采用闭式海水循环冷却系统，可节约淡水约240万吨/年。三是节地。可节约1/4～1/3的土地资源。四是环保。采用高效静电除尘器，除尘效率不低于99.54%。采用烟塔合一的技术，同步建设SCR法烟气脱硝装置和氢氧化镁（海水淡化综合利用项目副产物）湿法烟气脱硫装置，实现烟气高效脱硫、脱硝。采用燃烧后捕集和处理CO_2技术，实现污染物和CO_2的近零排放。同时，配套建设容量为2×1100t/h的超临界锅炉，相比单独建设可减少锅炉容量2300t/h，每年可减少燃煤175万吨，减少近60%的二氧化硫、烟尘和COD排放。

（2）海水淡化

利用电厂能源和余热进行海水淡化、工业制盐和化学元素提取，同时为入区企业提供冷却用净化海水、生产生活用淡水、锅炉用补充水，实现海水综合利用一体化。将工业冷却、海水淡化、工业制盐及化学品提取结合起来形成完整的循环经济产业链，实现资源综合利用。上游热电联产项目用海水直接冷却，充分利用热电及化工装置余热资源，使冷却海水温度提高8℃以上，直接进入海水淡化装置，通过反渗透工艺生产淡化水。浓海水经高效机械蒸发和结晶装置，生产高品质精制盐，蒸发母液提取钾、溴、镁等化学品。此过程同时产生软化水，直接用于锅炉补充水，实现海水梯级使用、“吃干榨净”和“零排放”，节约了能量消耗，提高淡化效率，延长膜使用寿命，使整个生产成本大幅下降。蒸发母液还可直接输送给工业区企业，用于制取氯气、烧碱和氢气，有效降低企业的生产成本。

(3) 污水处理与综合利用

实施污水处理和综合利用，逐步提高工业区 P 的污水处理能力。通过调研，区内企业产生的污水经处理后，一次出水作为工业冷却循环补充水，二次再生水作为锅炉补充水，实现工业区污水科学收集、集中处理、循环利用，最终达到污水零排放，产生的部分污泥返回 IGCC 造气炉，经 1720℃高温将有害物质充分氧化，实现无害化处理。

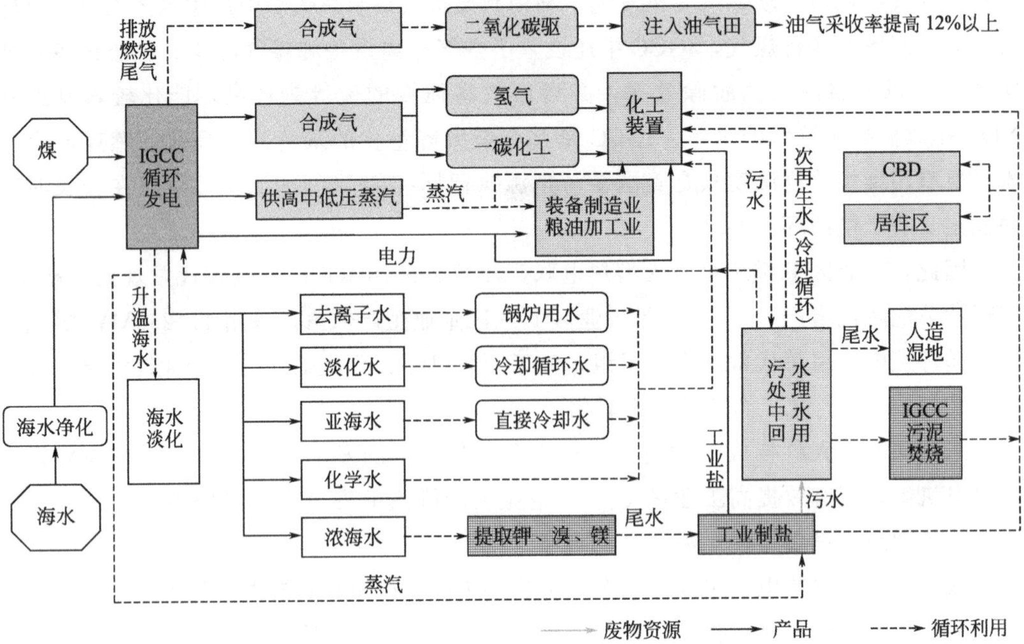

图 3-66 “水电汽气污”集成共享绿色循环产业体系示意

参考文献

[1] 张晓盈. 基于循环经济的产业集群发展模式研究 [M]. 北京：经济管理出版社，2015.

[2] 刘家平. 中国生态工业园区高端产业与低碳发展的实践——以上海漕河泾新兴技术开发区为例 [M]. 北京：中国环境科学出版社，2012.

[3] 唐玲，孙晓峰，李键. 生态工业园区共生网络的结构分析：以天津泰达为例 [J]. 中国人口·资源与环境，2014，24 (5)：216-221.

[4] 蒋宏春. 风力发电技术综述 [J]. 机械设计与制造，2010，29 (9)：250-251.

[5] 赵斌，胡益锖，杨森，等. 太阳能综述 [J]. 化工装备技术，2012，33 (1)：57-64.

[6] 于静，车俊铁，张吉月. 太阳能发电技术综述 [J]. 世界科技研究与发展，2008，30 (1)：56-59.

[7] 田百平. 基于水循环的生态工业园区产业链构建研究 [D]. 吉林：吉林大学，2014.

[8] 薛志清. 中国工业节水的循环利用战略研究 [D]. 杭州：浙江理工大学，2015.

[9] 杜惠平，杜和平，赵为粮. 电子信息产品制造业产业链分析 [J]. 重庆邮电学院学报（社会科学版），2002 (4)：9-12.

[10] 马彦.生物医药产业价值链的整合化研究［D].上海：复旦大学，2007.
[11] 徐辉，齐方琪，宋昊祥，等.低温城市污水应用污水源热泵现状分析［J].智能城市，2019，5（7）：138-139.
[12] 王磊，李慧明.天津临港工业区循环经济发展思路［J].再生资源与循环经济，2009，2（12）：11-14.
[13] 本课题组.构建清洁生产技术体系 提升水体污染控制水平——“石化工业集聚区节水减排清洁生产技术集成研究与示范”成果综述［J].环境保护与循环经济，2017，37（7）：4-8.
[14] 贺传皎，李江.循环经济理念下的产业集群可持续发展研究［J].工业技术经济，2007（2）：26-29.
[15] 霍佳震，吴群，谌飞龙.集群供应链网络的联结模式与共治框架［J].中国工业经济，2007（10）：13-20.
[16] 梁琦.产业集聚论［M].北京：商务印书馆，2004.
[17] 甄艳，李春艳，郑妍妍.产业集群形成机制理论综述［J].东北师大学报（哲学社会科学版），2006（2）：12-15.
[18] 许庆明，盛其红，黄晖.产业集群发展的可持续性［J].经济理论与经济管理，2003（11）：37-40.
[19] 胡细来.分布式能源规划在生态城市建设中生态特性研究［D].天津：天津大学，2013.
[20] HJ 274—2015.
[21] 谢华生，包景岭，温娟.生态工业园的理论与实践［M].北京：中国环境科学出版社，2011.
[22] 王兆华，尹建华.生态工业园中工业共生网络运作模式研究［J].中国软科学，2005（2）：80-85.
[23] 赵国甫，张凯.我国静脉产业研究综述［J].中国环保产业，2019（2）：5-8.
[24] 常杪，郭培坤，邵启超.中国静脉产业园区发展模式与案例研究［J].四川环境，2013，32（5）：118-124.
[25] 常文韬，包景岭，赵翌晨，等.沿海地区重化工园区水系统优化研究［J].河北师范大学学报（自然科学版），2013（4）：74-78.
[26] 张志超.半干法烟气脱硫技术在烧结生产中的应用［C]//中国金属学会能源与热工分会、东北大学.第十届全国能源与热工学术年会论文集.中国金属学会能源与热工分会、东北大学：中国金属学会能源与热工分会，2019.
[27] 汪涵，郭桂悦，周玉莹，等.挥发性有机废气治理技术的现状与进展［J].化工进展，2009，28（10）：1833-1841.

第4章　产业园区绿色循环管理

4.1　绿色循环管理指标设计

4.1.1　绿色循环指标体系

4.1.1.1　体系功能

产业园区的绿色、循环、低碳发展是一项包含社会、经济、产业、环境、资源各方面协调平衡发展的系统工程，不仅在前期规划和建设中应当把绿色、循环、低碳要求纳入考虑范围，而且在运行和管理中也需要把绿色、循环、低碳纳入日常工作的方方面面。为避免园区在决策和建设过程中的失衡，及时发现园区发展路径的偏差，需要建立一套有针对性的科学合理的指标体系。

产业园区绿色循环指标体系，是为引导产业园区绿色、循环、低碳发展而设定的，是由若干个反映园区社会、产业、环境各方面发展水平总体情况的，相对独立又相互联系的统计指标所组成的有机体系。

绿色循环指标体系的建立，对产业园区发展发挥着重要功能。

① 评价功能。运用绿色循环指标体系可以对产业园区各项建设和总体运行状况进行定量地测算，根据预先设定的等级划分标准，评定产业园区绿色、循环、低碳发展的程度。同时在主要指标上，可以在产业园区不同发展阶段、不同产业园区之间进行纵向和横向比较，从而为产业园区发展水平的确定提供对比依据。

② 反馈功能。评价指标是对产业园区某个性质或侧面的描述和反映。通过指标反馈的信息，人们能随时监测产业园区不同阶段的发展动态，及时发现问题，以便在实践中及时改正。这时，绿色循环指标体系就成为一种“晴雨表”和指示器，发挥着指示和监测园区发展动向的功能与作用。

③ 导向功能。指标体系的设定，反映产业园区为实现绿色、循环、低碳发展目标所关注的关键环节，指标的选取对公众关注和管理者决策都具有导向作用。合理的指标体系可以发挥以点带面的作用，引导园区全面协调发展，把目标分解逐步实现。

④ 决策功能。绿色循环指标体系能为人们提供比较科学、准确和定量的评价结果，避免了单纯运用定性评价方法所得结果的模糊性和主观性，指标评价结果可以客观反映产业园区发展所取得的成就和不足，从而为下一阶段的决策提供科学的参考和依据，为下一阶段发展指明方向。

4.1.1.2　构建原则

1）科学性原则

指标体系能科学客观地反映产业园区发展的目标和方向、各指标和目标间的相互联系，并能较好地衡量产业园区绿色、循环、低碳发展目标实现的程度。

2）简明性原则

指标体系中的指标内容和计算方法简单明了、具有较强的可比性并容易获取。指标选择力求简洁，尽量选择有代表性的综合指标和主要指标。

3）针对性原则

指标的设定需因地制宜，从园区实际情况出发，科学合理地评价各项建设事业的发展成就。

4）可操作性原则

指标的设定尽可能利用现有统计指标。指标具有可测性，易于量化，即在实际调查中，指标数据易于通过统计资料整理、抽样调查和直接从有关部门获得。

5）动态性原则

绿色循环低碳发展是一个持续改进的过程，不仅国家政策在不断调整，而且产业园区在不同发展阶段，绿色循环低碳发展的表现形式也不同，指标体系需要定期调整和更新，以适应产业园区发展需要。

4.1.1.3 构建方法

根据园区的环境与性质，依照“特色-目标-框架-指标-指标值”这五个步骤进行指标体系的构建。

（1）特色分析

指标体系作为产业园区在一段时间内建设和发展的要求和标准，不仅要把绿色、循环、低碳发展目标分解落实，而且在指标所体现的性质或侧面将对园区发展的方向与内容发挥着指引作用。如果单纯依据绿色循环低碳的普遍方向去构建指标体系，所构建的指标体系将会千篇一律，也就失去了指导这一园区建设的意义。因此，在制定指标体系时，必须与产业园区的具体情况相结合，整合园区的需求和特色，使指标体系适应园区社会经济发展的需要。通过对以往指标体系构建的经验总结，笔者认为可以从以下几个方面进行特色分析。

1）产业特征

即产业园区现状及规划的产业特征，如产业结构优化、主导产业、特色产业链等。如果园区现状主导产业已偏离园区发展规划，应当在指标中予以体现，调整优化产业结构。此外对化工、制药等特殊行业集中或包含电镀等特殊工艺企业较多的园区，应考虑对行业特征污染物排放管理要求。

2）生态环境特征

在对现状进行充分调研的基础上，分析产业园区所处的地理位置、气候与气象特征、生态物种特色、环境质量状况，为生态环境方面的指标构建奠定基础，如在大气污染防治重点区域突出对环境空气质量的要求等。

3）区域特征

产业园区的建设和管理应符合所在区域整体规划发展需要，需要与地方政府的管理要求相协调，体现区域特色，如在缺水地区突出水资源的高效循环利用，在风能、太阳能丰富地区体现可再生能源利用特色等。

4）建设重点

产业园区在不同发展阶段会有不同的建设重点，如在规划建设初期突出基础设施配套，在成熟转型期重点考虑产业结构优化等，因此在指标体系构建时也应着重强调这些内容。

（2）目标分解

分析得出产业园区特色后，可进一步明确产业园区绿色循环低碳发展的总体目标、阶段性目标，并把发展目标和园区特色相结合，解读内涵，逐步、逐层分解，为指标体系的建立奠定基础。

（3）指标体系框架

在园区发展目标分解的基础上，可根据需要选择并建立指标体系框架。指标体系框架是指标的纲领。只有确定了指标体系框架，才能够据此提出相应的指标，进行评价与指导。

指标体系框架依据其形式特点，可以归类为“压力-状态-响应”型、“目标-路径-指标”型和“指标＋标准值”型，不同的指标体系框架类型的特点和适用范围比较如表4-1所列。具体构建时，可以分为定量指标与定性指标、引导性指标与控制性指标等，根据构建要求进行框架的构建。同时，在每一类中可以根据社会经济、生态环境、人居环境等不同的方面进行指标框架的构建。

表 4-1　不同指标体系框架类型特点和适用范围比较

类型	特点	适用范围
压力-状态-响应(PSR)	PSR模型回答了发生了什么，为什么发生，我们将如何做出响应三个基本问题。PSR模型用于分析环境压力、现状与响应之间的关系	适用于具有一定问题且问题比较明确的系统，用于评价现状如何、是否具有措施方案以及措施是否得当
目标-路径-指标	该类型首先给出发展目标，并依据目标提出路径和相应的指标，直接回答了应当怎么做的问题	适用于指导性指标体系，给系统未来发展提出建议，具有一定的指导意义
指标＋标准值	该类型不对指标性质进行区分，直观地将指标进行铺排，给出标准值	适用于指标不易分类、指标之间关系不明显、系统性不强的指标体系构建

（4）指标的选择

指标体系的构建需要有严格的科学性。在指标的选择上，按照可操作性原则，应当尽量选择公认的、有官方统计的、易于获取的指标，每一个指标都应当有明确的指标解释和严密的模型运算推求过程，这样才能保证指标体系的准确性与科学性。另外，在进行指标选择时还应综合考虑指标数目、指标量化、权重分配、数据获取以及指标可比性，对指标进行相关性分析，避免指标之间的重复、交叉与矛盾，设计出合理有效的指标体系。

另外，除在国际国内已有的指标中选取所需指标之外，也可以根据产业园区的特色进行创新，提出新的指标。在创建指标时，必须给出正确的统计数据计算标准，避免那些模糊不清、难以统计与计算的指标。

（5）指标值的确定

一个指标体系如果只有指标而没有指标值则不能成为一个完整的指标体系，因此，指标值的确定工作十分重要。在确定指标值时，首先可进行相关政策要求与产业园区之间的横向对比分析，明确优势与差距。然后结合建设目标的要求，提出相应的指标值。

为了指导和评价园区发展建设，指标体系本身也应当具有一定的可持续性，即应当提出不同时段、不同建设阶段的指标值，如提出规划期-运营期-服务期的指标值，或提出近期-中期-远期的指标值等。

4.1.2 绿色循环相关指标参考

根据《国家生态工业示范园区标准》《园区循环化改造实施方案编制指南》《国家低碳工业园区试点实施方案编制指南》《关于开展绿色制造体系建设的通知》等现行标准、政策，汇总常用指标供园区参考。

（1）经济优化发展类

园区生产总值；

园区工业总产值；

园区工业增加值；

人均工业增加值；

人均生产总值；

园区经济数据（工业增加值或工业总产值等）年均增长率；

高新技术企业工业总产值；

高新技术企业工业总产值占园区工业总产值比例；

绿色产业增加值占园区工业增加值比例；

年末从业人口；

现代服务业比例；

资源再生利用产业增加值；

资源再生利用产业增加值占园区工业增加值比例；

第三产业总产值占园区生产总值比例；

科技投入；

科技人才数量；

环保投入占生产总值比例。

（2）物质循环回用类

构建生态工业链项目数量；

工业固体废物综合利用量；

工业固体废物总产生量；

工业固体废物综合利用率；

工业固体废物处置利用率；

工业固体废物排放量；

工业固体废物处置量；

单位工业增加值固废产生量；

再生资源循环利用量；

再生资源回收利用率；

再生资源收集量；

再生资源循环利用率；

工业重复用水量；

工业用水重复利用率；

再生水回用量；

再生水回用率；

废旧资源综合利用量（含进口）；

余热资源回收利用率；

废气资源回收利用率。

（3）资源高效利用类

工业用地面积；

单位工业用地面积工业增加值；

土地产出率；

单位工业用地面积工业增加值年均增长率；

综合能耗总量；

综合能耗弹性系数；

能源消耗强度；

能源产出率；

主要产品单位能耗；

可再生能源使用量；

可再生能源使用比例；

清洁能源使用率；

新鲜水资源消耗量；

新鲜水耗弹性系数；

单位工业增加值新鲜水耗；

主要产品单位水耗；

水资源产出率；

水资源消耗总量；

单位国内生产总值取水量；

资源产出率；

非传统水资源使用比例。

（4）环境污染防治类

工业园区重点污染源稳定排放达标情况；

工业园区国家重点污染物排放总量控制指标及地方特征污染物排放总量控制指标完成情况；

工业园区内企事业单位发生特别重大、重大突发环境事件数量；

环境管理能力完善度；
工业园区重点企业清洁生产审核实施率；
污水集中处理设施情况；
工业废水排放量/排放强度；
园区环境风险防控体系建设完善度；
COD 排放量/排放强度；
NH_3-N 排放量/排放强度；
SO_2 排放量/排放强度；
NO_x 排放量/排放强度；
主要污染物排放弹性系数；
园区空气质量优良率；
CO_2 排放量/排放强度；
万元工业增加值碳排放量年均削减率；
污染物排放强度削减率；
公众对环境满意程度。

（5）园区企业管理类

绿化覆盖率；
道路遮荫比；
露天停车场遮荫比；
人均绿地面积；
新建工业建筑中绿色建筑的比例；
新建公共建筑中绿色建筑的比例；
500m 公交站点覆盖率；
节能与新能源公交车比例；
重点企业环境信息公开率；
生态工业信息平台完善程度；
生态工业主题宣传活动；
园区循环经济产业链关联度；
非化石能源占一次能源消费比例；
可再生能源所占比例；
国家和地方绿色、循环和低碳相关法律法规、政策和标准得到有效贯彻执行；
近三年未发生重大污染事故或重大生态破坏事件；
完成国家或地方政府下达的节能减排指标，碳排放强度持续下降；
环境质量达到国家或地方规定的环境功能区环境质量标准；
园区内企业污染物达标排放；
各类重点污染物排放总量均不超过国家或地方的总量控制要求；
园区重点企业 100%实施清洁生产审核；
园区企业不应使用国家列入淘汰目录的落后生产技术、工艺和设备，不应生产国家列入淘汰目录的产品；

园区建立履行绿色发展工作职责的专门机构、配备两名以上专职工作人员；

园区建立并运行环境管理体系和能源管理体系，建立园区能源监测管理平台；

鼓励园区建设并运行风能、太阳能等可再生能源应用设施；

绿色园区标准体系完善程度；

编制绿色园区发展规划；

绿色园区信息平台完善程度。

（6）绿色生活行为类

生活垃圾分类与资源化利用率；

自然湿地净损失；

生物多样性保护措施；

无障碍设施率；

绿色出行占比；

建立慢行系统；

公众参与绿色生活机制；

水喉水达标率；

公共设施节能。

4.1.3 X生态城指标体系案例

X生态城的建设是典型的新城区以指标体系为引导进行开发建设的案例，与产业园区先规划后开发、政策引导性强的特点相似，并且指标体系制定是依照“特色-目标-框架-指标-指标值”方法进行的，因此可为产业园区制定绿色循环发展指标体系提供参考。X生态城在建设之初就编制了指标体系，这套指标体系包含22条控制性和4条引导性指标，为生态城后续发展奠定了基础。

4.1.3.1 背景简介

X生态城是2007年中国和新加坡两国为应对全球气候变化，合作建设资源节约型、环境友好型、社会和谐型城市的重要项目。按照两国谈判的要求，生态城建设要体现资源约束条件下建设生态城市的示范意义，以非耕地为主且位于水资源缺乏地区，同时要靠近大城市以依托交通和服务优势。经过反复论证，X生态城选址用地以盐田、养殖水面为主，土壤盐渍化较重。X生态城建设的核心目标，就是在资源约束下寻求城市的繁荣和发展。

X生态城的规划建设和发展体现出很强的指标引导特点。首先，作为国际合作探索新建城区（园区）绿色发展的项目，X生态城建设承担了重要的探索和示范功能。因此有必要通过一套指标体系从定性、定量的角度回答什么是X生态城、系统地解读怎样建设X生态城。同时，根据两国设想，生态城应体现“三和”和“三能”，即“人与人和谐共存、人与经济活动和谐共存、人与环境和谐共存”“能实行、能复制、能推广”。而这些要求的实现，需要具有一定理论高度的方法支持，从宏观上指导X生态城规划、建设、管理等各项工作向着正确的发展方向稳步前行。

4.1.3.2 X生态城指标体系功能

X生态城指标体系具备以下功能。

① 帮助理解什么是生态城。建设考核指标本身就是描述性工具，将生态城概念转换为实际条款，有助于理解生态城的内涵。

② 引导生态城的建设实践。生态城的建设者和管理者在选择建设项目和实施政策时，生态城建设考核指标为其提供了发展导向和建设依据。

③ 衡量生态城建设是否成功。生态城建设是否达到了预期目标，最终要通过各项指标的考核结果予以评价。

4.1.3.3 X生态城指标体系构建原则

（1）科学性与可操作性原则

在设计建设考核指标时，要考虑理论上的完备性、科学性和正确性，即指标概念必须有明确的科学内涵，数据选取应客观、真实，计算与合成等要以公认的科学理论为依托，同时又要避免指标间的重叠和简单罗列。指标还应具有可操作性，即既要有可取性（具有一定的现实统计基础），又要有可测性（所选的指标变量必须在现实生活中是可以测量得到的或可通过科学方法聚合生成的）。

（2）定性与定量相结合原则

衡量生态城的指标要尽可能地量化，但对于一些在目前认识水平下难以量化且意义重大的指标，可以用定性指标来描述。

（3）特色与共性相结合原则

一方面建设考核指标要尽可能采用国内外普遍采用的相关指标，以便全面反映生态城建设涉及的各个领域，利于不同区域之间的相互比较和标准推广；另一方面也要兼顾区域自身生态环境特点，突出区域特色。

（4）可达性与前瞻性相结合原则

建设考核指标要考虑目标的近期可达性和远期的发展性。一方面要考虑指标随着社会经济的进步而发展，另一方面也要考虑在近期是可实现的。

4.1.3.4 X生态城指标体系构建方法

根据园区的环境与性质，依照“特色-目标-框架-指标-指标值”这5个步骤进行指标体系的构建。

（1）特色分析

为体现X生态城作为资源节约和环境友好城市的示范作用，指标体系不但在结构上有所突破，还引入许多创新性的特色指标。

1）四个“绿色”指标

为了突出生态城市特色，指标体系中创新性地在指标中采用了四个与“绿色”有关的概念，即绿色建筑、绿色出行、绿地建设和绿色消费。

① 绿色建筑指标是指区内所有建筑物均应达到绿色建筑相关评价标准的要求，设计施工上满足节能环保需要，并在最大程度上保障人们的健康舒适。这一指标的制定直接指导了此后的规划建设各项工作开展，旨在避免我国城市快速发展进程中建筑物片面

追求奢华、只重数量不重质量的现象，并且可以吸取新加坡在绿色建筑领域的先进经验，促进我国建筑设计与施工总体水平的提高。

② 绿色出行指为了减轻交通拥挤、降低污染、促进社会公平、节省建设维护费用而发展的交通运输系统。该系统是指通过低污染的、有利于城市环境的多元化的城市交通工具来完成社会经济活动的交通运输系统。指标体系中绿色出行方式包括区域内公众的出行选择除小汽车以外的污染小的交通出行方式，如公共交通、自行车、步行等。交通问题已经日益成为当今世界城市发展的瓶颈，如何解决交通运输带来的环境污染与道路堵塞等问题是世界上大城市所普遍遇到的难题。绿色出行指标充分发挥 X 生态城作为新建城市的优势，提出保障城市居民绿色出行为主的要求，从而在随后道路规划、城市开发强度等各个领域都要采取相应措施予以配合，这是在城市交通发展模式上的创新性探索。

③ 绿地建设在指标体系人工环境协调层面的两项中有所体现。公共绿地指向公众开放，有一定游憩设施的绿化用地。X 生态城在绿地建设中不是单纯地提高绿化覆盖率，而是强调了绿地的休闲功能，保障居民有足够的可以亲近的有效绿地。此外，由于 X 生态城选址地区缺水且存在土地盐渍化情况，因此人均公共绿地指标值设置适中，且结合本地植物指数指标一项，对绿化以本地耐旱植物为主提出要求，体现了绿地建设以科学性、实用性、美观性并重，不刻意要求绿地越多越好的理念，为生态城建设经验在我国北方缺水地区推广提供了可借鉴的示范。

④ 绿色消费是近年来逐渐走进人们视野的新理念，不仅包括绿色产品，还包括物资的回收利用、能源的有效使用、对生存环境和物种的保护等。由于绿色消费涵盖了生产行为、消费行为的方方面面，涉及面广，至今较难量化，因此在指标体系中作为引导性指标加以要求。随着 X 生态城的逐步建成，可以考虑通过“绿色商店”“绿色饭店”“绿色账户”等方式，从销售、宣传等方面普及绿色消费理念，同时也尝试以 X 生态城为试点，开展绿色消费指标的量化研究。

2）“十个字”概念

指标体系的编制和成果中，贯穿始终的是体现生态城市核心的十个字，即和谐、高效、健康、安全、文明。

① 和谐，即指标体系要体现“三和、三能”原则，即“人与人和谐共存、人与经济活动和谐共存、人与环境和谐共存”“能实行、能复制、能推广”。这是 X 生态城建设的初衷，也是衡量生态城市发展成果的关键。

② 高效，即指标体系要有利于城市社会经济蓬勃高效发展。生态城市绝不是以发展缓慢为代价换取对环境的保护，而是社会、经济、环境互惠共生，高水平地共同发展。

③ 健康，不仅包括人体健康，还包括生态环境、生活模式等各方面的健康。建设生态城市的重要目标之一就是克服传统城市发展模式下的诸多弊病，引导人们以更加健康的方式追求幸福生活。

④ 安全，即指标体系要从城市安全、生产安全、生态安全等多方面约束生态城市发展建设。特别是无障碍设施率这一指标，要求区内所有公共设施设计必须考虑到残障

人士行动的安全便捷，是城市建设指标的一项突破。

⑤ 文明，即生态城市是有自身特色的，形成生态文明的城市。X生态城选址地区具有河口渔村、炮台遗址等许多颇具地方特色的历史文化景观，在指标体系中提出对这些景观予以保留。

（2）目标分析

X生态城的内涵是人与自然环境、人与经济发展、人与社会有机融合，互惠共生的开放式复合生态系统，X生态城的目标是致力于建设和谐、高效、健康、安全、文明的，具有示范性的滨海宜居新城。

X生态城的基本目标为：

① 应用生态设计理念，突出原生态的修复与恢复，建设生态结构合理、服务功能完善、环境质量优良的自然生态系统。

② 全面贯彻循环经济理念，推进清洁生产，优化能源结构，大力促进清洁能源、可再生资源和能源的利用，建设以资源能源高效利用、循环利用和梯级利用为特征的生态经济系统。

③ 树立生态文明理念，逐步形成有地方特色的生态文化，突出以人为本，建设基础设施功能完善、生活质量优良、生态意识健全的生态人居系统。

④ 强化生态安全，建立健全生态城建设与发展的长期保障体系。

（3）指标体系框架

本着科学性与可操作性相结合、定性与定量相结合、特色与共性相结合以及可达性与前瞻性相结合的原则，分别给出控制性指标与引导性指标，并按照“指标层＋二级指标＋指标值”的框架模式进行指标体系构建。根据X生态城的建设目标和内涵，控制性指标主要包括生态环境健康、社会和谐进步和经济蓬勃高效这三个方面，引导性指标主要指区域协调融合。

（4）指标选取

指标框架确定后，通过查阅资料获取并汇总国内外与生态环境健康、社会和谐进步、经济蓬勃高效和区域协调融合相关的指标，按照框架分门别类，逐一筛选出有代表性的指标。筛选过程中考虑到本地具体条件和未来发展需要，因地制宜改动部分指标的统计方法，并有一定数量的创新性指标。

（5）指标值设定

逐项对指标进行解释及说明，分别给出指标的定义、指标值、实现时间。通过现状分析、国内外对比、模型推算、专家咨询等方法，设定指标值，并对指标的数据来源、确定依据、可达性分析等做出较详尽的论述。

（6）指标体系完善

X生态城指标体系正式通过论证对外公布后，发挥了统领和引导的作用，生态城不仅在规划和建设阶段把指标体系与各项工作紧密结合，而且在此后发展过程中不断深入研究，逐步分解实施，评估实施效果并不断完善。全程监管和持续改进使指标体系能够真正实现制定初衷，达到更好的实施效果。具体指标体系见表4-2。

表 4-2　X 生态城指标体系

控制性指标						
	指标层	序号	二级指标	单位	指标值	时限
生态环境健康	自然环境良好	1	区内城市空气质量	天	好于等于二级标准的天数≥310 天/年	即日开始
				天	SO_2 和 NO_x 好于等于一级标准的天数≥155 天/年	即日开始
		2	区内水体环境质量		达到《地表水环境质量标准》(GB 3838)最新标准Ⅳ类水体水质要求	2020 年后
		3	水喉水达标率①	%	100	即日开始
		4	功能区噪声达标率	%	100	即日开始
		5	单位 GDP 碳排放强度(以碳计)	吨/百万美元	150	即日开始
		6	自然湿地净损失②	%	0	即日开始
	人工环境协调	7	绿色建筑比例	%	100	即日开始
		8	本地植物指数		≥0.7	即日开始
		9	人均公共绿地	平方米/人	≥12	2013 年前
社会和谐进步	生活模式健康	10	日人均生活水耗	升/(人・日)	≤120	2013 年前
		11	日人均垃圾产生量	千克/(人・日)	≤0.8	2013 年前
		12	绿色出行所占比例③	%	≥30	2013 年前
					≥90	2020 年前
	基础设施完善	13	垃圾回收利用率	%	≥60	2013 年前
		14	步行 500m 范围有免费文体设施的居住区比例	%	100	2013 年前
		15	危废与生活垃圾(无害化)处理率	%	100	即日开始
		16	无障碍设施率	%	100	即日开始
		17	市政管网普及率④	%	100	2013 年前
	管理机制健全	18	经济适用房、廉租房等占本区住宅总量的比例	%	≥20	2013 年前
经济蓬勃高效	经济发展持续	19	可再生能源使用率	%	≥15	2020 年前
		20	非传统水源利用率	%	≥50	2020 年前
	科技创新活跃	21	每万劳动力中 R&D 科学家和工程师全时当量	人・年	≥50	2020 年前
	就业综合平衡	22	就业住房平衡指数	%	≥50	2013 年前
引导性指标						
	指标层	序号	指标	指标描述		
区域协调融合	自然生态协调	1	生态安全健康、倡导绿色消费低碳运行	本区内要求从区域资源、能源以及环境承载力合理利用角度出发,保持区域生态一体化格局,强化生态安全,建立健全区域生态保障体系		
	区域政策协调	2	创新政策先行、联合治污政策到位	积极参与并推动区域合作,贯彻公共服务均等化原则;实行分类管理的区域政策,保障区域政策的协调一致性。建立区域政策制度,保证周边区域的环境改善		
	社会文化协调	3	河口文化特征突出	城市规划和建筑设计延续历史,传承文化,突出特色,保护民族、文化遗产和风景名胜资源;安全生产和社会治安均有保障		
	区域经济协调	4	循环产业互补	健全市场机制,打破行政区划的局限,带动周边地区合理发展,促进区域职能分工合理、市场有序,经济发展水平相对均衡,职住比较为平衡		

① 满足国家《生活饮用水卫生标准》(GB 5749)现行标准规定,同时满足世界卫生组织《饮用水水质规则》现行标准的要求。

② 自然湿地净损失是指任何地方的湿地都应该尽可能受到保护,转换成其他用途的湿地数量必须通过开发或恢复的方式加以补偿,从而保持甚至增加湿地资源基数。

③ 绿色出行包括公共交通、自行车和步行出行。

④ 市政管网包括供排水管网、再生水管网、燃气管网、通信管网、电力电缆、供热管网等。

4.2 绿色循环政策

4.2.1 产业政策

4.2.1.1 把握产业政策的必要性

各级各类产业园区在发展过程中，产业经济的优化蓬勃发展无疑是各项工作中最重要的一环。明确适当且具有前瞻性的产业发展定位和重点产业规划，对于指导产业园区科学发展、激发创新活力发挥着重要作用。当前我国产业园区的招商普遍存在定位不清、缺乏入区控制的现象。园区产业缺乏特色、企业类型分散、缺乏集聚效应、上中下游企业缺失给产业链构建带来很大困难。同时园区片面追求高端新兴产业，扎堆引进热门的产业类型，而缺少对适合本区域发展的本土企业培育，同一区域内产业园区定位相似，导致同质化竞争比较严重，园区发展缺乏后劲，且园区间竞争激烈。而园区间激烈的竞争和园区管理者对绿色循环领域认识不足，又进一步导致园区在入区企业的选择上不加以控制，往往为追求短期投资业绩而引入高耗能、高污染、低技术含量、低产品附加值的企业入区，给园区安全生产和环境管理带来隐患。

产业园区加强入区产业控制，是应对环境保护工作新形势的需要。“十三五”期间国家对环境质量改善提出更高的要求，同时密集出台新的环境环保政策和污染排放标准，初步统计仅现行的国家环保规章已有百余项，园区环境保护工作压力之大前所未有。产业园区的发展需要改革生态环境保护管理体制，进一步完善环境保护管理制度，严格监管重点污染物排放，强化环境保护、污染防治的市场准入体系。贯彻国家《大气污染防治行动计划》《水污染防治行动计划》《土壤污染防治行动计划》等政策要求，落实园区国民经济规划和生态环保规划的重要保障。

产业园区加强入区产业控制，是加强区域环境管理的需要。为全面推进生态文明建设，加强环境保护区域协同合作，产业园区的发展将产业结构优化升级和污染联防联控作为优先领域，努力实现优势互补、良性互动、共赢发展。对入区产业严格把关是实施最严格的环境保护制度，强化多污染物综合防控和区域联防联控的一项重要探索；是打好大气、水、土壤污染防治三大战役，加强区域环境管理的需要。

产业园区加强入区产业控制，是促进区域经济优化发展的需要。我国产业园区正处于全面推进生态文明建设和深入开展绿色循环园区建设阶段，产业发展需要走科技含量高、经济效益好、资源消耗低、环境污染少的新型工业化道路，成为绿色发展、低碳发展的示范。因此需要重视环境管理模式创新、提高环境准入门槛，达到经济发展的同时污染排放不增加的目的。

4.2.1.2 入区产业控制原则和依据

（1）入区产业控制原则

入区产业控制应充分发挥环境保护的先导、倒逼、优化和增效作用，以环境准入优化产业结构，以环境成本优化增长方式，以环境目标优化产业升级，推动创新转型和绿色发展。入区产业控制应遵循以下原则：

① 适用性原则。产业园区选择项目入区时，首先要考虑项目是否符合园区产业发展需要，是否能体现特色；对入区项目的各项要求应具备可操作性；涉及的治理措施经济可行、技术科学合理，具备经济性和社会效益。

② 先进性原则。产业园区在结合区域管理需求前提下，积极与国际标准和国外先进标准接轨。以最佳可行技术分析为依据，选取高标准限值及要求，确保筛选入区企业的产品、设备、工艺等具有一定的先进性，从长远发展角度不会很快被市场淘汰。

③ 协调性原则。产业园区在把握入区产业时要注意准入要求的统一性和协调性，保持园区各项要求与相应法律法规配套，并具有可操作性。

（2）入区产业控制依据

一是行业准入政策，主要结合园区环境质量现状及空气、水、土壤等综合管理要求，明确禁止入区、限制入区和鼓励入区的行业类别范围。

二是环保和污染治理政策，主要结合国家及地方有关环保政策和污染治理技术现状，明确拟入区项目的大气、水、固体废物、噪声等污染防治要求和推荐性治理对策。

收集现有污染物排放标准，从现行标准中筛选出园区适用的标准限值，并研究各类污染物从严控制的需求及可行性。收集的标准信息主要包括：污染物排放国家标准、污染物排放地方标准、污染物排放行业标准、污染物排放国际标准。

三是绿色绩效指标政策，主要结合国家及地方污染物总量控制指标、污染物排放标准、生态工业示范园区标准、园区循环化改造实施方案等有关排污绩效指标，明确拟入区项目的污染物排放限值指标。

4.2.1.3 入区产业控制思路

产业园区对入区产业控制，需要各部门协商，把过程管理前置，在现有环境标准基础上，首先瞄准区域内重点行业典型污染因子实施重点突破，分阶段实施、逐步加严，建立一套既体现园区规划定位特点、又适应我国污染治理水平的开放式要求。随着环保工作形势的发展和国家、行业的环保标准化工作深入开展，要求的内容可以不断充实、深化与完善，从而为园区评估项目是否适合入区提供科学合理的管理依据和技术支撑。入区产业控制政策制定工作流程如图 4-1 所示。

4.2.1.4 入区产业控制框架

对入区产业控制，既包括国家产业政策硬性要求，也包括园区对具体项目的灵活掌握，控制过程从宏观政策要求到精细管理落实，由行业准入门槛、环保治理要求、绿色绩效指标等不同层次构成。产业园区既要为企业提供相应的配套服务和基础设施，又要在此基础上，从产业、治污、排污三个层面提出准入条件，涉及产业、原材料、工艺、治污、排污等各个方面的内容。入区产业控制政策整体框架如图 4-2 所示。

4.2.1.5 H 科技城园区案例

H 科技城从 2014 年起试行项目准入标准，从产业类型、项目标准、环境影响、投入产出、工程建设五个方面，实施严格的区域项目准入标准。该标准突出创新驱动、产业引领、项目高端、环保生态和综合效益，有力促进高端创新资源、高端人才等先进生产力要素的加速聚集。

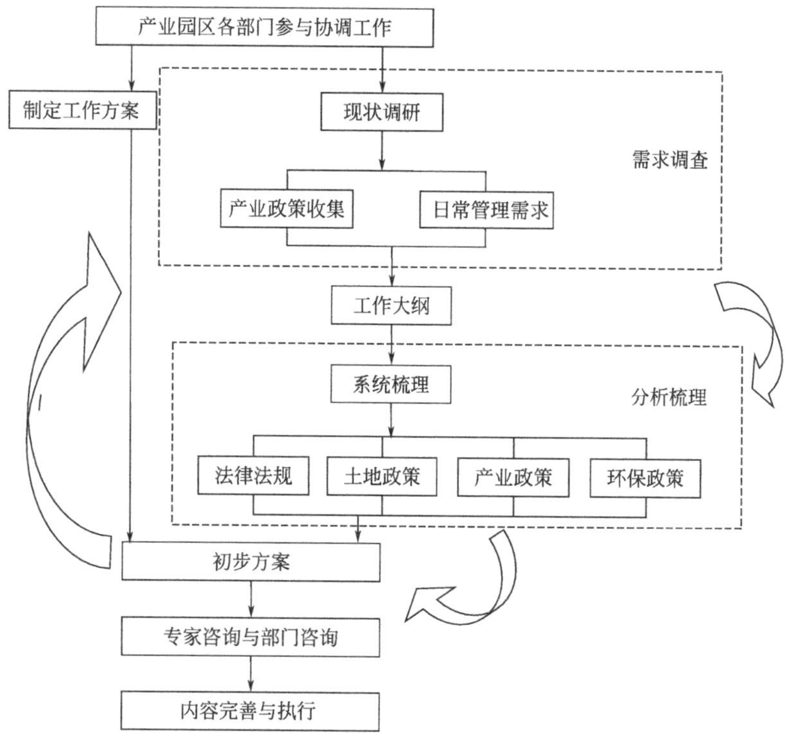

图 4-1 入区产业控制政策制定工作流程

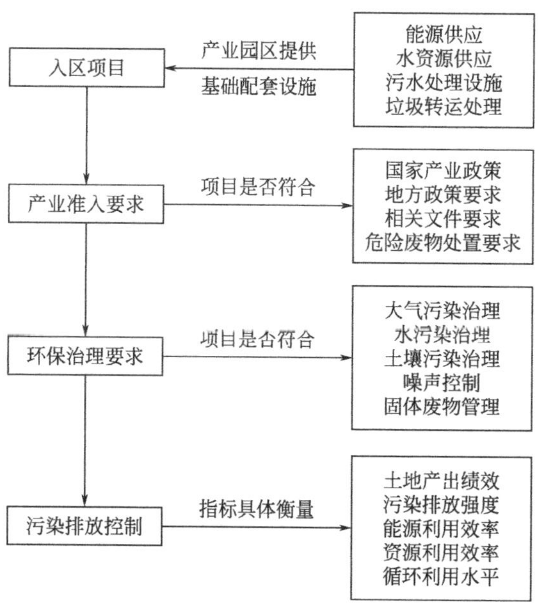

图 4-2 入区产业控制政策整体框架

在产业类型方面，准入标准实施后，将使 H 科技城宝贵而有限的土地资源全部用于支持各类以自主创新、高质低耗为特色的高水平项目，重点发展新能源、生物医药、航空航天、高端装备制造、节能环保、新能源汽车等战略新兴产业。高能耗、高物耗、高污染、低附加值项目禁止入区。

在项目标准方面，规定世界 500 强、中央企业、国内 100 强、上市公司及行业领军企业，以重点高校、国家级科研院所、知名研究机构等为依托或拥有省级以上企业技术中心，列入国家863计划、科技支撑计划等各类国家级科技计划的重大科技成果转化项目，以两院院士、973计划首席科学家、国家及省级千人计划入选者为核心骨干的国内外高层次领军人才创新创业项目，方可入区。

在环境影响方面，严格执行《H科技城入区项目环保准入指南》，鼓励单位产品污染物排放强度低的行业“领跑者”入区。对入区项目的废气、废水、固体废物的排放标准及清洁生产水平等都做了明确规定。

在入区项目的投入产出方面，对产业项目投资强度、投入产出比、达产后年产值、年创税收等提出明确要求。

在工程建设方面，要求产业项目主要生产厂房、辅助生产厂房须按照《绿色工业建筑评价标准》进行规划建设，民用建筑须按照《绿色建筑评价标准》进行建设等。

《H科技城入区项目环保准入指南》主要从以下方面提出要求。

（1）园区产业准入要求

1）产业政策门槛

严格执行国家产业政策。按照国家最新《产业结构调整指导目录》和相关调整内容，其中“淘汰类”“限制类”项目一律不得入区。

钢铁、水泥、电解铝、平板玻璃、炼焦、有色金属、电石、铁合金等行业新增产能项目不得入区。

慎重引入包含Ⅰ类、Ⅱ类放射源的建设项目。

基于以上条件，按照“高起点、高要求、高基准”的要求，培育新的经济增长点，动态遴选限制和禁止的入区行业，构成不同发展时期的负面清单，指南现设置了涉及27个行业的准入清单，避免高污染项目入区。

2）清洁生产门槛

入区企业参照国家下发的相关行业清洁生产标准，清洁生产水平必须达到二级及以上。拟入区企业工艺技术必须满足工业和信息化部、环境保护部联合印发的《水污染防治重点工业行业清洁生产技术推行方案》规定的技术水平。

严格控制高能耗、高污染、高耗水的企业，单位产值能源、资源消耗水平不得高于上一年度该市平均水平。

3）清新空气门槛

拟入区项目应使用清洁能源，禁止新建燃煤设施。产生严重异味、粉尘和挥发性有机化合物污染的工业项目不得入区。

4）清水环境门槛

禁止制浆造纸、制革、染料、农药合成等严重污染水环境的生产项目入区。落实国务院批复的《重金属污染综合防治“十二五”规划》，凡涉及铅、汞、镉、铬、砷等重金属排放的项目均不得入区。

5）土壤环保门槛

鼓励工业企业集聚发展，提高土地节约集约利用水平，减少土壤污染。严格执行相关行业企业布局选址要求，入区项目选址必须符合城市规划和供地管理要求，土地开发利用必须符合土壤环境质量要求。固体废物资源化项目和危险废物集中处置项目不得入区。

（2）园区环保治理要求

园区环保治理具体要求包括：大气污染物治理要求（10 项）、水污染物治理要求（6 项）、固体废物治理要求（9 项）、噪声治理要求（2 项）。

（3）园区特别排污控制

园区特别排污控制具体要求包括：大气污染物特别控制（10 项）、水污染物特别控制（5 项）、固体废物特别控制（2 项）、噪声特别控制（2 项）。

4.2.2 土地政策

4.2.2.1 土地政策对园区发展的重要性

土地作为园区的重要稀缺资源，土地政策对产业园区可持续发展具有重要而深远的影响。很多产业园区在发展过程中出现的种种问题，都与开发建设初期土地供应不合理有关，而由此产生的很多问题给园区实现绿色循环发展带来很大困难。例如，在招商引资过程中为满足投资企业要求，开发区给予企业很大的挑选地块的自由，使园区内地块布局混乱，高污染排放或有生产异味企业布局分散，给后续引进对生产净度要求高的科技型补链企业带来巨大困难。早期入区的项目占据园区最有利的地块，或位于整体上风向，却从事低端粗放的生产活动，使园区内地块割裂，园区进一步产业升级时面临土地不足和分布零散的问题，不仅影响整体产业提升，而且因布局不合理造成零散地块闲置浪费。

我国对工业园区的土地利用管理日益完善，2014 年发布的《节约集约利用土地规定》中提出对工业用地实行建设项目用地标准控制制度，在许多现行产业园区相关评价体系中，均设有与土地集约节约利用相关的指标，如：《工业项目建设用地控制指标》中对土地投资强度、容积率、工业项目建设系数、行政办公及生活服务设施比重、绿地率五项指标作出规定；《国家生态工业示范园区标准》中设有“单位工业用地面积工业增加值年均增长率”指标；《园区循环化改造实施方案编制指南》中对“土地产出率”提出了要求；《国家级经济技术开发区综合发展水平考核评价指标体系》中设有“单位土地地区生产总值产出强度”指标。

综上，无论从贯彻国家政策标准角度还是促进园区绿色发展角度，产业园区都需要把绿色循环的理念作为制定土地政策时参考的重要标准。

4.2.2.2 绿色循环园区土地政策

在绿色生态产业园区相关研究中，关于土地政策研究主要集中在土地集约化利用方面。徐丹以苏南、苏中、浙西为例，分析开发区不同发展阶段土地利用状况，分析认为地方政府认识偏差、土地监管不力以及指标体系不完善等是导致土地集约利用程度偏低的主要原因，提出需要提高领导层重视、加强区域合作、完善政策法规、加强指标体系研究、充分发挥规划作用，以解决开发区发展中的土地集约利用程度低的问题。廖喜生认为，应通过科学规划、严格准入、深度开发等有力措施，促进我国工业园区和城市化建设健康发展。

产业园区的绿色循环发展，不仅需要集约利用土地，还需要以土地政策为抓手促进园区绿色循环路径的贯彻实施。本书认为绿色循环产业园区土地政策，应至少从以下四方面考虑，即土地集约化利用、土地循环化利用、科学规划合理布局、土地规范合理出让。土地资源的有限性决定了土地集约化利用的必要性；对土地资源的持续性需求决定了应采取循环利用措施确保园区土地资源得到储备和补充；科学合理的规划可以避免土地资源的流失和破坏；规范公开的土地出让程序和政策，保障了园区土地及时有效供应，形成集约利用、循环利用的良性模式。绿色循环的土地政策，是园区取得持续的土地资源供应，实现可持续发展的必然选择。

（1）土地集约化利用

1）提高土地利用强度约束

土地集约化利用，即通过资源和劳动的集中，利用先进的技术和管理方法，实现一定范围内土地的最大产出和土地利用效益的最大化。实现土地集约化利用首先应提高土地利用强度，立足产业升级和科技创新，着力建立集约高效的用地模式。

以投资强度为手段控制企业用地规模，是集约利用土地资源的一项有效措施。如产业园区可根据所在地社会经济发展状况，设定投资强度每亩最低标准限值，约束招商项目，凡不符合用地定额标准的项目，核减用地规模；对投资规模高于最低标准限值但总量较小的项目，可采取不单独供地方式，鼓励以进驻原创型企业基地、租赁标准厂房等方式取得生产经营场所。对一些有特殊要求的企业，虽然建筑密度和容积率指标较低，但项目质量高，地均投资强度和地均经济效益较高，则根据产业特点将条件适当放宽。

2）提高建筑容积率

提高引进项目建筑容积率，向空间要资源，是加强土地集约化利用的另一重要手段。可通过土地的空间整合来实现土地集约高效利用的目的，为园区建设释放更多土地。

在立体空间利用方面，以推行多层厂房为主要手段。如对于适合多层厂房的生产行业，须推行多层标准厂房。在用地紧缺地区，产业园区可对单层厂房项目提出更高容积率要求，确需建设单层厂房的，必须经计划、建设、规划等部门论证后确定土地出让方案。通过约束和鼓励措施，促进企业优化设计，从单层厂房向多层厂房、从低层厂房向高层厂房调整。

在平面空间利用方面，以整合厂区功能为主要方式，如鼓励企业优化布局，整合分区功能，设置集约合理的绿化空间，减少不必要占地。对建设过程中发现企业厂房多占少用、占地不建设、分布零散、有意圈地等用地不集约行为，园区应加强监督，要求项目建设单位整改，要求其按审批要求进行建设施工，对拒不接受警告的单位，管委会收回所审批土地。

（2）土地循环化利用

1）采用弹性的土地供应方式

大部分产业园区都不同程度存在用地紧缺现象，同时土地稀缺具有相对性，同一园区在交通、服务、景观等各方面设施条件更好的地块，紧缺现象更明显。在园区采用单一出售型土地出让方式，会影响土地资源的充分流通与合理配置，也影响优质地块厂房老旧后的更新。因此，对招商项目可采用租售结合的供应方式，土地供应政策由单纯的以出售为主，改为出租和出售并行。园区建设标准厂房后，依照工业区土地或各种建筑物租售办法，设置合理租期，如租期至少 5 年而最长不超过 20 年，期满可以续租等。租售结合的供应方式，可给园区和企业都带来更多的选择空间。一方面使园区在企业更新循环方面占有更多主动性，可根据发展战略调整对区内自持厂房进行升级改造，有机会根据开发建设时序和整体战略来调整对企业的供地面积，不会因短期的经济效益而大量无序供给企业土地从而影响发展后劲，为园区发展预留了空间。另一方面使企业具有更多自主性，企业可根据实际发展需求来调整租赁地块面积，避免企业无序转租造成的混乱。租售结合的供应方式为解决土地循环利用提供了一种新的途径。

2）开展土地置换

园区可开展地块置换，利用园区企业间用地置换调整，将企业、厂房聚集整合到同一个地块内，有利于集中力量进行充分开发，清理剩余地块内的企业，腾空土地，重新引资。园区土地置换模式应当根据发展需求，分片区规整用地，不断优化用地布局结构、调整土地利用开发模式以及适当提高开发强度，提高土地使用效率。

3）项目进度管理

规范建设项目进度管理，促进项目早开工、早投产，是提高产业园区土地利用率的一项有效措施。园区可参考国有土地使用权出让的有关规定，修改合同范本，严格开竣工时间，增加促进企业开工、竣工，节约利用土地的限制条款和罚则。例如要求企业“签订合同后 3 个月内必须开工，18 个月内必须竣工，1 年没有开工的，管委会收回土地”，同时严格控制企业买大建小行为，要求企业将申请购地时承诺达到的产值税收指标写入合同，未按期达到指标的一次性补偿土地差价。

（3）科学规划合理布局

1）严格把握主导产业方向开展土地供应

首先，产业园区土地结构须以发展工业用地为主，大力发展工业地产，不鼓励发展民用房地产业，保证产业发展的土地使用。

在此基础上更重要的是，为避免产业园区混乱竞争情况下以土地价格和税收优惠作为吸引，造成工业用地出让价格过低、企业使用土地过于粗放、工业投资重复建设浪费土地等现象，需要根据自身条件错位竞争。在保证产业园区土地供应的同时，与做大做强优势产业相结合，对符合园区产业政策，促进主导产业发展的招商引资企业优先供地，把集约使用土地资源与产业聚集及产业结构调整有机结合起来。产业园区通过合理配置有限的土地资源，不仅要保障特色主导产业发展，尽快形成主导产业链和产业集群，而且要提高土地产出效益，使有限的土地得到更高效的利用。

2）科学规划层层落实

首先，科学制定发展规划，确保土地利用符合国家和地方对生态保护红线管理相关政策法规的要求，落实规划环评各项要求。科学有序开发，改变传统的外延式扩张、用地粗放发展模式，避免用地面积过大、产业分散、布局混乱的问题。

其次，在企业申请用地需求中必须符合产业用地使用条件，否则核减用地规模或不供应土地。对于拟分期建设的区内企业，采取预留发展用地的方式，鼓励企业集约利用厂区现有土地，按实际需要供地，预留土地在一定时期内不建设将用于其他项目。

最后，从厂区规划设计管理入手，精打细算，统筹用地空间布局，对土地资源进行有机整合，严格控制用地单位内部的行政办公等辅助设施用地面积（辅助设施用地面积占总用地面积的比例不宜过高）。

（4）土地规范合理出让

1）规范出让政策

产业园区应围绕发展核心目标，规范园区土地出让政策，制定并规范实施相应的投资建设项目管理办法、工业投资项目用地评估办法等政策，不仅可为优选招商项目确定依据，同时也可达到规范招商行为的目的。

土地出让、管理政策制定后，程序操作应公开、公正、透明。实行土地有偿使用制度，土地采用招拍挂方式出让。园区根据土地评估基准地价适时调整土地出让转让价格，运用价格杠杆调节供求矛盾，鼓励支持优势产业集聚。对质量不高的项目，土地价格形成第一道限制。按照技术先进性、投资规模、企业效益等因素对技术含量高、集群化潜力大和具有持续发展能力的项目给予优惠政策。

2）加强用地联审

实行严格的土地用途管制制度，在企业入区时需建立多部门参加的会商制度，设置相应的预审、联审、会商等程序。

首先由企业以书面形式提出购地申请，招商、土地、经发部门按照产业分类、投资规模、技术水平、经济效益等要素作初步筛选，对符合入区条件的企业项目提交用地联审会讨论。用地联审会由经发、财政、土地、安全、环保、消防等相关部门组成。联审会召开前，有关部门派人集中到购地企业现场调研，了解企业当前的用地规模、生产流程和技术水平。联审会上，各部门以无记名投票方式表决，通过的项目方可提交管委会进一步决策。通过联审制度，保障土地集约高效利用，同时杜绝不符合绿色循环政策的高物耗、高能耗、高污染、低水平的项目入区。用地联审具体流程如图 4-3 所示。

4.2.2.3 M 开发区案例

M 开发区创建于 1983 年，是成立最早的国家级开发区之一（开发区实景见图 4-4）。园区面积只有 3.5km^2，是国家级开发区中占地面积最小的工业开发区，土地的稀缺性凸显，因此充分利用土地、开展土地集约利用与循环利用是园区发展尤为重要的课题。

首先，M 开发区在开发初期即确立了土地以租用方式转让，不对外出售的发展模式，土地出售给园区开发公司后统一建设厂房，企业只租厂房而不拥有土地使用权。而该区引入企业多为独资/合资的外企，这一模式也更贴合外企的需要。近年来随着国家土地政策规范的调整，M 开发区逐步调整土地管理模式，但这一原则基本延续下来。由于拥有土地使用权，园区在土地管理方面具有更大主动性和话语权，为园区清退经营不良企业、促进产业升级换代带来很大便利。

其次，M 开发区坚持科学规划，以“适当、够用”为原则，不搞大广场、宽马路，

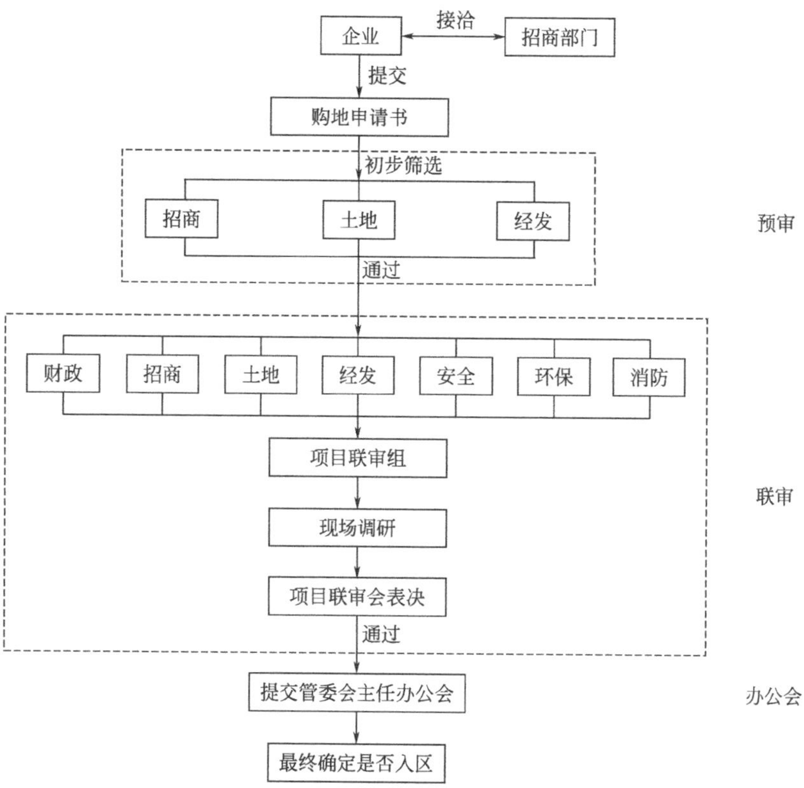

图 4-3　产业园区用地联审流程

图 4-4　M 开发区实景

把有限的土地资源用于企业生产及配套服务，生产用地占园区总面积的 75%，保障了土地的有效利用。

再次，M 开发区在土地供应过程中，重视与土地循环利用相配套的环境管理制度建设。自 2006 年起率先试行检测与修复制度，包括使用前的本底检测、重新使用前的检测与修复。通过土壤检测与修复工作，土地重复利用率达 40%。

适合园区发展的土地政策使 M 开发区能够以很少的土地供给量不断吸引优秀企业入区，区内全球 500 强企业直接投资的项目占开发区企业总数的 37%。M 开发区注重产业升级，园区开发至今土地已经过 3～4 轮重复开发，主导产业从早期服装纺织，到食品加工，再到机械制造，再进一步向总部经济过渡。发展至今全区产业经历了两次大的转型发展：一是经过产业结构不断优化，在自然集中、产业集聚基础上，逐步向企业集群化发展，形成十多个企业集群及核心企业；二是在全球金融危机之前开始注重引进2.5产业，发展以研发中心为主导的生产服务业，不断提高产品附加值，提升产业能级。

至2013年年底，M开发区累计引进19个国家和地区的174个项目，合同投资总额超过37.07亿美元，平均单项投资超过2130万美元，每平方千米吸引外资超过10亿美元。园区累计销售收入5361.57亿元，上缴税收468.45亿元，在国家级开发区单位土地面积上缴税收和销售收入排行榜上持续排在前列。

4.2.2.4 小型园区案例

H园区是紧邻中心城区的国家级高新区，面积不到12km^2，区位优势和限制条件造就了园区注重土地集约利用、循环利用、优化利用的特点。

H园区制定并实施了《土地房屋资源管理办法》，经过多年的发展，该区形成了一批土地利用率高、地均产值高、建筑密度高等规划指标合理的企业。与此同时，H园区重视用地建设项目的后期监督与评价，避免低效开发。将产业结构优化与土地利用结构调整相结合，逐步淘汰占地多、效益差的项目，不断优化土地资源配置。

在H园区规划中，针对高新区中小企业多的特点，通过建设标准化厂房，整合中小型企业用地，土地资源利用效率得到极大提高。园区对新型工业建筑开发建设给予了大力支持并进行了积极推广，吸引各类资金和组织从事工业地产的开发建设，结合推广孵化器产业政策，采用集中设计、统一施工的方式，通过提供标准厂房、单元式厂房、单层厂房等多种工业建筑形式，满足了高新技术企业的入驻要求，同时也达到了集约节约利用土地的目的。

在基础设施规划建设上，H园区破除封闭管理的框架，与城市总体规划结合，充分利用周边地区集中供热的资源，取消了原规划的五座锅炉房，不仅改善了环境，还节约大量土地，利用节约的土地建成了大批标准厂房，满足了中小科技企业发展的需要。

孵化器的规划设计集生产、研发、办公和配套于一体，在房型设计方面，根据不同规模、性质和行业特点提供不同产品：有适合大型规模化生产企业的标准厂房，满足超长流水线的使用；有适合小型生产与研发的单元厂房；有适合高档商务办公的写字楼；有适合特殊生产条件的单层厂房，按需定制；有适合集生产、办公于一体的别墅式厂房。孵化器的建设不仅为中小企业提供了适宜的发展空间，也有效提高了园区土地利用率。H园区孵化器和多层厂房实景如图4-5所示。

H园区后备土地资源有限，回购土地是突破土地瓶颈、实现“二次创业”的重要手段。管委会每年及时更新地块利用情况，及时收回闲置土地，通过各种方式盘活。对未达到收回条件的闲置土地则督促企业尽快建设或及时转让。管委会积极建立和完善土地储备制度，为充分挖掘存量建设用地潜力，鼓励项目单位在规划许可情况下通过整合挖潜，增加容积率，翻建多层厂房。从2010年开始，H园区对已出让土地利用情况展开全面调查，摸清有条件深度开发的土地面积。园区逐步利用空地资源，鼓励单层厂房向高层扩建，充分挖掘土地资源潜力，如拆除单层厂房、老旧楼房，原址新建多层厂

(a) 孵化器实景图

(b) 孵化器实景图

(c) 孵化器实景图

(d) 多层厂房实景图

图 4-5 H 园区孵化器和多层厂房实景

房、高层孵化器。此外，积极鼓励优势产业配套企业向周围工业园区分散，最大限度节约土地。通过以上“腾地”“省地”“收地”等措施，盘活了土地资源，有效地保证了产业集群招商的需要，实现了土地资源流转和高效利用。

4.2.3 环境管理政策

环境管理是产业园区绿色低碳发展的重要保障，也是产业园区保持持续健康活力的基础，精准有效的环境管理政策可以为产业园区经济蓬勃发展、产业良性可持续发展保驾护航。产业园区的绿色低碳发展离不开环境管理政策的完善，应主要从完善环境管理机构设置、建立健全环境监控预警体系和加强绿色低碳宣传教育入手，做好环境管理。

4.2.3.1 环境管理模式

我国产业园区根据功能及环境的要求，在管理体制方面进行了丰富的制度创新实践，目前开发区管理体制已走向多元化。在实践中，大致形成了管委会管理、区政统筹管理、企业管理三种基本管理模式。我国产业园区的管理机制具有简洁高效的特点，这一特点也体现在产业园区的环境管理中。根据产业园区管理体制、机构设置的不同，环境管理方式也有所不同。

（1）管委会管理模式

管委会管理模式是我国产业园区最初体制创新的产物，也是目前我国各类产业园区最普遍采用的体制模式。管理委员会作为所在地政府派出机构，代表政府全面负责产业园区的经济开发规划和管理，为入区企业服务，拥有有限的行政审批权。管委会管理模式的特点是：

① 授权管理。管理委员会是所在地政府的派出机关，而非一级人民政府，主要行使当地政府授权的经济管理职能。其特点是高度授权，特事特办，专心发展经济。一般还同时组建一个由管委会直接管辖的开发建设总公司作为经济活动法人。

② 机构精简。相关职能部门合署办公，不做条线对应。通过机构合并，一个机构对口多个外部机构，机构和人员编制精简。

③ 独立高效。管委会一般具有高级别干部配置和高管制授权安排等特征，在干部任免上，管理委员会领导实行任命制，下级干部实行聘任制，任免相对独立，并可制定区域管理的规范性文件，因此在管理上具有相对独立和高效运转的特点。

管委会管理模式下，环境管理职责适合由管委会内设机构完成。应充分发挥管委会灵活高效的机制特点，开展环境管理人员队伍建设。特别是人员精简的园区应引入专业人才，形成长效机制。

管委会管理模式下，产业园区绿色循环发展的推进更加需要政府引导和管委会领导重视，并由指定部门和专人负责相关工作。建立以管委会主要领导负责、分管领导牵头、各有关部门为成员责任层层落实的长效机制，指导督促各项工作落实。各有关部门细化分解任务，由专人对接，负责协调推动执行相关工作，形成部门联动机制。将绿色循环目标指标纳入绩效考核，各有关部门落实责任，分解任务，编制具体工作计划，建立问责机制，推进机制长效化运行。

管委会管理模式下，应注重以国家政策为导向，开展产业园区的绿色循环配套政策制定和相关规划、行动计划的编制，并落实任务分工。园区各机构各部门及各科室各司其职，做到权责分明、责任落实到位，部门间联络通畅、管理有序。园区管委会各部门针对相关工作项目等制定本部门实施计划和落实措施，指派专人负责推动、协调、考核，切实落实各项任务，完成各项指标。考核不达标、没有完成任务的部门要向管委会递交书面报告。

对于具有一级财政的大型产业园区，可采用制定《绿色循环发展鼓励办法》、设立“绿色循环发展基金”等方式，支持园区企业自建污水处理、再生水回用系统。针对重点耗能设备或生产线进行节能技术改造，淘汰落后、能耗高的设备，推广使用环保节能型设备；针对采用清洁能源或可再生能源（包括天然气、太阳能、风能或生物质能等）发电、照明、制冷制热项目，以固体废物（包括生活垃圾、电子废弃物等）为原料进行的资源综合利用项目，实施清洁生产审核和能源评估的项目，经评审确定为节能示范建筑的项目等的企业的绿色循环相关工程给予资助，使其发挥良好的社会效益、经济效益、环境效益。

（2）区政统筹管理模式

随着产业园区的管辖范围不断扩展以及园区经济实力的不断增强，建设初期的单纯管委会模式已不能充分适应园区与辖区乡镇统筹管理、协调发展的需要，因此部分园区逐步创新形成区政统筹型管理模式。区政统筹管理模式是在产业园区发展到一定规模后，在管委会模式基础上结合建成区行政职能需要逐渐发展起来的，以准政府的管委会模式为主导，衍生发展出来的一种新型的管理模式。

区政统筹型管理的主要形式是园区管理委员会接受委托，与乡镇、行政区合并管理。这种模式可以进一步细分为两种：一是垂直委托管理（街道乡镇委托管理），“管委会＋托管乡镇”是管委会模式的扩展，是上下级间的合并。园区受当地政府的委托，对周边乡镇进行经济社会的统一管理，将园区周边的乡镇统一纳入开发区的规划中，发挥开发区的辐射带动作用；二是平行整合统筹（对应级别的政府机构间的整合），开发区和行政区管理职能二合一，一班人马、两块牌子，内设机构基本保持行政区管理机构的编制和职能。

产业园区的区政统筹型管理是在管委会模式基础上发展而来，在与行政区合并后承载的行政职能更全面，具备了行政区发改、环保、工信等部门的全套人员和职能，因此其环境管理更贴近于行政区对应的环保部门应履行的行政职能。这种模式的优势在于，环境管理机构规模更大、功能更全面，具有环境监测、监察专业人员，并且有能力组织实施宏观长期环境管理战略，如区域环境政策、规划及标准的编制和实施等。同时，区政统筹型管理模式解决了产业园区空间不足的问题，拥有更多公共社会服务资源，集多项政策、功能于一体，有利于从更广泛的区域范围内协调资源和信息共享，促进产业园区绿色循环体系构建。

但与此同时，区政统筹型管理模式因机构和人员的扩张，弱化了产业园区在管委会模式下扁平化管理所带来的灵活高效的体制优势，增大了各部门、层级之间沟通协调难度，产业园区在环境管理中应注意保持对企业的服务意识。同时由于产业园区的绿色循环发展是涉及园区经济发展、产业结构、能源资源、基础设施、工程建设、环境监管、污染治理等多方面的系统工程，单独一个部门无法承担和协调这一任务，因此产业园区政府需要把绿色循环发展目标作为一项综合性任务进行合理的分解落实，并形成部门联动机制，避免任务划分不对口使工作难以推动。

（3）企业管理模式

企业管理模式是指在产业园区成立一个类似开发总公司的法人管理主体，承担园区规划、招商、建设、开发工作，政府没有授权，其他管理工作需要所在地政府部门协调。园区根据需要决定是否设立管委会，但管委会的职能一般很弱，主要以开发公司作为主体进行经营管理。企业管理模式适合于区域功能相对单一、地域面积较小的产业园区。

企业管理模式与管委会管理模式均具有机构精简的优势，而且更为灵活，有利于引入高效、精干的管理体制，加强对入区企业的各项服务；管理成本低，运作效率高。由于采用企业化的管理经营模式，可以完全按照企业制度进行运作，避免了政企不分。对于产业园区的经营管理来说，公司自主经营、自负盈亏，有利于把握资金的利用率和投资成本的回收，公司还可以通过多样化的资本市场运作来壮大公司实力，依靠娴熟的开发经验，扩大经营范围和领域，走品牌化的道路。

企业管理模式的环境管理中，可以充分发挥企业运作灵活高效的优势，更多地采用平台化运作，引入环境咨询机构，做好对企业的环境服务；同时由熟悉环境管理的专业人员代园区企业与上级环境管理部门做好沟通协调，起到承上启下的作用。由于开发主体不是一级行政组织或行政派出机构，所以需要借助物业服务等机构，做好精细化管理。企业管理模式下，园区应重视环境管理流程的制度化、环境管理手段的智能化、环境管理档案的规范化留存和环境管理人员的及时培训，以此减少园区环境管理人员专业度不高和频繁变动带来的影响。由于涉及环境管理有许多日常工作，如建立环境档案、组织宣传教育、推进具体工程进度等，需要相对稳定的机构和人员保障，因此应设立专门环境管理机构和负责人，对接环境领域各项工作。

4.2.3.2 环境监控预警体系

产业园区环境监控管理工作主要包括：落实/配合环境监察建设，推动监管执法全覆盖；实施环境质量保障措施、不利天气条件下应急减排、工业污染源持续减排、空气质量监测预警等方案；完善在线监测设备，有计划地逐步补充增加环境监测人员，扩大监测项目范围，提高监测能力和水平；逐步完善污染源在线监测系统，实现污染源实时动态监测等。随着我国环境精细化管理要求不断深化，产业园区完善环境监控预警体系已成为趋势。

为加强环境管理水平，提高环境监控能力，在产业园区建设环境监控预警系统。以环境自动在线监测（监控）为核心，具体包括环境地理信息系统、环境数据交换共享系统、污染源在线监控与设备运行管理系统、环境质量在线监控系统、视频监控系统、环境管理智能终端系统等主要组成部分。环境监控预警系统的建设运用和集成了国际先进的物联网技术，结合空间数据，构建覆盖区域内的各级环保系统、高效、稳定、通畅的环境监控预警系统平台，实现对全区污染源主要污染物排放情况以及监测设施运行状况的实时自动在线监测，使环保部门能及时、准确、全面地了解辖区内环境状况，为环境监管、环境评价与预警、执法与决策提供有力支持。

环境监控预警系统利用自动控制、地理信息系统（GIS）、GPS导航、数据库及网络工程等计算机应用技术，实现环境监控在采集、传输、处理、计算、分析、输出、共享等全过程的数字化管理，以信息化推动环境监控管理，全面提升环境监管水平。

（1）基础硬件系统建设

基础硬件设备包括服务器、台式机、笔记本、存储设备、网络安全设备、视频监控设备、网络链路等，为环境监控预警平台提供强有力的设备支撑。

中心端设备通过网络布设，使产业园区内企事业单位均能访问环境监控与预警系统，达到数据共享、统一管理的目的。

现场视频监控设备安装于企业排口，使环保管理部门能对企业排污情况做到实时监控管理。

运营商网络链路铺设到企业排口或监测站房，确保视频数据传输链路稳定通畅。

（2）数据基础层系统建设

数据基础平台包括环境地理信息系统和环境数据交换共享系统两大系统。

环境地理信息系统为产业园区环境管理和应用提供基于电子地图的数据空间展现、空间查询、空间统计、空间分析、环境专题图等应用。

环境数据交换共享系统充分整合原有多源、异构数据，对数据进行转换、清洗，建设数据交换共享系统，面向业务部门提供环境数据的查询、统计、分析、挖掘、检索等应用。

（3）业务支撑层系统建设

业务支撑平台由污染源在线监控与设备运行管理系统、环境质量在线监控系统、视频监控系统3部分组成，围绕环境管理主要对象（污染源、环境质量、视频监控），提供数据和视频实时监控、历史数据查询、报警、总量计算、对比分析、统计报表等应用。

（4）业务管理层系统建设

业务管理平台为污染源企业一厂一档查询系统，该系统面向业务部门提供污染源企业数据、企业基本情况、环境管理基础资料、环境监察基础资料、环境监测基础资料以及企业环保诚信材料的查询、统计、分析、挖掘等应用。

（5）成果展现层系统建设

成果展现平台由环境管理智能终端中心端系统和PDA端系统组成。通过环境管理智能终端，面向环保主管部门用户提供基于智能PDA端的现场执法、自动监控全区一览、文书管理、任务管理、信息采集、危险品查询、移动数据交换共享、任务提醒、待办事宜提醒、考核监督管理等应用，提高产业园区环境管理及执法效率，实现环境管理与执法的科学化、信息化、现代化。

（6）排口视频监控现场端设备建设

视频监控系统根据视频监控点分布情况，在各污染源监控点安装摄像机。采用云台水平扫描355°，竖直90°，根据现场监控半径需要，配备不同范围的合理的光学镜头，以实现对监控区域内各监控点的监控目的。采用昼夜彩色/黑白自动转换低照度摄像机，可以满足黎明、傍晚及某些夜晚监控的需求。前端视频设备支持80个云台镜头精确预置位，方便监控操作，轻松实现排口监控区域内排污情况的视频监控。

视频监控系统组网（见图4-6）主要分为前端摄像机设备、IP网络传输设备和视频服务器3个部分。前端摄像机设备，对现场视频图像进行采集，输出为模拟视频信号。

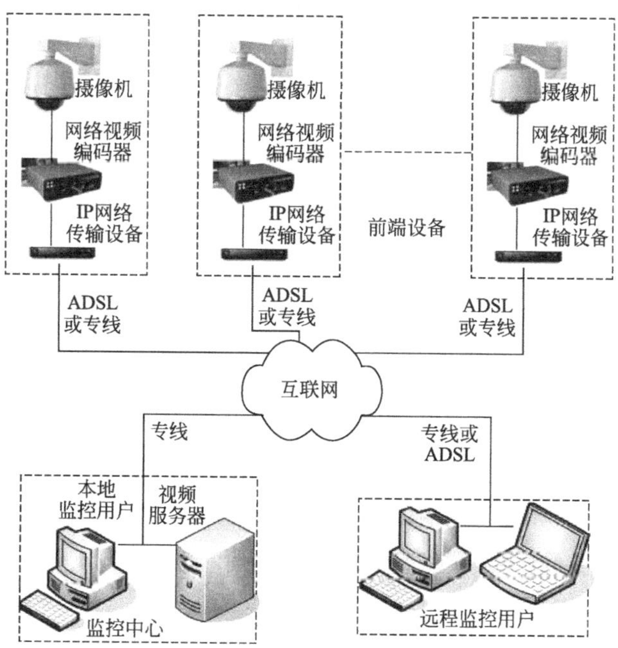

图4-6　视频监控系统组网

网络视频编码器负责将模拟的视频信号数字化，并将其转为 IP 数据包，同时网络视频编码器通过 ADSL 或专线，跟监控中心视频服务器建立连接，将视频数据包发送到监控中心。视频服务器实现视频切换、存储、检索、回放及云台镜头控制等功能。远程用户可以通过 Internet 或 LAN 连接到视频服务器进行图像浏览。

4.2.3.3 绿色低碳宣传教育

产业园区应采用多种方式推进绿色、循环、低碳发展的宣传教育，提高社会各界参与环保的积极性，共同推进生态文明建设。

（1）开拓宣传教育的形式

产业园区的绿色循环宣传教育，可以发挥机构人员特色，适合积极借助社会力量，开展形式多样的宣传工作，达到以点带面的效果。

结合“六五环境日”“地球日”等活动，围绕每年活动主题，开展活动。可开设丰富多彩的展览，如图片展、摄影展、集邮展、征文展、绘画展等，宣传园区管委会及企业在绿色发展、循环经济、清洁生产、污染治理等方面取得的成果。以纪念邮票、明信片和宣传画册等形式，向公众发放宣传资料，宣传节能、减排、循环经济、清洁生产、绿色消费等理念以及一些节能、绿色生活常识，提高公众对生态工业、循环经济等概念的认知水平。

结合绿色社区、绿色学校创建工作，开展绿色出行、绿色消费、垃圾分类知识普及。组织有关的系列报道，出版有影响的图书、杂志等；举办各种有关绿色生活方式的摄影图片展览、科技成果展览，通过环保知识有奖问答，发行宣传材料、小册子、文学作品、科普杂志及科技刊物等方式普及生态文明知识。

结合《环境保护法》等法律和政策的普及工作，深入园区各企业以多种形式开展国家和园区有关生态工业园建设的法规、政策的宣讲、展示和典型示范工作；张贴有关布告、标语和图画等；编写反映区内企业开展清洁生产和循环经济改造案例的手册；加强对园区生产经营人员和专业技术人员的教育。

积极利用新媒体，创作反映园区绿色发展成果的剧目，通过设立相关的网络直播、广播、电视栏目，创办园区期刊等方式，介绍园区生态文明建设最新成果，宣传企业在节能减排方面取得的绩效。

（2）鼓励公众参与

建立公众参与机制，强化社会监督机制，发挥新闻媒介的舆论监督作用，制定生态教育与公众认知方案，鼓励社会各界参与进来。

注重企业的参与：制定企业公约，加强对园区各企业、事业单位及员工的普及宣传。加强企业职工环境意识教育，清洁生产和生态产业知识及 ISO 14000 标准培训，树立特色行业生态形象，如绿色制造、绿色加工等。建立企业生态建设和环境保护的公众参与机制。在企业内部，通过员工代表大会和其他制度，使全体员工积极投身参与企业转型改造。

注重科技界的参与：科技界因其知识和技术而在产业园区的绿色循环发展方面担负重要使命，他们常常通过掌握的知识和研究成果影响其他组织的参与方式和参与程度。

因此，科技界应充分参与生态工业园建设的决策过程，为管理部门提供技术支撑。

（3）环境信息公开

园区管理部门应注重环境信息公开，规范环保信息发布，在本区局域网、门户网站或其他对外交流网站上，及时公开政府环境政策、本园区环境管理制度、区域环境质量状况、主要污染物浓度水平、环境污染预警信息等环境信息。通过环境信息公开，发挥表扬先进督促后进的作用，对区内积极开展污染治理、在节能减排和清洁生产方面表现优秀的企业作为推广案例做出表彰；同时对环境管理不规范、出现超标排放的企业形成压力。园区环境管理机构公开环保监督热线、环保交流邮箱等，保持环境信息交流的畅通，保障公众的环境知情权。

完善企业污染信息披露制度，强化重大决策和建设项目公众参与。在区内企业推行环境信息公开制度，鼓励企业每年编制环境信息公开报告，对企业履行社会责任、履行环境管理手续、遵守环境法规、开展清洁生产和能源审计、对生产带来的污染治理情况和污染物达标排放等情况对外公开，提高运营透明度，促进企业不断完善环境管理体系，提升清洁生产和绿色生产水平，树立良好的社会形象。

（4）社会监督员

选聘区内企业中有一定影响力的人士，以及积极参与社会和环境事业的人士，作为环境工作的监督者，对管委会和各企事业单位贯彻相关法律法规、履行环境职责等方面进行监督，及时反映环境建设与管理存在的问题，并监督有关问题的解决落实情况。监督内容可结合管委会职责设定，不限于环保工作，可进一步扩展到市容环境卫生和园林绿化管理等方面。管委会每年组织召开环保社会监督员会议，向各位监督员汇报当年开展的环保工作，并积极听取监督员意见和建议，根据实际情况对下一年工作方向及工作内容做出规划。

（5）企业家俱乐部

以为企业和企业家服务为宗旨，成立企业家俱乐部。俱乐部组织区内各行业企业家开展专题培训、政策宣讲、课题调研等一系列活动，为驻区企业家搭建一个沟通交流、拓展思路、信息共享的平台。活动内容贴合企业实际需要，为企业发展指明方向，同时也向区内企业家宣传产业结构升级、产品开拓创新、生态工业体系建设、企业节能减排等方面的理念、方法、技术等信息。

（6）加强企业培训

定期对企业环境管理人员进行培训，就环保相关政策、法规，清洁生产、节能减排、循环经济、低碳经济、生态工业园建设等知识进行培训，将环保管理相关的制度和新要求及时向企业宣贯，提升企业环境管理人员的环保业务素质和环保管理水平，促进环保管理工作的顺利实施。

对区内企业特别是重点排污企业开展培训，对环境违法企业开展环境教育，对企业形成约束力。有针对性地开展关于危险废物处理处置、污染物治理手段、排污许可证发放等的培训，使环境违法不再是单单罚款了之，扭转企业出现环境问题后“重处罚、轻教育”的局面。

参考文献

[1] 何沁. 基于绿色生态城区理念的安康高新技术产业区规划研究 [D]. 西安：长安大学，2017.

[2] 冯真真，史文斌. 中新天津生态城确立指标体系 [J]. 科技资讯，2009 (28)：56-57.

[3] 靳美珠，邓小文，周滨，等. 中新天津生态城建设指标体系构建研究 [J]. 中国人口·资源与环境，2014，24 (S1)：385-387.

[4] 徐丹. 我国开发区土地集约化利用研究 [D]. 上海：同济大学，2007.

[5] 廖喜生. 工业园区土地利用中的问题及对策分析 [J]. 人民论坛·学术前沿，2017 (17)：74-77.

[6] 贾僩. 基于低碳生态理念的工业园区规划设计研究 [D]. 北京：华北电力大学 (北京)，2017.

[7] 卢为民，马祖琦. 土地政策与产业转型升级路径研究 [J]. 浙江学刊，2011 (6)：171-175.

[8] 马刚. 土地政策对经济发展方式转变影响的研究 [D]. 北京：北京交通大学，2012.

[9] 张丽. 上海工业开发区的土地集约利用研究 [D]. 上海：同济大学，2007.

[10] 李双异，邵永东，张晓东，等. 辽宁省工业开发区土地集约利用评价指标体系研究 [J]. 国土资源科技管理，2008，25 (5)：43-46.

[11] 王爱民，刘加林，肖元. 典型工业企业土地集约利用评价与特性解析 [J]. 重庆大学学报 (社会科学版)，2012，18 (3)：51-55.

[12] 顾湘，王铁成，曲福田. 工业行业土地集约利用与产业结构调整研究——以江苏省为例 [J]. 中国土地科学，2006，20 (6)：3-8.

[13] 谢涓，段建南，刘明香，等. 长沙市工业开发园区土地集约利用问题研究 [J]. 经济研究导刊，2013 (4)：182-184.

[14] 商婕，曾悦. 绿色经济理念的生态工业园区综合评价指标体系 [J]. 华侨大学学报 (自然科学版)，2015，36 (6)：698-703.

[15] 马桂华. 广西工业园区低碳评价指标体系研究 [D]. 南宁：南宁师范大学，2017.

[16] 杜海龙，徐小伟，李迅，等. 绿色生态城区生态提升指标体系研究——以北京市既有科技商务园区为例 [J]. 城市发展研究，2018，25 (1)：1-6，11.

[17] 田金平，臧娜，许杨，等. 国家级经济技术开发区绿色发展指数研究 [J]. 生态学报，2018，38 (19)：7082-7092.

[18] 李晓萍，张亿军，江飞涛. 绿色产业政策：理论演进与中国实践 [J]. 财经研究，2019，45 (8)：4-27.

[19] 薛冰. 我国国家级开发区管理体制创新研究 [D]. 长沙：湖南师范大学，2015.

第5章 新建产业园区典型案例分析

5.1 临港工业区A

5.1.1 园区概况

临港工业区A位于沿海城市主要河流入海口南侧滩涂浅海区，是通过围海造陆而形成的港口工业一体化的海上工业新城，规划总面积200km^2。临港工业区A与港口航道相望，临近轻纺工业区、新城区，处于环渤海经济区，是国家循环经济示范区和经济发展主要功能区之一，也是重型装备制造、重型化工生产基地之一，定位为建设中国北方以重型装备制造为主导的生态型临港工业区。

临港工业区A致力建成国家循环经济示范园区，通过科学围海，实现用海护海双赢，经济环保并举；通过科学规划，实现产业链条紧密相连，上中下游循环利用，企业之间无缝连接，形成企业之间能源、原材料、废弃物的有效循环利用体系；通过港工一体，缩短距离，减少周转，降低能耗，减少排污，达到生产清洁，产业循环，能耗节约，排放环保，周边宜居，投资节省的目的。该区努力健全安全、环保、生态三大屏障。在企业引进上，实行安全、环保一票否决制，优先发展高科技、高投入、低污染项目。在安全保障上，努力建成全国应急救援体系示范工业园区。在环保和生态建设上，建成了污水处理厂、景观河和以2km^2集中绿化景观带为代表的生态环保系统。

临港工业区A根据港口区位、资源环境、产业发展的特征，以科学规划、合理布局统领临港工业区循环经济发展，以“构建港口工业一体化港区联动的循环经济产业体系、围海造陆特色区域”的循环经济发展新模式、公用工程岛资源能源集成共享网络、基础设施体系和完善园区循环经济支撑体系为重点，探索临港型区域发展循环经济的途径和模式，全面推进循环经济试点园区建设，走出一条重化工园区生态发展的新路，为生态城市建设作出重要贡献。

5.1.2 绿色循环产业体系

园区以港口与工业一体化为核心，构建港区联动的4大绿色循环产业体系。基于临港工业区产业发展现状，突出港口航道建设对临港工业区发展的带动作用，围绕重型装备制造业、粮油储备加工业、化工产业、物流产业等优势产业，通过政策引导、资金扶持和循环经济关键技术的突破，构建循环经济产业链条，促进港口战略资源与区内重工业生态化布局发展相结合，以港口优势带动和提升临港产业发展，以围海造陆模式整合港口资源，提升港口竞争力，实现港口资源与产业发展的空间良性互动。依托利用港口资源优势，推动工业区港口依存产业与港口直接产业、港口关联产业、港口派生产业之间的有机整合。将装卸、物流、研发、加工生产和对外贸易等环节集中为“一条龙”经营，形成产业间“无缝式”对接，提高产品附加值和资源能源利用效率，发展再制造业和绿色设计，实现各种经济资源和自然资源的流动聚合与合理配置。以产业链对接和航道共享为契合点，促进临港工业区与其他经济区域间物质流和能量流的跨区域循环利用，探索产业共生机制，构建港口与临港产业一体化发展、临港经济与周边区域互动发展的循环经济产业体系。

（1）重型装备制造产业绿色循环体系

发挥大港口、大土地优势，充分体现国家重型装备制造基地的区域定位，选择技术和资金密集的高端产品，选择经济和技术实力较强的中央企业和民营企业为主要的投资主体，形成成套设备、配套设备、通用设备协调发展的重型装备制造产业绿色循环体系，如图 5-1 所示。重点从以下 4 个方面开展工作。

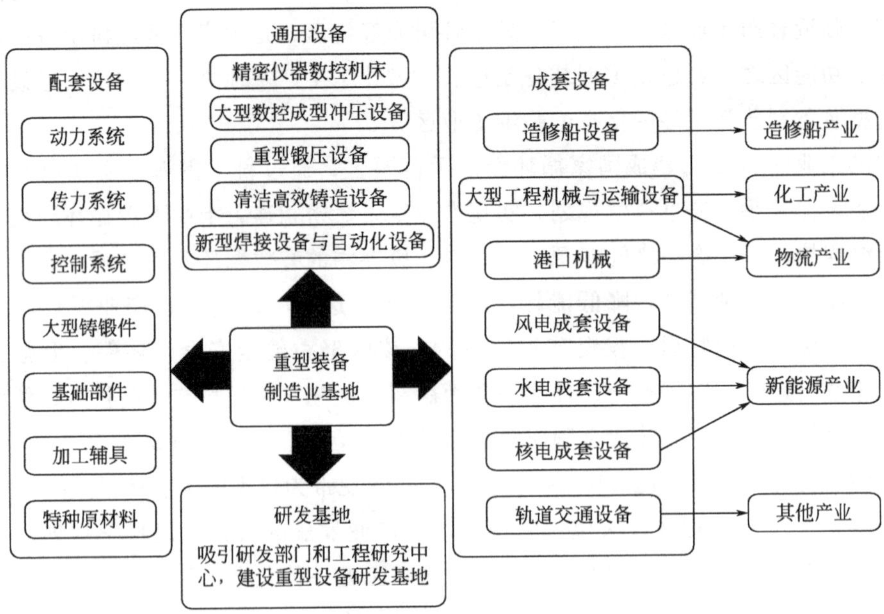

图 5-1　重型装备制造产业绿色循环体系示意

① 通过为粮油储备加工业、化工产业、造修船产业、新能源产业、现代港口物流产业等相关产业进行机械加工配套，促进产业链向上向下延伸，将区内的临港产业有机地关联起来，形成上下游产业一体化的循环经济链条，降低资源能源消耗，实现产业生态化发展。

② 以先进技术和产业化生产为手段，大力发展再制造业。在失效分析和寿命评估的基础上，采用表面工程等先进技术，回收废旧零部件，进行产品再生产。对过时的设备和产品进行性能升级，通过技术改造、更新，延长设备寿命。

③ 推广节能、节水、废弃物处理及回收利用等共性循环经济关键技术，实现装备制造产业企业层面上的物料循环和能量梯级利用，开发企业间废弃物循环利用的生态模式。

④ 吸引一批大型企业的研发部门和独立的国家级工程研究中心、工程技术研究中心、工程试验室等，提升企业产品开发、制造、试验、检测能力，建设服务临港工业并在全国行业具有重大影响的几大类重型装备的研发基地。发展装备制造骨干企业工程承

包、系统集成、设备租赁、再制造等增值服务。

（2）粮油储备加工产业绿色循环体系

依托港口优势，实现产业集群化发展，提升产业竞争力。根据粮油储备加工业能耗、水耗大的特点，采用清洁生产工艺与设备，注重节能降耗和水资源循环利用，重点开展副产品的综合利用，促进经济效益和环境效益相统一，粮油储备加工产业绿色循环体系如图 5-2 所示。具体从以下 3 个方面开展工作。

① 集中引进中粮油集团等一批有实力、超大型的“航母型”米、面、油企业集团，提升产业发展的整体水平。创立在全国有影响、有声望的产品品牌，促进产业规模化、生态化发展，逐步实现向“公司＋基地＋农户”的经济联合体方向发展。

② 采用先进工艺设备，降低能耗物耗水平。依托循环经济科技创新平台，采用先进的清洁生产工艺和设备，强化管理，降低企业生产过程中的能耗和物耗，提高产品产出率。节约用水，提高冷凝水的循环利用量，实施再生水的综合利用，减少废水排放。

③ 开展粮油加工副产品的综合利用。本着“吃干榨尽”的原则，对于粮油储备加工产业生产过程中产生的副产品如豆粕、毛油、米糠、皂脚、脂肪酸等，开展工艺和技术创新，以副产品为原料进行深加工，延伸粮油储备加工业循环经济产业链条，拓展与其他产业的共生关系，真正做到“变废为宝”，创造显著的经济效益和环境效益。

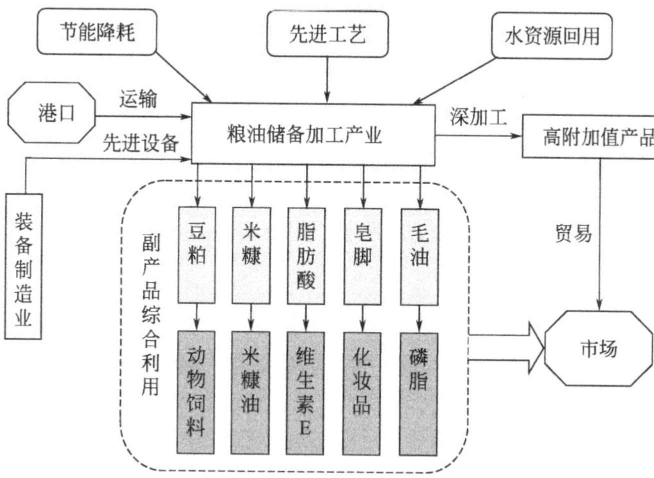

图 5-2　粮油储备加工产业绿色循环体系示意

（3）化工产业绿色循环体系

临港工业区 A 化学工业的发展以不影响工业区生态环境和周边敏感点为原则，加强对化工产业中间产品和副产品的加工和利用，提升产品附加值，延伸化工产业循环经济产业链条；研究产业发展与基础设施间的能量代谢过程，实现能源高效利用；通过化工产品的跨区域流动，构建与周边园区之间的虚拟共生网络。化工产业绿色循环体系如图 5-3 所示。主要开展以下 3 个方面的工作。

① 延伸循环经济产业链条，增加产品附加值。用乙烯氧氯化法替代传统的电石法聚氯乙烯工艺，实现氯碱石化一体化；用联碱工艺取代氨碱工艺，实现联碱石化一体化，降低能耗，减少二氧化硫和废渣排放。以石化产品和天然气为原料，发展工程塑

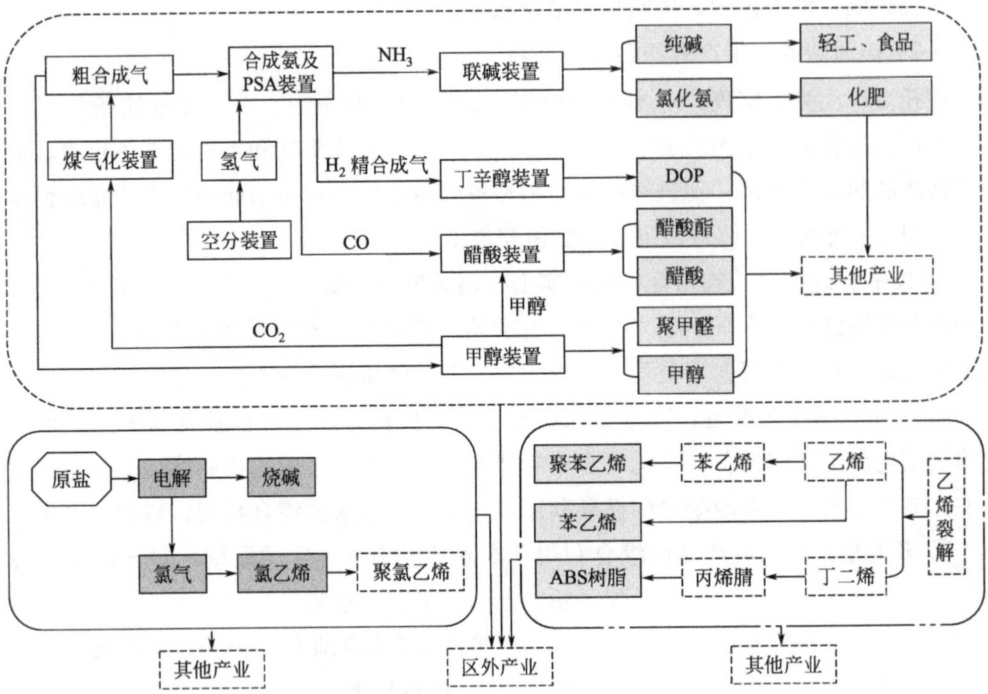

图 5-3　化工产业绿色循环体系示意

料、合成纤维、涂料、染料等产品链。发展一批高附加值、低能耗产品，淘汰高耗能、高污染的无机盐产品，提高节能减排的水平。

② 加强废弃物回收与能量综合利用。利用石化及关联产业回收的副产品和废弃物，通过建设硫磺回收项目，实现化工装置含硫尾气的综合治理，二氧化硫总回收率达到99.8%；通过二氧化碳回收提纯，建设干冰、二氧化碳驱等综合利用项目，实现二氧化碳减量排放。

③ 通过石油化工、海洋化工和精细化工之间化工原料与产品的依存关系，逐步形成跨区域产业规模化发展格局。通过信息平台建设，构建化工产业互动的虚拟共生网络。

（4）物流产业绿色循环体系

临港工业区 A 开挖港池和深水航道，水深 12.5m，5 万吨级沙航道已具备通航条件，建成 11 个码头泊位，2008 年实现吞吐量 500 万吨，为港口物流业的发展提供了坚实基础。该区物流业循环经济产业共生体的构建，以港口与工业一体化原则为指导，大力推进物联网建设，发展绿色物流，促进其与临港主导产业的对接，降低成本和资源消耗，实现高端化、规模化发展，物流产业绿色循环体系如图 5-4 所示。重点开展以下 4 个方面的工作。

① 提升整体产业竞争力，增强与工业区内产业耦合程度。通过技术和政策扶持，做大做强一批骨干企业，通过提升企业的服务增值能力、系统集成能力和集约化经营程度，达到提高企业经营效率、盈利水平和服务功能质量的目的，增强企业的核心竞争力。通过建设原料运输管线与渠道，实现区内企业原材料直接进厂，降低成本和能源消耗，促进区域整体发展。

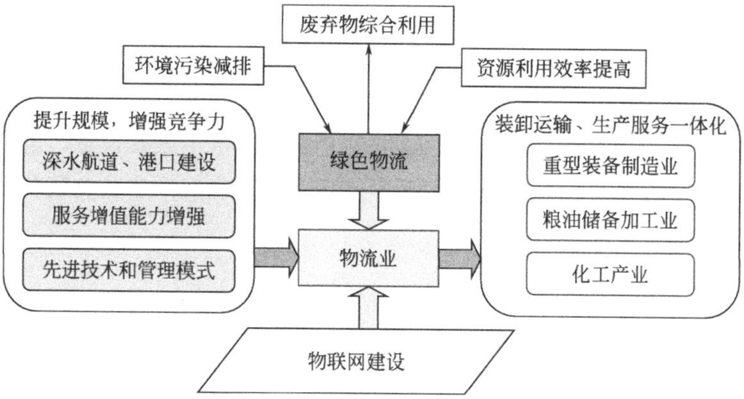

图 5-4 物流产业绿色循环体系示意

② 大力推进物联网建设。利用射频自动识别（Radio Frequency Identification，RFID）技术，把感应器嵌入电网、铁路、公路、建筑、供水系统、油气管道中，然后将物联网与现有的互联网整合起来，实现人类社会与物理系统的整合，通过计算机互联网实现产品（其中包括副产品和废弃物资源）的自动识别和信息的互联与共享。在此基础上，实现更加精细和动态的生产和生活管理方式，提高资源利用率和生产力水平。

③ 推进绿色物流。引导和约束物流经营者在物流过程中提高资源利用效率，减少资源消耗，抑制环境污染的产生。利用先进的物流技术和信息平台提高物流活动中包括运输、储存、包装、装卸、加工、配送等各个环节的运作水平。

④ 促进逆向物流即回收物流体系的发展和完善。引导和约束生产者、消费者的生产行为和消费行为，促使其积极配合第三方物流经营者将废弃物及时分类回收，以利于后续加工、复用和妥善处理，最大限度地实现资源的循环利用。

5.1.3 绿色循环空间利用

5.1.3.1 科学规划、合理布局

临港工业区 A 把循环经济发展理念纳入总体发展规划，坚持高起点规划、高标准设计的原则。在对全区产业发展、基础设施建设、生活配套区建设进行科学规划和生态化合理布局的基础上，组织招商，使园区的发展、建设和管理有法可依，切实做到“规划先行，合理布局，科学发展”。对进入园区的企业在土地、能源、水资源利用及废弃物排放等方面制定严格的准入门槛，精选项目，发挥产业聚集和共生效应，实现产业发展的生态化布局；科学规划建设园区水、电、能、路、治污、绿化等基础设施和企业孵化、技术研发等科技服务体系，实现资源的循环利用、能量的梯级利用和污染减排，最大程度地发挥经济效益与环境效益，推进工业区的循环型布局与发展，打造循环经济先导区。

临港工业区 A 规划绿色循环的空间布局，围绕园区港口战略资源和主导产业发展方向，结合产业发展规划，充分体现资源能源集成共享和产业间共生关系，以提高区域功能定位和资源有效配置为目标，发挥产业聚集效应。

（1）重型装备制造业循环经济布局

现阶段，重型装备制造业循环经济主要布局在成套设备区，成套设备区是临港工业区的核心区域，重点发展十大成套设备：石化设备、造修船设备、轨道交通设备、大型工程机械与运输设备、风电成套设备、核电成套设备、水电成套设备、超高压输变电设备、港口机械、国防设备。充分考虑重型装备制造业与区内产业的关联程度，体现产业间的共生关系，实现区域生态化布局。

（2）粮油储备加工业循环经济布局

充分考虑产业对港口资源的依存程度，粮油储备加工业循环经济主要布局在成套设备区临近港池区域。这样可以实现生产、贸易一体化，提高产品附加值，降低资源能源消耗，促进集约型生态化发展。

（3）化工产业循环经济布局

化工产业循环经济布局以现有化工企业为基础，以不影响工业区及周边敏感点为原则，注重产业发展与能源基础设施的耦合，实现生态化发展。

（4）物流产业循环经济布局

依托港口发展为区内企业提供运输、仓储、配送服务，结合产业用地和港池、岸线布局，布局物流业循环经济发展。

（5）公用工程岛生态工业基础设施布局

以IGCC项目为主体，建设临港工业区公用工程岛，布局生态工业基础设施。重点突出公用工程与区内产业，特别是与现存化工企业的代谢关系，实现能源的梯级利用、水资源的高效利用。

（6）循环经济科技创新平台布局

以工业区内大学、工业研究院、水运工程实验室和地质大学研究院所在科技园区域为基础，构建“政、产、学、研”相结合的循环经济科技创新平台，为循环经济关键技术的研发和区内产业的发展提供坚实的科技支撑。

（7）生活居住区循环型社会体系布局

以工业区居民区和蓝领公寓规划位置为依托，布局生活居住区循环经济社会体系，充分体现工业区生产单元与居住配套区的资源、能源利用的良性互动。

5.1.3.2 以围海造陆为特色，集约利用土地

坚持把土地使用面积和具体的项目相挂钩，依托港口战略资源，按照工业区主导产业发展特点，合理布局，促进产业规模集聚。通过项目建设拉动临港工业和其他相关配套产业的发展，根据项目的投资总量、单位面积投入强度、科技含量等指标有选择地引进资金、技术密集型的大项目，提高工业区土地生产力水平。

围绕“一硬三配套”的目标，即“土地载体坚硬、市政配套完善、生活配套便利和产业配套齐全”，全面推进港区联动发展、港口软硬件建设联动发展、对内开放和对外开放联动发展，优化布局和整合资源形成竞争优势，建设布局科学、功能完善、信息畅通、文明环保的现代化港口。突出航道码头对临港工业区发展的关键作用，加快建设第二深水航道进程，拓展宝贵海岸线。加强废物综合利用，将淤泥、建筑垃圾、工业废渣

变成再生资源，坚持把循环经济理念始终贯穿于围海造陆。严格土地管理，强化土地收购整理储备，合理利用地上地下空间，提高土地利用综合效益，探索围海造陆特色区域循环经济发展模式。

临港工业区 A 的土地开发以“围海造陆”为特点，依托所在区域滩涂滩面宽广、地势平缓的造地条件，因地制宜，不占用宝贵的陆地资源，有序开发集约利用沿海滩涂盐碱荒地。临港工业区 A 以“围海造陆”模式整合港口资源，将航道和港池淤泥直接用来吹填，铸就深水航道，拓展海岸线，增强港口竞争力。在围海造陆过程中充分贯彻循环经济理念，形成具有临港特色的新型循环经济发展模式，在避免淤泥对海洋造成污染的同时，为港口的可持续发展创造新的空间。

（1）加快科学围海造陆，有序开发集约利用沿海滩涂盐碱荒地

临港工业区 A 选址场地位于海河入海口的南侧滩涂区域，一期开发范围现状为滩涂，滩面宽广，地势平缓，围海造陆条件良好，经济成本相对较低。由于临港工业区 A 全部建造在海边滩涂区域，建设重点在于：在区域外围建设海堤，将海浪挡在海堤以外，然后在区域内进行造陆。根据滩涂地面标高的变化，在满足使用功能的前提下，因地制宜，在建设过程中需要采取多种不同、最经济合理的海堤结构形式，达到节约投资的目的。

在大规模围海造陆中，临港工业区 A 采用大型固化泥填充袋、充砂袋、栅栏板、半圆体、皂化渣拌合、深层抽真空及世界首例大圆筒等先进技术工艺，将建设大坝、围海造陆、开挖航道与防洪、清淤、海河口整治相结合，将航道淤泥、城市建筑垃圾、工业废渣等变成新资源，不仅大大降低了建设成本，而且收到了综合的经济效益、社会效益和环境效益。

（2）采用吹填造陆技术，充分利用航道淤泥

挖航道疏浚成本相对较高，而直接把从海里挖来的淤泥（包括挖航道、挖港池的淤泥）用来吹填，形成陆域，然后进行地基加固形成陆地，既节省费用，又实现环保，一举两得。临港工业区 A 在以后的围海造陆过程中，需因地制宜，除回填土区域外，采用吹填造陆技术，即从规划港池、航道位置，利用挖泥船取土，通过排泥管线输送到吹填区内，泥浆经自然沉淀、固结，形成吹填泥，然后再利用不同方式对吹填泥进行处理，形成具有一定承载力的土地，出让给进区企业使用。既可避免淤泥对海洋的污染，又可为港口的可持续发展创造新的空间，从而探索出一条适宜临港工业区 A 发展循环经济的有效途径。围海造陆工程示意见图 5-5。

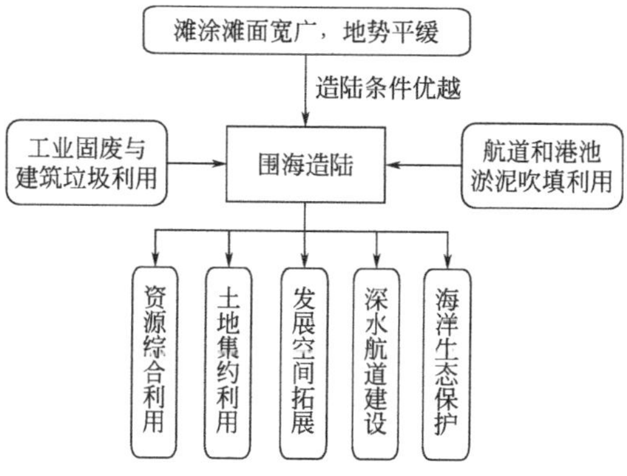

图 5-5 围海造陆工程示意

(3) 推进固体废物资源的综合利用

随着我国开发开放步伐的加快，每年都有大量建筑垃圾需要处理，将建筑垃圾和弃土用于填海造陆，是经济发展的需要，也是社会发展的需要，既为建筑垃圾处置找到新的出路，又解决了区域填海造陆面临的取料难问题。

临港工业区 A 在造陆过程中将工业废渣、城市建筑垃圾作为填充物进行综合利用，开拓固体废物资源化利用的有效途径。在外围大坝所围区域内，根据总体路网规划需要修建临时子隔埝，所用材料为建筑弃土，即拆除楼房、道路等所产生的砖渣、废混凝土块等。采用建筑砖渣作为子隔埝的填筑材料可以节约大量工程成本，同时开拓一条固体废物资源化利用的有效途径。

5.1.4 绿色循环政策支撑体系

搭建“政、产、学、研”相结合的循环经济科技创新平台，引导和集成高等院校、科研院所、骨干企业等各方面的科技力量，突破循环经济中的关键技术问题；积极开展循环经济信息系统和技术咨询服务体系建设，开展信息咨询、宣传培训，加强技术产品的推广及应用；积极培养和引进循环经济专业人才，突破人才缺乏造成的制约瓶颈，着力构建多元化循环经济支撑体系；以国家综合配套改革试验区建设为契机，创新循环经济管理工作机制、投融资机制，完善环境保护和安全方面的准入制度和管理制度，实行安全、环保一票否决制，优化发展循环经济的制度环境。

(1) 建立促进绿色循环发展的技术创新体系

加大对循环经济技术研发和推广的支持力度，提高临港工业区 A 技术支撑和创新能力。鼓励科研机构和企业重点开发具有典型意义的清洁生产技术、生态链接技术、可再生能源利用技术、工业固废综合利用技术、能源高效储存与利用技术、综合节水技术和海水淡化与综合利用技术，促进工业区产业共生体建设、资源节约和循环利用。积极鼓励企业与高等院校、工程设计院、环境保护科研院所等科研单位开展多种形式的“政、产、学、研”结合，解决循环经济发展中的具体技术问题，促进园区的持续、健康、稳定发展。园区科技创新体系详见图 5-6。

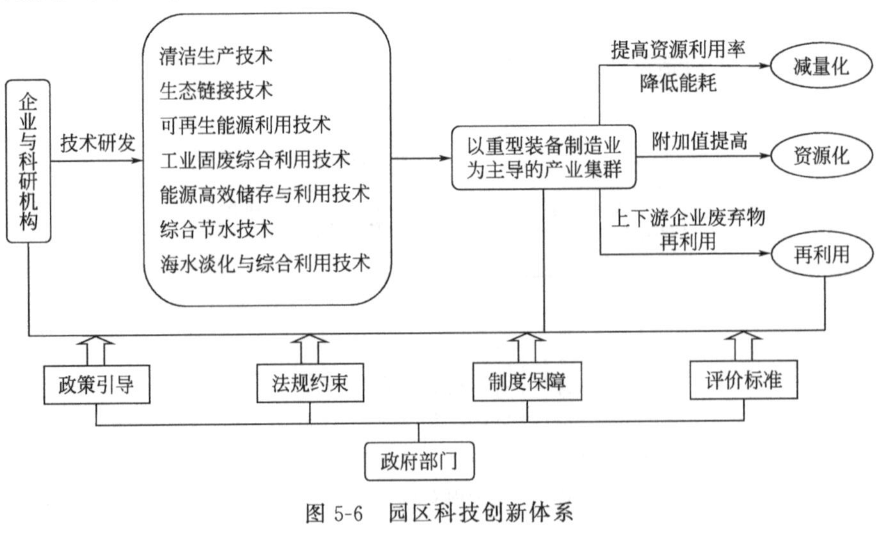

图 5-6 园区科技创新体系

（2）建立促进循环经济发展的技术集成共享体系

积极开展技术开发推广、信息咨询、人才培养、宣传培训、合作与交流、科技成果转化等服务。建立专业化、互动式信息平台，实现循环经济信息集成与共享，整合利用绿色循环发展的关键技术。

积极支持建立循环经济信息系统和技术咨询服务体系，及时向工业区企业发布有关循环经济技术、管理和政策方面的信息。充分利用现有的环境科研、服务机构和社会团体力量，开展循环经济信息咨询、技术推广、宣传培训等工作。

1）超临界热电联产技术

临港工业区A的1×250MW整体煤气化联合循环发电机组是国内首个IGCC示范电站，采用国内第一套具有自主知识产权的气化炉，已列入国家“863计划”。与常规火电机组相比，IGCC具有以下几个特点。一是多联产。煤气化形成的一氧化碳和氢气，可为工业区甲醇、合成氨等化工企业提供合成气原料，实现IGCC与化工企业的联产联供。二是高效率。通过联合循环，IGCC净效率可达到50%或更高，而单位发电量煤耗只是常规火电机组的70%。三是低耗能。IGCC电站单位发电量煤耗约为250g/(kW·h)，比国内平均水平379g/(kW·h)低34%，比超超临界发电厂低15%左右；单位发电用水量约为同等容量常规火电机组的1/3～1/2，发电机组直接采用海水冷却，升温海水用于海水淡化。四是低污染。煤气经净化，二氧化硫回收利用率达到99.8%以上，排放量只有常规火电机组的十分之一。副产的硫磺可生产硫酸，烟气经处理可生产二氧化碳替代油井注水，发电产生的粉煤灰可生产建筑材料，实现全部综合利用。

2）污水处理与综合利用技术

开发污水处理与综合利用技术，计划建设包括3万吨/日污水处理厂、1.5万吨/日再生水厂。临港工业区A内企业产生的污水，直接排放给区内污水处理厂，实现“点对点”式服务。工业废水经污水厂及再生水厂处理后，一次再生水作为工业冷却循环补充水，二次再生水作为锅炉补充水，15%的尾水进入人工生态湿地降解，循环利用。产生的部分污泥返回IGCC造气炉，经1720℃高温将有害物质充分氧化，实现无害化排放。该技术可实现年节水1650万吨，年污水减排1650万吨，年COD减排16500吨。

3）造陆吹填工艺技术

① 栅栏板护面加固化泥袋工艺。采用抛中粗砂垫层，打设塑料排水板加固地基，中粗砂垫层顶铺上一层机织土工布作倒滤层为基础，充灌砂袋作堤心、编织袋装碎石理坡，内侧护面采用模袋混凝土，外侧护面采用栅栏板，护岸底部两侧均采用块石护底，外侧采用抛石棱体护脚。

② 模袋混凝土加充砂袋筑堤工艺。采用滩涂表面抛中粗砂垫层，中粗砂垫层顶铺上一层机织土工布，充灌砂袋（或固化泥）作堤心、编织袋装碎石理坡，护面采用模袋混凝土，护岸底部两侧均采用块石护底，外侧采用抛石棱体护脚。选用砂袋堤心，有效地解决了本地区石料短缺的问题，既降低了造价，同时也能加快施工进度。

③ 大型充砂袋筑堤工艺。在外围海堤的选型上，根据不同水深等自然条件，选择了多种结构形式，既起到了安全防护作用，又降低了工程成本。在水深超过－2.0m的二期围海工程中，采用了大型袋装砂结构。围埝基础为铺设通长砂被，打设塑料排水

板，围埝堤身为大型充砂袋，外侧块石压脚，坡面铺设块石垫层，栅栏板护面，内侧吹填泥，顶面标高为+6.0m，既节约了工程造价，还能与道路路基有效结合，实施效果良好。

4）低位真空预压技术

在造陆地基处理上，临港工业区A主要运用低位抽真空、深层真空预压等专利技术进行固化处理。这种工艺具有施工简便、耗能少、低位真空度高、固结效果好且周期短等特点。

低位真空预压技术由疏浚吹填、铺设土工布与竹笆、人工插塑料排水板、铺设水平管网、吹填泥封层、真空预压等一系列程序组成。首先构筑临时围堰，同时铺设竹笆（荆笆）及土工布，打设塑料排水板，铺设水平真空管网及安装真空设备，然后覆膜，再施加真空荷载达到加固软基的目的。通过真空预压，以淤泥作为材料的泥封层代替传统的闭气膜，造成深层快速沉降、表层快速形成“硬壳层”，达到加固地基软土的目的，大大提高了造陆的速度。

5）人工湿地技术

人工湿地技术属于一种生态治理污水的方法，根据生态系统物种共生、物质循环再生原理，结构与功能协调原则，在促进废水中污染物良性循环的前提下，充分发挥资源的再生潜力，防止环境的再污染，获得污水处理与资源的最佳效益。在去除污染物的同时，湿地植物还起着维持湿地过滤条件、防止淤塞的作用，使系统可以实现连续供水。其主要污染物的去处原理为：BOD_5的去除包括过滤、吸附和生物氧化作用；SS的去除通过预处理和土壤（或填料层）的过滤作用来实现；P的去除通过植物的吸收、微生物的积累及湿地床的物理化学作用等几个方面共同作用完成；N的去除主要包括植物吸收、生物脱氮以及挥发。

6）二氧化碳回收综合利用技术

利用IGCC电厂、合成氨以及大型炼化一体化装置排出大量的二氧化碳尾气，通过对二氧化碳的回收，减少二氧化碳排放。采用二氧化碳驱替代传统水驱方法，注入油田可提高原油采收率达12%，注入气田可增加气体采收率10%，而且节约大量水资源，降低含油废水的产生。据测算，100万吨/年的采油规模可减少补充水量210万吨/年，减少含油废水产生量100万吨/年，减少COD排放量2000吨/年。同时，利用回收的二氧化碳，可生产降解塑料、碳酸盐化合物等。采用二氧化碳保鲜技术和二氧化碳气体保护焊，可节电50%以上。

7）海水淡化技术

海水开发应用包括海水取水和净化、海水淡化、浓海水工业制盐和化学元素提取等海水淡化相关技术。该技术将上游热电联产项目用海水直接冷却，充分利用热电及化工装置余热资源，使冷却海水温度提高8℃以上，直接进入海水淡化装置，通过反渗透工艺生产淡化水。浓海水经高效机械蒸发和结晶装置，可生产高品质精制盐，蒸发母液提取钾、溴、镁等化学品。此过程可同时产生软化水，直接用于锅炉补充水，实现海水梯级使用。蒸发母液还可直接输送给工业区企业，用于制取氯气、烧碱和氢气，有效降低企业的生产成本。

（3）制定和完善促进循环经济发展的保障体系

1）建立健全有利于循环经济发展的机制体制

成立发展循环经济领导小组，具体负责发展循环经济的相关工作，有效地加强对工业区循环经济发展的宏观指导。对发展循环经济的各项重点工作进行分工，逐层推进、逐级落实到有关部门，同时明确半年分析、年终检查、结果公布等工作制度，确保循环经济工作扎实推进。

2）完善循环经济发展的制度与相关标准

根据国家相关标准，立足临港工业区 A 实际情况，在技术经济条件允许范围内，组织制定一批经济区层面的技术标准和技术规范，逐渐完善区内企业发展循环经济的管理办法和实施条例。考虑制定《临港工业区 A 计划用水管理办法》《临港工业区 A 清洁生产审核办法》《临港工业区 A 产业效能指南》等，形成有利于临港工业区 A 循环经济发展的良好平台。

3）建立发展循环经济的专项资金和投融资政策体系

建立发展循环经济专项资金，鼓励和扶持循环经济技术研发、关键技术攻关、产品开发、清洁生产、各类示范工程、重点领域或行业的重点项目。通过技术创新、技术改造，突破技术瓶颈，逐步建立与循环经济发展相适应的技术创新机制和技术支撑体系。

探索设立循环经济发展基金，充分发挥市场机制和经济杠杆的作用，利用其开放融资、共担风险的优势，面向社会筹集资金，要充分发挥发展基金对支持和促进循环经济发展的重要作用，形成有利于激励循环经济发展的资金、财政、投融资等政策体系。

4）构建科学量化的考核管理体系

制定循环经济和节能减排目标责任考核制度。注重循环经济指标完成情况，发挥目标评价的导向作用，规范“建设、管理、考核、验收”一条龙标准体系，推进区内现有企业的摸底调查工作，综合考虑未来新上企业的发展情况。每年对区内企业进行综合评估打分，形成“全面量化、科学评估”的考核管理体系，构建循环经济动态管理机制。

5）搭建循环经济科技创新与产业化平台

依托南开大学国家循环经济创新基地等高校和科研院所技术人才优势，建立产学研一体化发展的循环经济促进平台，为开展节能减排和发展循环经济提供技术资源和人力资源。逐步建立与循环经济发展相适应的技术创新机制和技术支撑体系，增强科技推动循环经济发展的动力作用。

6）推进循环经济信息服务平台建设

建设循环经济信息服务平台，实现各部门、各企业之间高效的信息互通，提高政府和企业循环经济信息的透明度。及时发布经济区重点工作和重点项目的运行情况，建立相关资料库和共享目录。建立能源消耗、企业污染物排放信息共享和监测平台，鼓励企事业单位自觉公开其能源、环境管理信息。建设评估信息系统，对重点企业的能耗状况进行监督和评估。

7）开展节能减排与循环经济宣传培训

普及节约资源能源、保护环境等知识、政策和法律法规，提高整个经济区节能环保意识。推广能效标识，提高社会认知度，构建绿色消费理念。对重点用能单位开展节能减排相关标准、计量、统计、能源审计等工作的培训。

5.1.5 绿色循环能源利用体系

（1）工业余热利用

临港工业区A开发水源热泵集中供热系统。将企业的工业冷却循环水中的低位热能通过水源热泵机组转移到集中供热系统中，提供满足系统温度要求的供热热水，实现对临港工业区A内一期约410万平方米建筑的集中供热。与直接燃煤供热相比，水源热泵集中供热系统提高一次能源利用率约80%，相当于每年节约标准煤33236t，减少二氧化碳排放65143t，减少排放SO_2 124t、NO_x 252t、粉尘49t、固体废物2758t。此外，建设水源热泵集中供热系统，替代传统燃煤锅炉房，有效减少了城市用地，减轻了城区季节运输压力，改善城区景观，减少了由厂区内冷却塔散热产生的大量水蒸气造成的污染，具有明显的经济效益和环境效益，是未来临港工业区A内建筑供热的主要热源之一。

开发利用分布式能源系统和微网技术。通过整合分布式发电单元与配电网之间的关系，方便实现热电（冷）联供方案，优化和提高能源利用效率，减轻能源动力系统对环境的影响；推动分布式电源入网，降低大电网的负担，改善电网的安全可靠性；开发分布式能源系统，减少对化石能源的利用，提高风能、太阳能、天然气等清洁能源的利用比例，调整能源结构，降低碳排放。

改变传统的热、电、汽等能源单独供给的模式，发挥大型化、集约化、规模化的优势，对工业区配套公用工程实施统一规划、集中建设、统一管理、集中供应。形成“供水、供电、供热、供汽”一体化的公用工程岛，以高效率、低成本向企业提供可靠的工业用水、蒸汽供应、工业气体、工业用电等服务，实现集约化管理、能源体系集成共享。

（2）污水源热泵系统开发

利用污水处理厂二沉池出水作为系统冷热源，通过1份电能的输入，利用热泵技术开发利用污水中的低品位能量，使其产生可利用的4～5份高品位能量，满足夏季供冷、冬季供暖及日常生活热水需求。在夏季制冷过程中，不同于常规空调通过冷却塔将废热排放到大气中，而是将废热排到污水中，可避免“热岛效应”，不产生任何废渣、废水、废气、烟尘、噪声及霉菌，环境效益显著。冬季供热省去了燃煤、燃气、燃油等锅炉房系统，既可减少燃煤，又可减少CO_2、SO_2、烟尘等有毒、有害物质的排放。整个过程污水一直处在密闭的管路及设备中，只提取污水中的热量，不消耗污水。

（3）地热能利用

在地热能开发和利用过程中，以100%回灌和避免地面沉降、造成地下水污染为根本前提，将地热资源应用于企业生产，特别是烘干工艺、加热汽化、蒸馏、洗涤、盐分析取、化学萃取等方面，鼓励地热资源梯级利用技术的研发与转化，逐步提高可再生能源利用总量。

（4）太阳能利用

在道路、屋顶等公共设施及公益性照明中推广使用太阳能光伏电源。鼓励建设与建筑物一体化的屋顶太阳能并网光伏发电设施，推广普及太阳能集中供热水工程，建设太阳能采暖示范工程，逐步实现利用太阳能解决部分用电、用热和区内路灯照明问题。

（5）风能利用

围绕临港地区靠海、风力资源丰富的特点，紧密结合防波堤建设和工业区景观要求，布置风力发电系统。建设风能利用示范工程，减小园区用电压力，逐步实现低碳化发展。

5.1.6 绿色循环水资源利用体系

实施多元化路径，实现工业区水资源一体化利用。采用先进生产工艺与设备，提高水资源利用率，提高企业内部工业用水重复利用率，减少污水外排；建立企业与污水处理厂间“点对点”式服务模式，实现污水处理率达到100%；鼓励海水淡化产业发展，加强再生水浓水和污水处理厂尾水的再利用，实现分质供水、多元供水。

（1）建立集中处理、分质供水模式，加强水资源再生利用

将临港工业区A生活污水和工业污水通过各自管网输送到区内统一的污水处理厂进行集中处理。建设自来水和再生水两套供水设备和管网系统，原有市政供水管网负责提供高质量的生产生活用水；以区内再生水厂为再生水源铺设再生水管网，作为经济区的第二水源，提供低质用水。

（2）增强污水资源化能力，提高再生水回用水平

加快污水再生回用设施建设，扩大再生水利用比例。污水处理厂的运行，要考虑污水、再生水回用设施的建设，提高再生水的处理能力，扩大回用量。不断改进现有的污水处理工艺，建设污水深度处理、回用工程，提高污水深度处理能力，使处理后水质达到回用水质要求。

新建大型公共建筑、企业、住宅小区等项目，考虑配套建设再生水回用设施，并将其纳入建筑主体工程和建设项目立项审批内容，做到同时设计、同时施工、同时交付使用。

逐步扩大再生水回用范围。通过深度处理提高水质，从目前少量用于工业逐步扩大到市政杂用水（包括环卫、消防、建筑施工降尘、洗车及空调冷却设备补充用水）、绿化用水、河湖生态景观用水和居民生活中的清洁、冲厕等。同时，大量增加工业，特别是电力行业的再生水的回用量和新建大型公共建筑再生水使用量。

实施工业区再生水回用示范项目建设。在既有和新建的企业、工程项目、大型公共建筑和住宅小区中，每年选定2～3个项目作为再生水回用示范点，开展再生水利用的示范项目建设。

制定和完善污水处理、回用与管理的管理政策，以及与之配套的鼓励再生水处理技术研发的政策措施，使再生水回用逐步走上规范化轨道。

（3）加强工业节水管理，推广节水工艺

开展节水审计，提高企业用水效率。坚持节水型产业发展政策，加强用水管理，制定工业耗水标准。通过技术改造、清洁生产等措施节约用水，提高企业内部污水

处理和回用水平，不断提高生产工艺用水的净化回用率，工业用水重复利用率达到75%以上。

制定高用水行业用水定额，强化对用水和节水的管理。建立项目节水评估制度，完善配套政策和措施；制定高用水行业用水定额，依法节水，对超出定额的用水，实行1～10倍不等的累进加价；到2012年实现单位工业增加值取水量小于等于44立方米/万元的目标。

创建节水型示范企业。建立5～10家节水型示范企业，建立促进工业区企业建设节水型示范企业的鼓励机制，为推动节约用水工作做出贡献的先进集体和个人给予年度奖励。

（4）加强海水等非常规水源的利用

开展海水的直接利用，推广海水直流冷却和循环冷却技术，加强海水循环冷却的技术研发，鼓励有条件的企业充分利用海水资源。选取3～4家单位作为海水利用试点，逐步开展以海水替代淡水作为冲厕用水、工业循环冷却水的应用。

加快推进海水淡化的综合利用。建设海水淡化工程，在临港工业区A内建设一座规模为20万立方米/日的海水淡化水厂（近期规模为10万立方米/日）。

实现专水专用，提高淡化海水使用率。制定淡化海水的使用单位（企业）和使用量预先登记制度，使淡化后的海水最大限度地得到使用，避免淡化后的海水未得到充分利用所造成的浪费。

开展建设国家级海水利用产业化基地的可行性研究。结合国家《海水利用专项规划》，开展临港工业区A海水利用产业化基地建设的经济技术可行性研究。

（5）加快推进景观河道及人工湿地生态建设

在湿地种植具有水质净化功能的耐盐碱植物；继续推进景观河道与雨水管道的连通建设，加强雨水和污水、再生水厂出水的生态补水设施建设；推广雨水泵站的利用，防止水质恶化，保持景观河道良好的水生态环境，实现景观水系循环流动，发挥河岸生态系统的生态修复功能。

综上所述，临港工业区A从主导产业绿色循环体系、绿色循环资源能源利用体系、绿色循环空间利用、绿色循环政策支撑等角度，综合产业发展、基础设施建设、资源能源利用、信息技术共享等手段，推进园区绿色循环发展。园区整体绿色循环体系如书后彩图3所示。

5.2 临港工业区B

5.2.1 园区概况

临港工业区B紧邻港口，规划面积200km^2，以重化工产业为主导发展方向，定位为世界级石化产业基地和港口综合功能区，着力打造世界级石化产业基地和中国北方石化产品枢纽港，是国家新型工业化石化产业示范基地、国家能源储备基地和省级循环经济示范试点单位。

5.2.2 绿色循环产业体系

临港工业区B通过共生网络的构建，达到重化工行业集群式、持续性的发展。依托港口物流的优势和工业区内部热电、水资源等基础设施，突破产业内部限制，对能源、石化、冶金、制盐、盐化工以及水产养殖等产业优化重组，在区域间形成开放式的绿色循环产业体系，如图5-7所示。

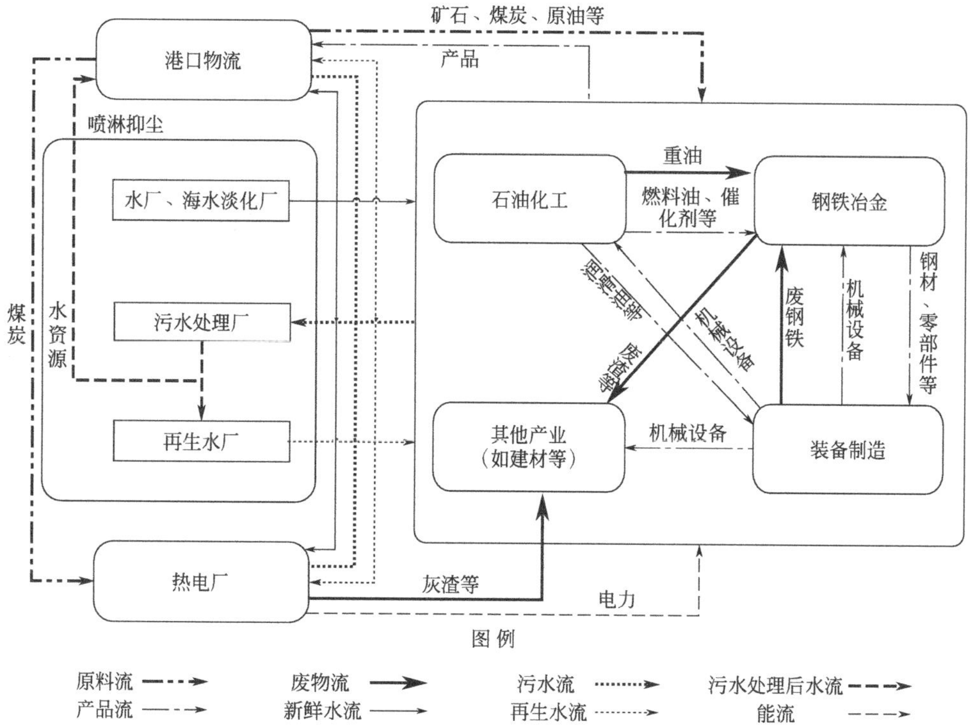

图5-7 临港工业区B区域间开放式绿色循环产业体系示意

在临港工业区B集群共生产业体系中，石油化工、钢铁冶金、装备制造和港口物流四大主导产业以及综合弹性产业、热电厂、水资源供给处理系统之间物流、能流、水流环环相扣，循环流动。

原料流：港口仓储物流产业可以为其他三大产业输送原料，如为石化产业提供原油，为钢铁冶金产业提供煤炭、矿石，为热电厂提供煤炭，同时将各产业的产品运输出去。另外，尾矿石可以为各企业厂房以及办公楼的建设提供绿色环保节能砖，提高区域绿色建筑覆盖率。

产品流：三大产业之间的产品可以互相利用，如石化产业可以为装备制造业提供润滑油，为钢铁冶金产业提供催化剂、燃料油，为港口物流业提供柴油、汽油等；钢铁精深加工行业可以为装备制造业提供钢材、零部件等；装备制造业可以为石油化工和冶金行业提供机械设备等。

废物流：石化行业中产生的重油可以提供给冶金行业的高炉、加热炉等作燃料；装备制造业和钢铁精深加工行业中的废钢铁可以作为原料回到冶炼企业生产新的钢材；冶金行业高炉炼铁工艺中产生的炉渣、热电厂产生的灰渣可以作为建筑、筑路的原料提供给综合产业中的建材企业。

能流：通过热电联产技术，发电企业向区域内提供电能，同时热电厂向园区内其余各产业提供热能。

水流：能源行业通过海水淡化技术将海水提取出来后，向电厂及周边地区提供淡水资源，向制盐厂提供浓盐水，并延伸至盐化工行业。工业区利用的水资源涵盖新鲜水流、污水流和再生水流，通过水资源配置优化，自来水、海水淡化水等优质水源供给各产业高质用水的需求，产业污水集中收集进入污水处理厂进行处理，污水处理厂出水进入再生水厂进一步处理，达到回用标准后供给各产业的低质用水需求。

临港工业区 B 重化产业集群共生网络极大地发挥了经济集聚效应，产业之间采取就近原则为彼此提供原材料，不仅降低企业交通运输成本，而且大大减少交通运输造成的资源能源消耗；利用产业、企业之间“生产者—消费者—分解者”的联系构建的循环经济产业链，大大减少了废物的产生和资源能源的消耗，在区域范围内做到减量化、再利用、资源化。

5.2.3 水资源绿色循环体系

临港工业区 B 构建区域水资源绿色循环体系，提高水资源利用效率，降低淡水资源消耗，减少污水及污染物排放，破解了水资源短缺限制地区行业发展的难题，在实现经济发展的同时，同步实现整个区域污染物的协同减排，达到区域共赢。

在临港工业区 B 水资源绿色循环体系中，新鲜水由自来水厂和海水淡化厂提供，优质水源优先保障区内饮用、洗浴的需要和对水质要求高的工业用水，同时海水淡化厂产生的浓盐水可研究用于制盐。生活污水、初期雨水以及各工业企业自行处理达标后排放的污水进入区域污水处理厂进行集中处理，优化利用后，污水处理厂出水除少量由污泥带走损失外（约 5%），大部分可进入再生水厂深度处理后回用。

再生水厂对污水处理厂出水进行逐步处理并分高、中、低质水分级供给。经絮凝、沉淀、消毒等初步处理的低质再生水可用于建筑杂用、工业冲渣、绿化等，经纤维膜过滤等进一步处理的中质再生水可用于工业冷却、道路冲洗、市政用水等，高质再生水可用于锅炉补水、制纯水等产业用水，再生水尾水返回污水处理厂进行处理。海水可直接用作热电厂和石化冶金企业循环冷却水的补充水源。雨水径流和污水处理厂剩余出水进入人工湿地处理系统自然净化。产业用水中的循环冷却水冬季以利用再生水为主，当夏季道路冲洗和绿化所需再生水量增加，区域再生水量不足时则通过加大海水替代利用量来补充。再生回用后盐度较高的浓盐水返回污水处理厂，经处理达到《污水综合排放标准》相应要求后按优化排海方案排放。临港工业区 B 内水资源绿色循环利用体系如图 5-8 所示。

由于临港工业区 B 需水量较大，可在再生水不足情况下开发海水直接利用技术，以海水替代规划热电厂和石化冶金等产业的大量循环冷却水补充水源，并与周边渔业养殖相结合，在石化、冶金、能源企业和渔业养殖间形成进一步优化的区域水资源绿色循环网。区域水资源绿色循环利用体系如图 5-9 所示。

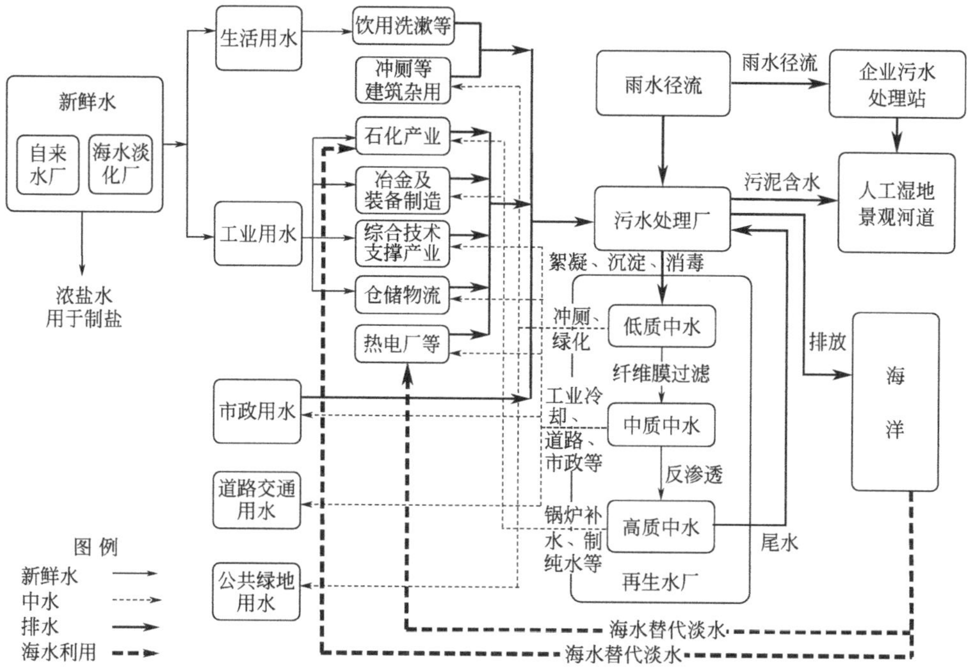

图 5-8 临港工业区 B 内水资源绿色循环利用体系示意

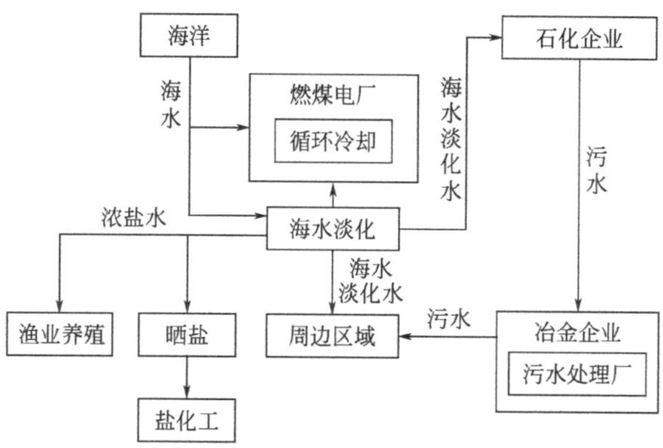

图 5-9 区域水资源绿色循环利用体系示意

参考文献

[1] 王金水，包景岭，常文韬，等. 临港重化工业区循环经济共生网络的构建 [J]. 河北大学学报 (哲学社会科学版)，2010，35 (3)：119-122.

[2] 王磊，李慧明. 天津临港工业区循环经济发展思路 [J]. 再生资源与循环经济，2009，2 (12)：11-14.

[3] 胡军，朱坦，尹琪. 发展循环经济建设生态临港——天津临港工业区循环经济发展现状与对策 [J]. 环境保护，2010 (5)：60-62.

[4] 常文韬，包景岭，赵翌晨，等. 沿海地区重化工业园区水系统优化研究 [J]. 河北师范大学学报 (自然科学版)，2013，37 (4)：392-396.

第6章 建设期产业园区典型案例分析

6.1 临空产业区K

6.1.1 园区概况

临空产业区K是国务院批准设立的我国第一批国家级保税区，经过多年建设，已形成海空两港联动发展的独有空间格局，综合实力不断增强。园区管委会始终注重绿色发展和环境保护工作，通过生态工业园区创建、园区循环化改造试点、生态文明城区建设与管理规划等工作，不断推进园区绿色循环低碳发展。

6.1.2 绿色循环政策体系

（1）入区评估严把产业准入政策

临空产业区K以政策促调整，从入区控制和企业升级两条线出发，打造清洁高效的绿色产业体系。园区产业发展以高端化、高收益为主要思路，以低碳环保为重点考量因素，严把入区评审关，避免高能耗高水耗产业入区的同时，对现有重点企业严格监管，逐步淘汰落后产能，支持企业转型升级。

建立入区项目预评估制度。临空产业区K参考国家、地方关于产业能耗的各项标准，研究制定《临空产业区K工业产业节能环保准入指导意见》，参照国家最新《产业结构调整指导目录》，参考国家、地方节能减排目标及循环经济、低碳经济发展相关政策，将入区企业按照优先发展类、禁止发展类、其他类进行评估，以打分量化的形式严格执行产业准入制度。积极支持国家产业政策鼓励类项目；国家产业政策允许类项目应符合准入条件和集中布局的要求；禁止产能过剩项目和产业政策限制类项目、生产工艺技术装备落后和清洁生产水平低的项目、国家明令淘汰生产工艺产品的项目，从源头控制高耗能、高耗水、高排放企业入区。

为加快产业链招商，优化产业结构，不断完善区域产业政策，推动主导产业更快更好发展，园区积极出台《促进产业发展管理办法》《促进高新技术产业发展的规定》《高端产业发展引导基金管理办法》《高端制造业发展专项资金管理办法》《现代服务业发展专项资金管理办法》《风险补偿专项资金管理办法》等产业发展政策，促进高端制造业、现代服务业等高端产业落户区内发展。园区执行地方产业政策的同时，积极促进高新技术企业发展，鼓励企业申报技术创新示范企业和企业技术中心，支持企业向战略性新兴产业转型，通过融资租赁加快装备改造升级。

（2）资金奖励发挥经济调节作用

临空产业区K制定了《节能降耗、建筑节能与清洁能源利用专项资金管理暂行办法》，为水资源优化节约、节电与二氧化硫减排等节能减排项目提供有力支持。管委会还制定《生态文明建设专项资金管理办法》，设立每年5000万元的生态文明建设专项资金，用于促进污染防治和减排、改善环境质量、环保设施运行管理、资源优化与节约利用等方面。

利用经济杠杆调节作用，积极落实国家发展改革委、住建部《关于加快建立完善城镇居民用水阶梯价格制度的指导意见》，市发展改革委《关于我市居民用水实行阶梯水价的通知》和区发展改革委《关于转发区发展改革委关于我区居民用水实行阶梯水价的通知》的规定，执行阶梯水价，推进“一户一表”改造，实施计量到户，大大提高企业节约用水积极性。

（3）加大宣传和信息公开力度

开展形式多样的宣传工作，以多种手段促进社会各界参与环保的积极性，共同推进园区绿色、循环、低碳发展。以新《环境保护法》实施后第一个环境日为契机，从2014年开始每年开展“六五环境日”活动，组织园区相关部门联合相关企业单位开展以培训、座谈会为主要形式的一系列宣传活动，着力号召践行绿色低碳生活、建设美丽园区。

公开环境信息，促进公众参与。园区加大环境信息公开力度，从2015年开始逐月发布环境保护和城市管理信息，向社会公开本区环境质量、污染源监测执法等环境保护相关信息，提高公众对本区环境的认知程度。在公开环境质量信息的同时，园区以信息公开为抓手，推动企业积极履行社会责任，从2015年起在全区开展企业环境信息公开工作，要求区内重点监控企业、重点行业企业、涉毒涉危企业等主动如实向社会公开环境信息，以保障公众和企业等利益相关方的环境知情权及公众参与、监督环境保护等权利。

6.1.3 绿色循环基础设施建设

（1）改善区域水环境质量

为改善园区整体环境，提高区域水系连通性和生态自净能力，改善水体景观效果，临空产业区K在“十二五”期间开展了河湖系统构建工程，包括北部雨水泵站调蓄、东湖与东三道管道连接工程等，截至2016年项目已全部完工。园区环境监测站沿景观河道、景观湖布置了11个点位，监测频次为1次/月，监测指标含溶解氧、高锰酸盐指数、氨氮等10余项，监测结果显示临空产业区K景观河道水质已基本达到Ⅴ类水标准，河湖系统构建工程对景观河道的水质改善效果显著。

通过河湖系统构建工程建设，园区景观水体环境实现较大提升（见图6-1）。目前景观河道北部建成2.65万平方米的人工湿地，连通水系的同时净化河道水质，景观环境显著提升，水生态环境持续改善。

（2）建设生态绿地系统

临空产业区K以绿色宜居、低碳环保为理念，坚持“大绿、生态、简约、秩序”风格，打造绿色生态园区，市容环境和绿化景观环境不断提升，已逐步形成了大绿为主、色彩丰富、层次分明、清新大气的绿化景观，构建起了“一轴一环两湖多点”的绿化生态体系，打造出环区河道、生态湿地、景观东西湖等水系统贯穿全区，以道路绿化为骨架，社区公园交相辉映的绿化景观。同时在多处河道周边增添了亲水平台、木栈道等设施，方便了周边居民、职工休闲，促进园区水体生态功能加强。

2016年，在提高新建绿化面积的同时，开展高速路沿线生态廊道建设工作，占地面积约300万平方米，进一步改善区域生态环境。全区绿化覆盖率达到30%，园区绿化改造效果显著（见图6-2）。

(a) 工程实施前河道实景

(b) 工程实施后河道实景

(c) 工程实施前景观湖实景

(d) 工程实施后景观湖实景

图 6-1　河湖系统构建工程实施前后对比

(a) 区内绿化改造前实景

(b) 区内绿化改造后实景(一)

(c) 区内绿化改造后实景(二)

(d) 区内绿化改造后实景(三)

图 6-2　临空产业区 K 景观绿化改造前后对比

（3）做好雨污水分流改造

污染治理抓两头、顾中间，在约束企业和污水处理厂达标排放的同时，瞄准易受忽视的雨污水管网和泵站维护，开展管网排查，细致做好雨污水分流工作。园区从 2013

年开始，逐家企业进行源头排查，对管道错接问题及时进行整改，完成区内企业内部雨污管网分流改造及与雨污管网干管接引；建立河道、泵站和管网常态管理机制，加强对市政雨水管网的检查维修，保障园区雨污管网有效运行，污水集中处理率达100%。

针对雨污水泵能力不足，无法满足汛期排涝需求的情况，分别在起步区、扩展区实施雨污水泵站改造工程，更换原有老雨水泵及配套阀门，新建高压配电室和隔油池，同时对污水处理厂出水管道进行改造。更新后的设备可进行中央监视和控制，集数字化、分布式数据采集，分层数据传输，多种显示方式等功能于一身，使得泵站系统的输水生产过程更加简捷、方便、灵活、可靠，在减少泵站耗电的同时充分发挥管网系统的运载能力，有效解决汛期道路积水严重的问题。

（4）建设绿植垃圾回用设施

2015年，为推动循环利用，实现绿植垃圾的无害化处理，园区管委会启动绿植废物回收利用处理站建设。绿植垃圾因密度轻、占地面积大，以往的处理方式以就地处理和焚烧为主，带来环境污染。处理站采用先进的生物腐熟处理工艺，对园区绿植垃圾进行无害化处理，处理后的产品具有草炭土功能，既可以解决绿植垃圾占地问题，又避免了焚烧对大气环境的污染。园区探索绿植垃圾无害化处理新技术，以生物深化处理为技术基础，利用蚯蚓粪便种养殖废弃物垃圾，加工后的有机肥覆盖物产品不仅可以提高观赏效果，还为园林绿化和裸露地治理提供解决方案（见图6-3）。

图6-3 有机肥覆盖后的园林绿化效果

6.1.4 绿色循环能源体系

（1）充分利用可再生能源

临空产业区K充分发挥太阳能、地热能和非常规水源热能应用经验丰富的优势，通过技术普及、资金补助等方式，推广光伏发电技术，扩展地源热泵、地热井等地热资源利用方式以及污水源热泵等非常规水源热能利用方式，提高能源利用效率，扩大使用规模，构建以太阳能、地热能和非常规水源热能利用为特色的低碳型能源利用体系。2016年，园区地热供热（冷）面积达到422万平方米。园区可再生能源利用框架如图6-4所示。

园区通过技术普及、资金补助等方式，扩展地源热泵、地热井等地热资源利用方

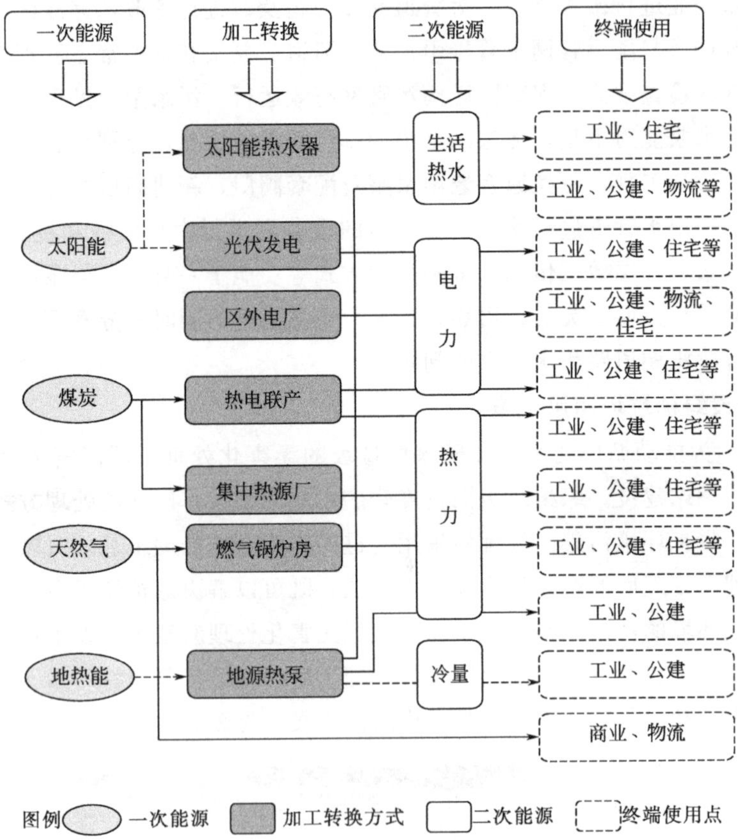

图 6-4　园区可再生能源利用框架示意

式。建成地热利用项目 65 个，地热总供冷供热面积达到 422 万平方米，形成独具特色的地热资源有效利用模式。与此同时，推动光伏发电项目建设，配合分布式太阳能光伏项目建设，推动储能系统和分布式电源接入的智能微电网系统建设。

园区还开展蒸汽余压余热利用。建设背压式汽轮发电机组及辅助设备，利用锅炉出口蒸汽压力与热用户所需蒸汽压力之间的压力差发电，所生产电力部分供热电公司使用，部分上网外供，可达到充分利用能源，降低生产成本，提高企业经济效益的目的。项目建成后，热电厂的平均热效率提高到 80%，节能效果显著。

（2）开展建筑节能推广

园区广泛开展建筑节能、绿色建筑推广，严格执行《建筑节约能源条例》等节能政策，各项建筑工程严格依照《公共建筑节能设计标准》和《居住建筑节能设计标准》的要求进行设计。不仅要求新增建筑的建筑节能率符合国家或地方的有关建筑节能的政策和标准，而且在此基础上提出更高要求：自 2013 年 4 月开始，区内新建居住建筑在三步节能设计标准基础上进一步提升，执行四步节能设计标准。新建公共建筑自 2015 年 4 月开始在二步节能设计标准基础上提升，执行三步节能设计标准。区内建筑节能标准执行率达 100%。

园区推进绿色建筑设计和建设，2015 年开始住宅类项目全面启用《绿色建筑技术导则》，计划到 2017 年 30% 的新建工业类项目、公建类项目实施《绿色建筑技术导则》。鼓励使用建筑节能新材料、新技术。积极推广绿色建筑材料、制冷制热新技术、绿色照明、雨水收集利用、太阳能光伏发电、太阳能-建筑一体化等节能措施。

在园区引导和支持下，区内绿色建筑数量不断增加，共建成节能建筑 430 万平方米，其中住宅 157 万平方米，公共建筑 273 万平方米，建成绿色建筑总面积 38.7 万平方米。通过 LEED 认证项目 6 家，其中联合利华工业园获得 LEED 金奖认证。联合利华一期项目按照 LEED 标准设计，从生产过程的各个环节寻找节能减排的机会点，减少对环境的不利影响。高效暖通制冷设备、屋顶太阳能热水系统、屋顶安装天窗等每年节省电费超过 150 万元人民币。100%使用处理后的工业废水进行冲厕及灌溉，使用节水洁具，种植本地植物减少灌溉量等措施使得总体节水率达到约 50%。工厂提供可回收垃圾桶，规范施工及装修废弃物管理以减少废弃物产生，同时 75%的施工废弃物采用非填埋处理。在室内空气品质方面，工厂采用环保型制冷剂及装修材料，在施工期间进行室内空气质量管理。二期项目通过进一步优化工艺，实现节能率达 24.8%，节水率超过 30%，年处理污水量可达 889.68 千美制加仑（1 美制加仑=3.785L），再次获得 LEED 金奖认证。

6.1.5 绿色循环产业体系

（1）总体设计

临空产业区 K 实现绿色循环低碳发展，首先对产业结构进行优化调整，构建低碳、低耗产业链，提升产品附加值，并对重点产业和企业推行清洁生产审核及能源审计。结合临空产业区 K 的发展特点及区域优势，重点从航空制造、装备制造、大众消费、生物医药、电子信息、现代物流 6 个产业进行分析与规划，按照“突出 1 个核心产业，做强 2 个重点产业，构建 3 个循环体系，建设 4 大保障工程，发展 6 条生态产业链”的目标优化发展，推进各产业以研发带动技术产业化，发展技术核心企业，带动低碳型产业集群化发展，形成绿色生态产业链。同时鼓励企业内部开展节能、降耗、减排工作，实施清洁生产审核及能源审计，挖掘企业低碳发展潜力，将生态产业链的重点向资金密集型与技术密集型企业转移，促进全区的绿色循环发展（见图 6-5）。

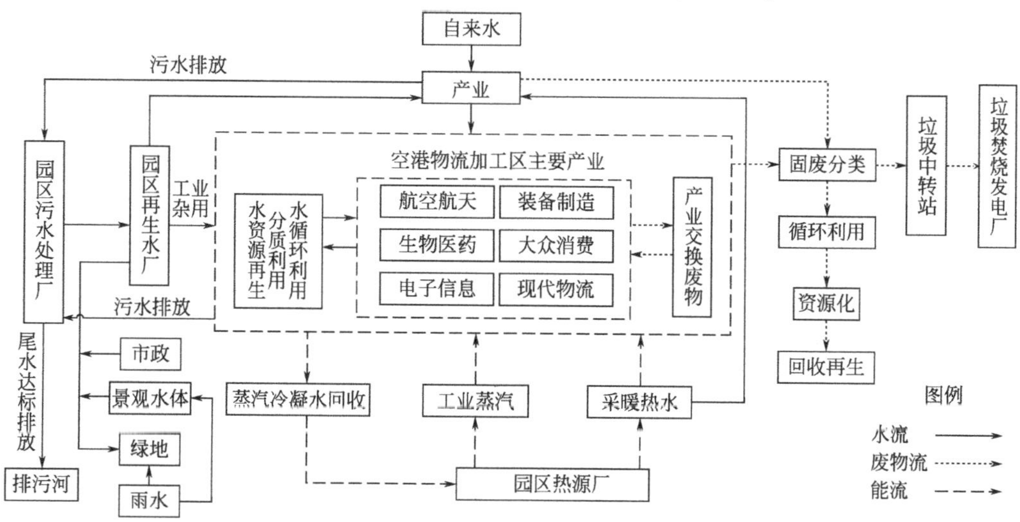

图 6-5　临空产业区 K 绿色循环产业体系框架

（2）航空制造产业

在空客A320系列飞机总装线、中航直升机总部等一系列龙头项目的带动下，临空产业区K成为航空产业的重要基地。目前，园区聚集了西飞机翼、PPG、FTG、泰雷兹、西提斯、英德拉等60多个航空项目；其中世界500强企业5家、著名航空龙头企业15家，产品覆盖总装线、发动机维修、机载设备、航空复合材料、航空培训、航空会展、金融等，实现航空高端制造业的聚集，成为我国重要的民用航空产业基地，进而带动本地制造业水平进一步提升。多条围绕空客项目的配套产业链网已经成型，航空产业链上中外知名生产型企业围绕龙头项目展开，形成以飞机总装、直升机为核心的航空制造产业体系（见图6-6）。

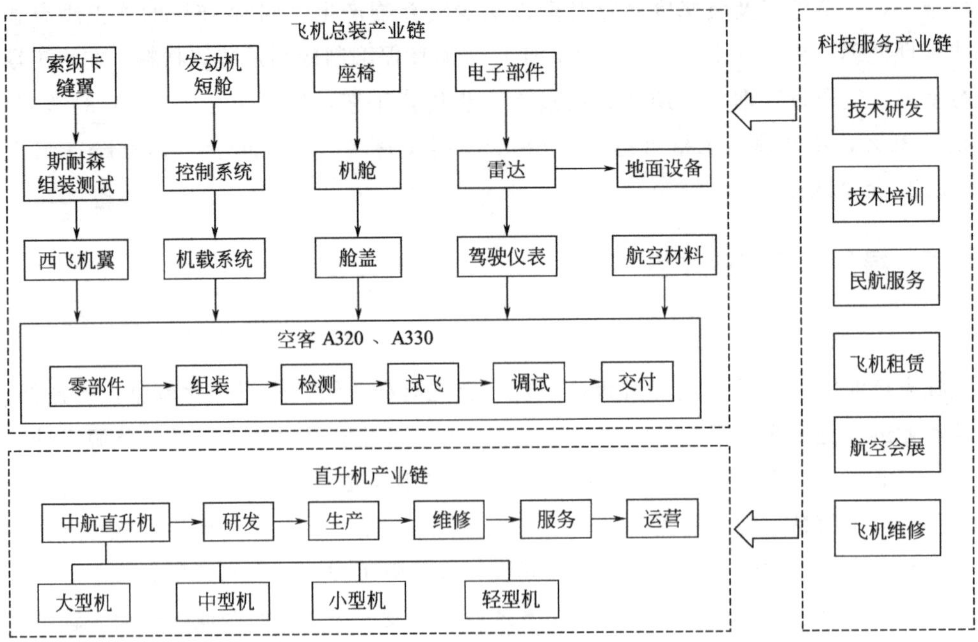

图6-6 临空产业区K航空制造产业体系框架

（3）装备制造业

装备制造企业注重向绿色产品、绿色生产过程转型，利用绿色理念、绿色产品、绿色技术提升企业实力，建设绿色环保的制造业生产基地，形成以绿色循环为特色的生态产业链（见图6-7）。以天汽模、瑞源电气、中天电气等为代表的本土企业做大做强，实现快速积累，不断提高整体素质，提升产品科技含量。GE水电、天汽模、太钢天管、加拿大铝业等企业从绿色厂房、绿色产品等各方面致力于打造绿色工厂。

① 绿色厂房：采用环保设计，包括地源热泵采暖、自然采光设计、屋顶太阳能光伏发电、LED照明等具体项目持续改进，提高生产车间节能效果。

② 绿色目标：提出发展环保清洁能源解决方案，举办“植树节”“地球一小时”等环保节能主题活动，使绿色低碳理念融入每一名员工的工作和生活。

③ 绿色产品：产品设计采用安全环保的解决方案，采用无废少废的设计，减少资源能源消耗的同时也减少了维护成本。

④ 绿色技术：大型设备考虑保护动植物细节，产品应用中降低对生态环境的影响。

（4）大众消费品业

临空产业区K整合日化、粮油、纺织、食品等大众消费相关轻工业，在引入补链

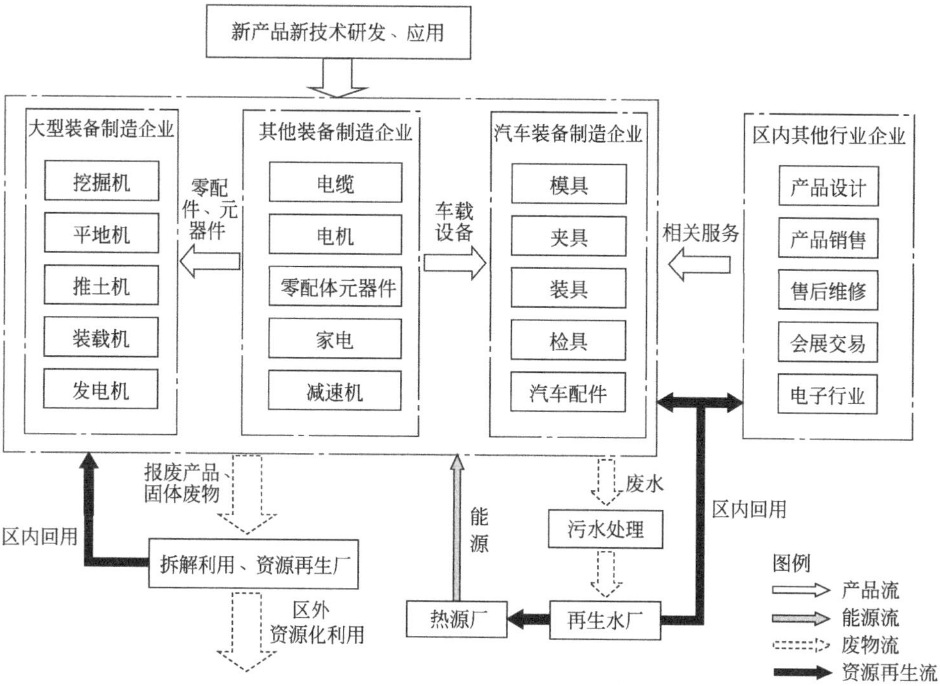

图 6-7 装备制造业绿色循环生态产业链示意

企业开展循环产业链构建的同时，鼓励现有企业开展节能改造与物质循环利用，并逐步淘汰污染治理水平较低的企业，推动产业结构进一步优化。

发展日化产业的同时，本着物质循环利用思路，谋划剩余日化产品循环利用，引入海之洁环保科技有限公司，对剩余日化产品循环再利用，用于生产生化工业洗涤剂，形成上下游企业共赢、物质循环利用的示范效果（见图 6-8）。

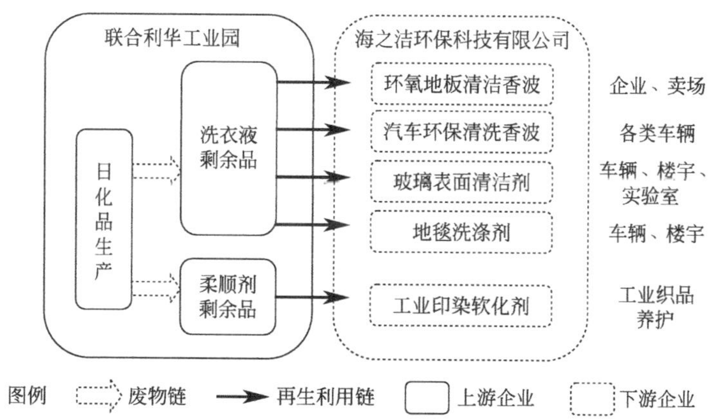

图 6-8 临空产业区 K 洗涤剂循环再利用生态产业链示意

在粮油加工产业集群内加强清洁生产与能源管理，鼓励企业开展节能改造与物质循环利用。推进以嘉里粮油为代表的企业积极开展产业链延伸和副产物回用工程，先后实施了新增酸化油车间、油化废白土浸出等项目，系统提升了企业物质和资源能源利用效率，在有效处理废白土减少固体废物排放的同时生产白土，此外对有机溶剂等化工原料进行回收循环使用，工艺用水经处理后回用，环境和经济效益显著（见图 6-9）。

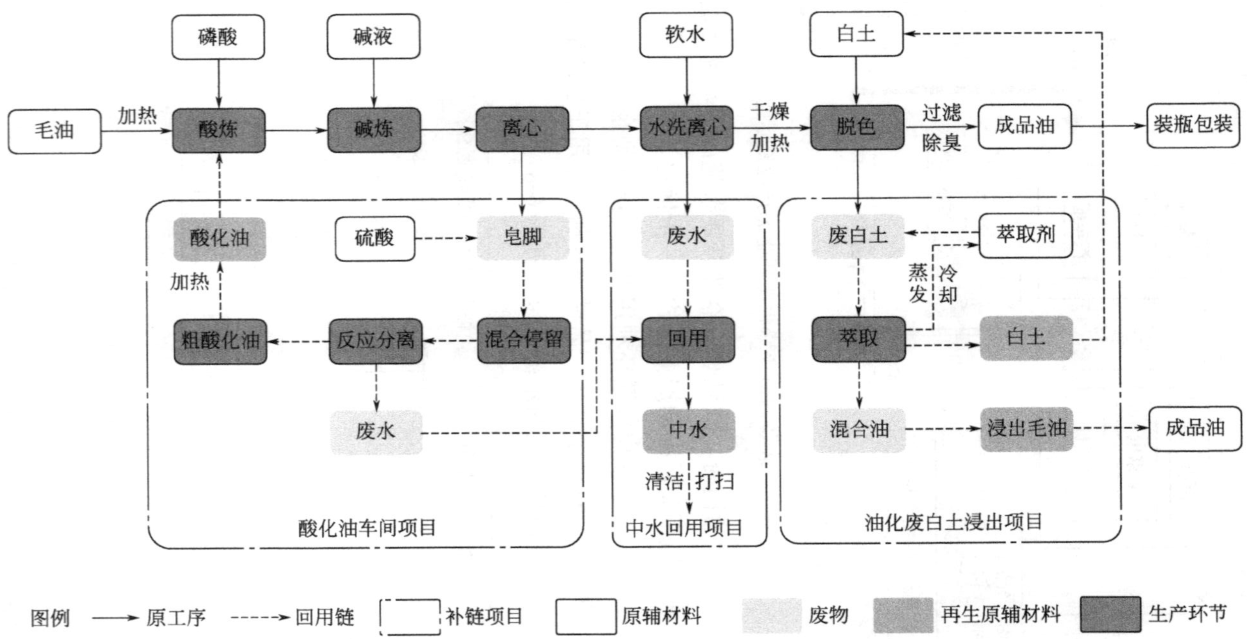

图 6-9　临空产业区 K 粮油生态产业链示意

（5）生物医药产业

园区生物医药产业以生物工程、基因工程为重点，以构建生物科技研发基地为目标，在创新中求发展。引入中科院工业生物所、华大基因等自主创新企业，与高校联合建立药物研发及产业化基地，形成医药研发、医药制造、医疗器械三个主要阵营。

医药研发和医药制造领域突出产学研合作，以华大基因、百诺克等一批研发型企业为代表，区内企业间加强合作，加强技术研发与成果转化，构建产学研合作为特色的绿色循环产业链（见图6-10）。开启以任务带学科、带产业、带人才，科学-技术-产业环环相扣、相互推动的产学研创新型发展模式。区内企业与区内医院合作，拓展到区内外近百家高校院所、医疗机构和生物医药企业，并进一步深化与园区医疗服务机构的合作，构建起产学研一体化模式的基因组学合作产业链和基因人才培养链。与此同时，在生态环保理念的影响下，基因生物领域企业不断提高对环保产品的重视，在轻质木材、风电建材、良种培育等方面开展研究并不断取得研究进展，从而在基因技术方面为环境保护贡献力量。

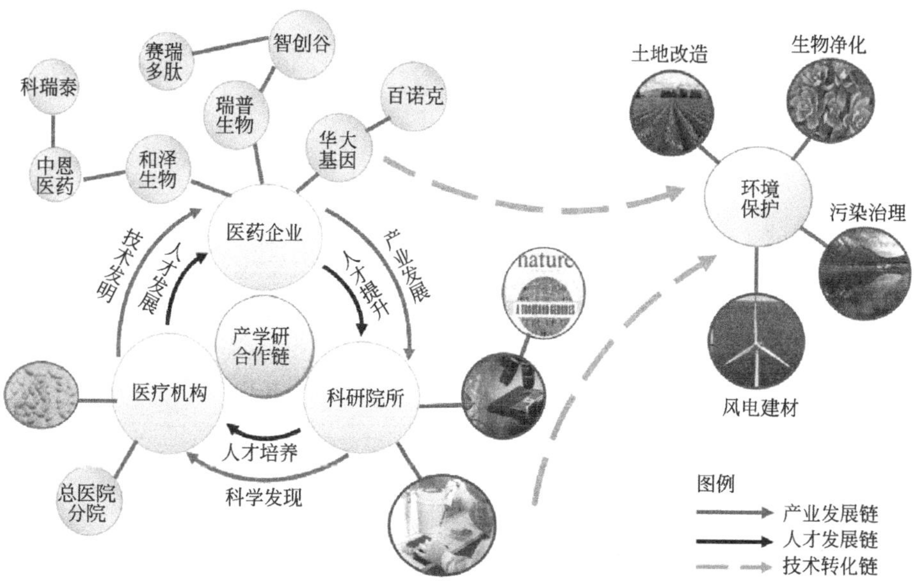

图6-10　临空产业区K生物医药产学研合作链示意

医疗器械企业本着质量高、技术精、定位准的发展方向，在技术和管理上突出高新技术带动作用，在产品研发上创新突破，在细分领域填补了国内市场空白。以GE医疗设备为代表的医疗器械企业生产高端精密医疗设备，秉持智慧工厂和绿色制造生产理念，利用工业互联网技术构建智能制造生产基地。推进数字化工业转型，从而改变制造型工厂的管理方式并提高生产效率。在智慧工厂理论的带动下，企业加强人才培养，与高等专科学校建立人才培养长期合作关系，全面覆盖职业经理、供应链管理和蓝领技工等领域，以此建立合理完善的人才梯队。

（6）电子信息业

电子信息业以绿色、循环、高效、低碳为发展方向，在科技力量推动下，借助区位、政策和管理服务等优势，优化发展。一批优秀的信息产业企业聚集，包括中兴通讯、大唐电信、展讯通信、中国移动、中国联通、华旗资讯、紫光测控、中国 RFID 产业联盟等项目的投产带动园区在移动通信领域制造方面形成集群。与此同时东软、未来电视、科大讯飞、软通动力、神州通数码、美国 CSC、沃尔沃 IT、以色列安道思等软件和服务外包企业项目，带动新一代信息技术产业能级迅速提升。

在产业链构建方面，一方面延伸产业链，引进汽车电子产品生产企业，补齐航空电子信息业链条的空缺，发展与通信设备、导航设备、雷达设备、数据传输设备等配套的航空电子信息产业；另一方面在绿色发展和循环理念的指引下积极引入静脉产业，与动脉产业形成互补，动静脉产业相互依托转化，为电子废物回收利用创造条件。园区金发新材料有限公司以生产高品质改性塑料为主要方向，建设年产 5 万吨废弃电子产品外壳增值化及资源化回收利用项目，为践行绿色理念，开展电子废物资源化利用引入静脉产业关键一环（见图 6-11）。

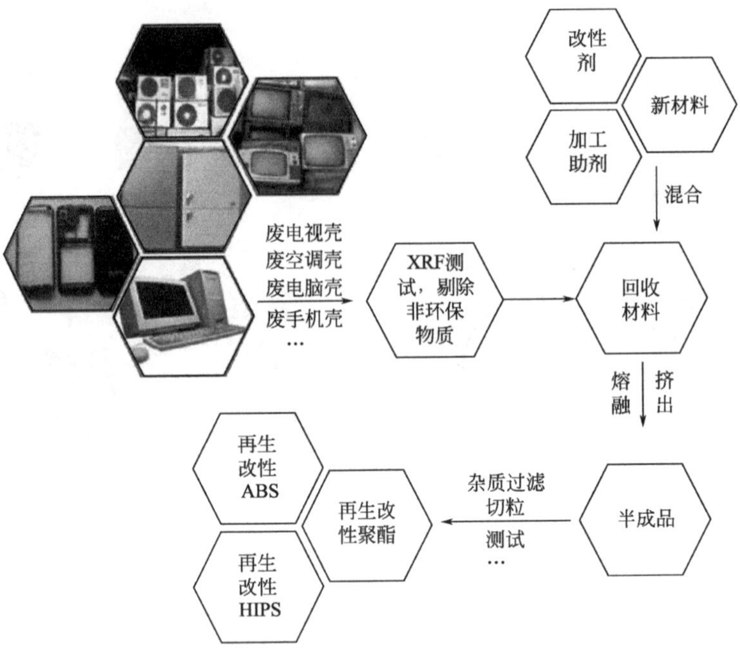

图 6-11　临空产业区 K 电子产品外壳循环利用链示意

6.2 产业开发区 W

6.2.1 园区概况

产业开发区 W 设立于 1991 年，是国家级经济技术开发区和国家级高新技术产业园区，2014 年年底纳入国家自主创新示范区核心区，近期规划面积 $55km^2$。产业开发区 W 具有得天独厚的区位优势，具有开放、便捷、畅通的陆海空立体交通体系。

经过20多年的发展，产业开发区W形成了以电子信息、新材料、新能源、机械制造、汽车及零部件、生物医药六大产业为主导的产业集群，其投资总额和经济效益均占到开发区总量的70%。近些年产业开发区W现代服务业形成了总部经济和文化创意、动漫游戏、服务外包、金融、研发孵化、商贸物流、娱乐休闲等产业聚集效应。目前开发区内基础设施建设已完成道路、管线、渠系及厂站工程，实现“十一通一平”。

产业开发区W环境优渥，综合绿化率为40%，三季有花、四季常绿，形成点、线、面一体，网络化的绿化景观。

6.2.2 绿色循环能源体系

产业开发区W优化能源结构，推进煤改电、煤改气工作。通过华电分布式能源站的建设，以天然气能源站替代原有多座燃煤锅炉房，不仅优化了全区供热能源结构，提高了清洁能源使用率，还大大提高了能源利用率，减少大气污染物排放。目前园区已形成以热电联产、集中供热锅炉房为主，合理利用地热、天然气等清洁能源的供热格局。园区通过热电冷三联供实现能源的绿色梯级利用，能源综合利用率达70%（见图6-12）。

产业开发区W把新能源利用作为特色，推广地源热泵和太阳能利用。大型新材料产业企业如南玻集团、信义玻璃均采用太阳能进行发电，正在实施中的国电投分布式光伏发电示范项目，预计25年运营期内年平均发电量为539.616万千瓦时。地热利用方面，总部创业基地采用地源热泵进行冬季采暖和夏季空调供能，此外很多企业利用地源热泵对生产区及办公区进行温度控制。中纺院等企业内使用的空压机将余热用来生产热水供锅炉或生活所需。向园区内各企业推广节能节水器材和节能变压器的使用，均取得良好效果。

推进工业企业节能的措施主要包括以下两个方面。

1）推进工业炉窑节能改造

如以天然气作为燃料，采用进口低NO_x烧嘴。采用高效的余热锅炉回收烟气余热，一部分满足生产和生活中低压蒸汽的需要，另外一部分采用热管式空气预热装置预热助燃空气，可以使空气由室温加热至100℃左右，送入蓄热室内，以提高助燃空气预热温度，达到节能的效果。增加蓄热室的热回收率，为增大蓄热室格子体积采用异型格子砖。改进燃烧技术，熔窑快速变料，变换生产不同玻璃成分和不同产品的技术。

2）推进空压系统节能改造

提倡安装空压机集群专家控制系统，空压机节能辅助系统，干燥剂、水泵、储气罐、冷却循环水监控系统，电力计量、气体流量计量管理系统，供气管道检测系统，根据工艺需求合理选配压缩空气压力，储气罐容量、管径大小及流程；合理选配空压站建设位置并有效利用空压热风和回收热水，配置离心机和螺杆机的数量满足能耗最佳匹配，配置工频机和变频机以适应用气量波动，达到节能的目的。

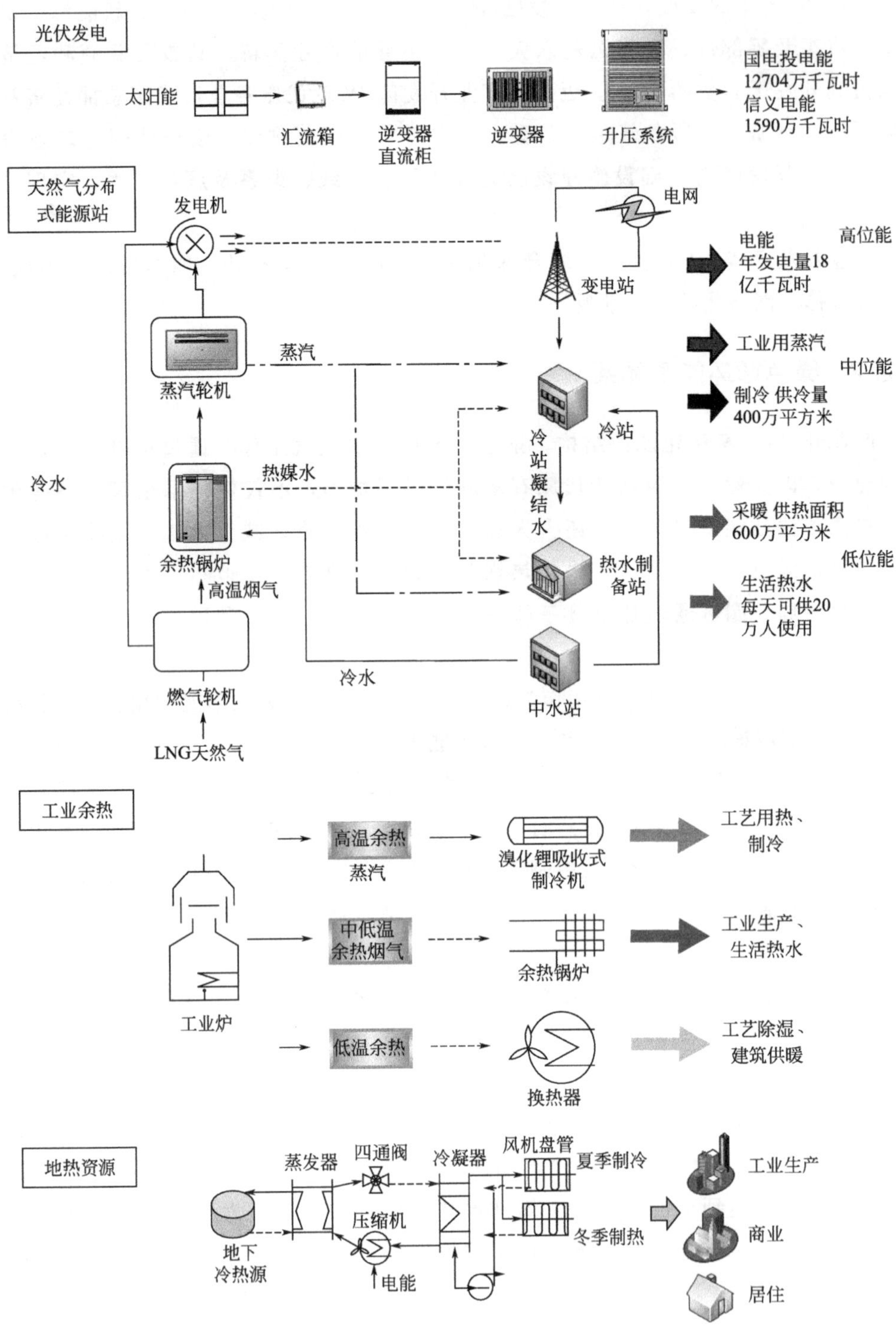

图 6-12　产业开发区 W 能源绿色梯级利用系统示意

6.2.3　水资源绿色循环体系

产业开发区 W 在开展能源梯级利用的同时，积极开展水资源循环利用系统建设（见图 6-13）。配套华电分布式能源站的建设，新建园区污水处理厂，使能源站与污水厂相关联。经过污水处理厂处理后的污水再经过污水深度处理，污水厂60%以上的水经过深度处理后，进入能源站作为冷却水使用，20%出水作为部分企业低品质要求的工业用水水源，其余污水将进入园区人工湿地和河道作为生态水和市政用水。通过以能源站与污水处理构建的生态关联，形成水资源再生循环利用体系，一方面对于提高再生水使用率、节约新鲜水资源方面起到积极作用；另一方面减少了污水处理厂出水直接进入地表水，并且增加深度净化和人工湿地系统，对进入地表水的污水进行更深度净化处理，水污染物减排效益显著，对保护地表水环境具有积极作用，对水环境改善具有正面效益。

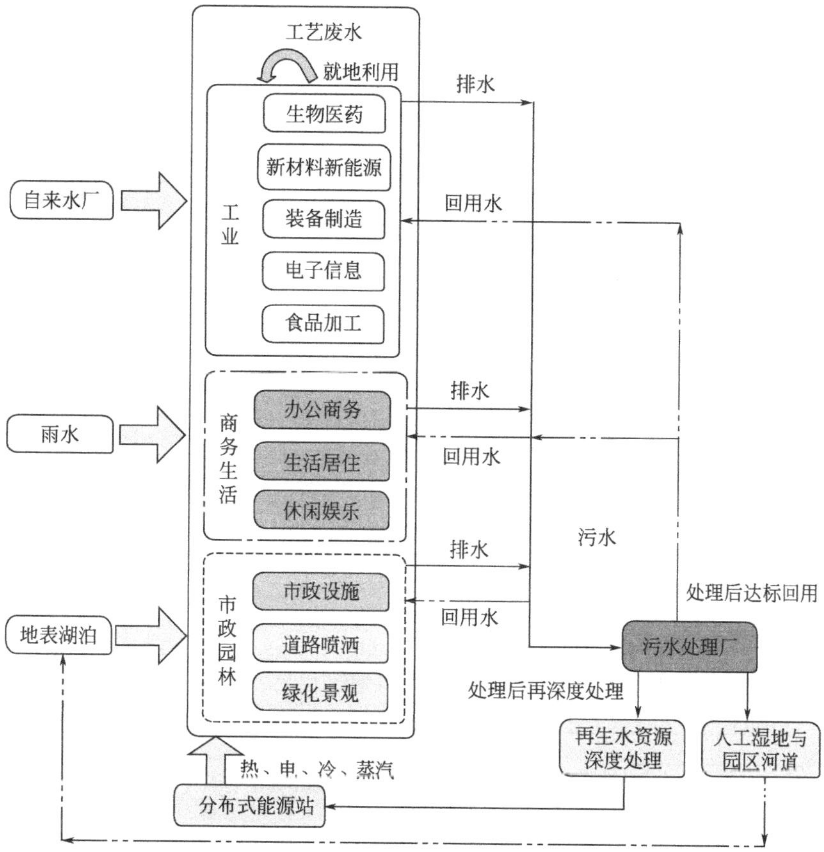

图 6-13　产业开发区 W 水资源循环利用系统示意

6.2.4 绿色循环产业体系

（1）总体设计

绿色循环产业体系构建首先体现在产业和产品结构的调整上。通过“3+2+1+2模式”，即“强化3个主导、完善2个补充、坚持1个模式、实现2个目标（1个协同发展和1个联动发展）”，以装备制造产业、生物医药和新材料产业为核心，发展高新技术制造业和现代服务业，全面构筑智能型、低碳型、生态型先进制造业基地和研发转化基地；坚持以技术为支撑、政策为保障，科学规划、系统推进、分步实施、重点突出，打造以高新技术产业为特色、各主导产业低碳发展、资源能源高效循环、设备工艺清洁先进、经济蓬勃优化发展、生态环境优美健康的低碳、生态、循环型工业园区。

产业开发区 W 在产业链构建中突出了区位特色。在主导产业遴选上，充分利用区域政策优势和地理位置优势，结合空间发展战略和总体工业布局，以区域能源集成系统建设为驱动，围绕装备制造业（机械加工及汽车配件加工）核心，突出高端设备制造、关键零部件制造特点，促进生物医药、新材料、新能源等重点产业发展，并注意与周边其他功能区内类似产业从产品定位、发展途径上有所区别，做到协调互补（见图 6-14）。

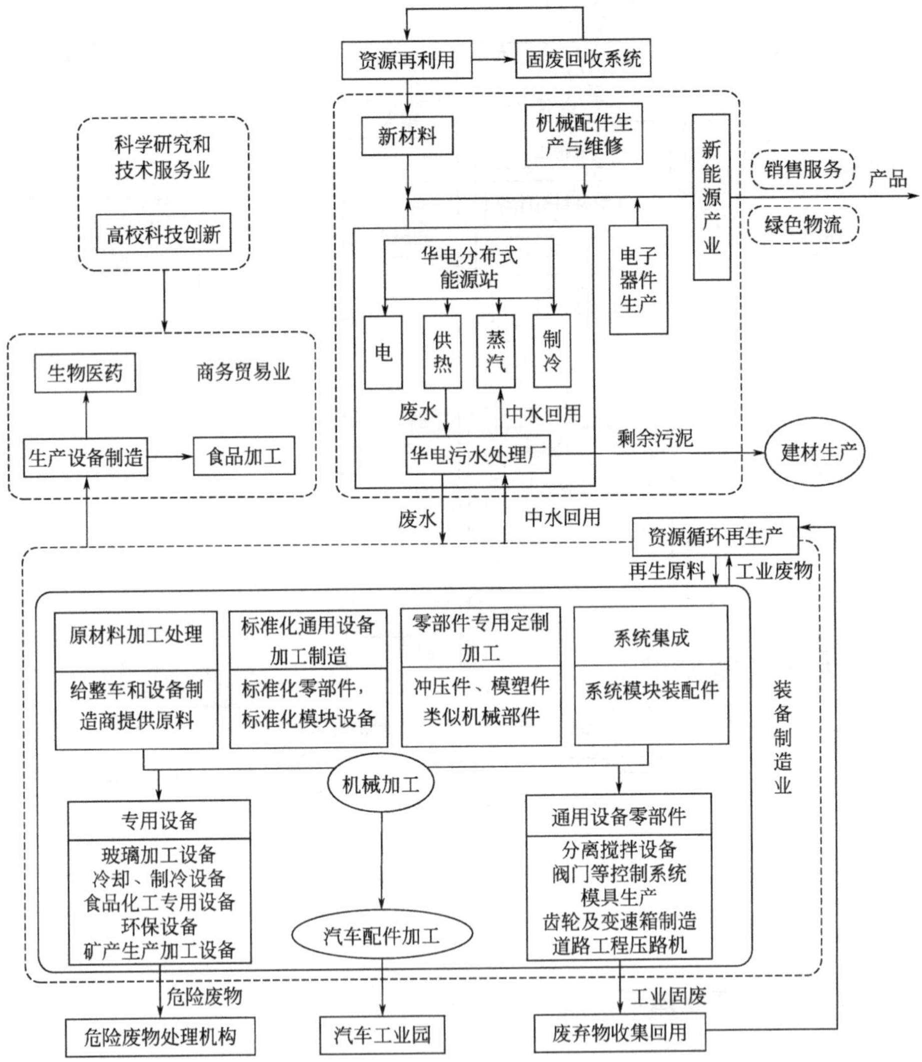

图 6-14　产业开发区 W 主导产业区内、外生态关联示意

（2）生物医药行业

产业开发区 W 内现有生物医药企业多数以中药材为原料，生产过程在中药材加工后会产生大量的料渣，生产过程中也用到多种有机溶剂，此外生物医药产业大多执行 GMP 标准，水资源和能源的消耗大，废水及废物产生量大，做好物质循环与能源梯级利用是该产业生态化建设的重点。

① 原辅材料的减量化和再利用：针对中药生产过程中的提取、浓缩、干燥工序能耗水耗大的问题，在中药提取、分离、浓缩过程中采用智能专家控制系统，利用自动化检测和控制技术对提取、浓缩、分离、干燥等工艺进行实时监控，实现自动化控制，从而达到提高收率和质量，节能降耗的目的。通过改造，实现原料总单耗下降8%，水耗减少95%，蒸汽消耗减少6%以上，废水产生量减少25%以上，COD和BOD减少15%以上，单位产品能耗下降6.8%，总收率提高7.5%。

② 水资源节约与回收利用：设备洗涤水、洗瓶水很少重复使用，该部分废水的排放量比较大。设备洗涤水是废水的主要来源，减少设备洗涤的次数、改进洗涤方式和加强水的回用是减少废水排放的主要途径。制药用水可分为饮用水、纯化水和注射用水。在制备纯化水和注射用水时会有少量污水排放，属于清洁排水，比重最大的约占20%，将此部分废水进行回收利用，可以用作生活杂用水。

③ 废物回收利用：医药产业中，中药生产会有大量的药渣产生，可以作为饲料循环利用。对于化学合成类药物，以及采用生物化学反应制造的化学物质，为降低溶剂消耗和减少VOCs排放，可采用冷凝法溶剂回收技术或活性炭纤维吸附回收技术，净化低浓度高风量有机尾气。或将渗透汽化膜技术应用于有机溶剂的脱水，可减少能耗，提高溶剂回收率。

④ 加强企业节能技术推广：生物工程类制药产品多为蛋白类生物活性成分，干燥工艺一般采用冷冻干燥法，能耗也很大，应选用节能高效的设备。生物工程类药品生产过程中，制剂类生产企业生产全过程要求在恒定温度的洁净区内进行，空调、动力系统等公用工程设备，干燥、无菌制剂的灭菌等工艺设备是主要的能源消耗环节，动力设备节能最为关键。医药企业生产过程对温湿度要求较高，空调制冷能耗相对较大，采用空调余热回收技术，将专用设备安装在用户原有制冷机组上，回收制冷机组部分废热制取45～75℃的热水。该设备与制冷机组同步运行，在制热水的同时可降低制冷机组的冷凝温度，提高制冷机组制冷量，节省制冷系统耗电量的5%～10%。

⑤ 推进大健康产业生态化发展：以产业孵化为主要功能，打造生物医药的研发创新中心和产业孵化中心，加快产品研发与创新，按照“专业平台＋产业聚集＋市场服务”的孵化模式，为企业提供服务研发、中试生产区、中小规模独立化品种生产基地等平台，构建以国际标准的研发中心、质检中心为依托的大健康科技创新体系。发展生物医药物流及服务业，逐步形成包括研发制造、流通销售与配套服务在内的健全的多元化产业结构。促进新药研发投入，搭建创新平台，加快生物医药的科技成果转化，为生态医药仿制药预留发展空间。依托高校、研发机构，在培育产品生产技术和配套专属设备方面提供技术支撑，构建产业链条。

产业开发区W大健康产业绿色循环体系框架如图6-15所示。

（3）电子信息行业

开发区现有电子信息企业中，光电控制部件及发光二极管的制造产品占比较大，此类型企业的清洁生产发展方向主要考虑提高资源综合利用率，降低不良品率，减少和避免危险废物的产生。此外，遵循全生命周期理念，减少电子废物产生也是减量化的重要措施。

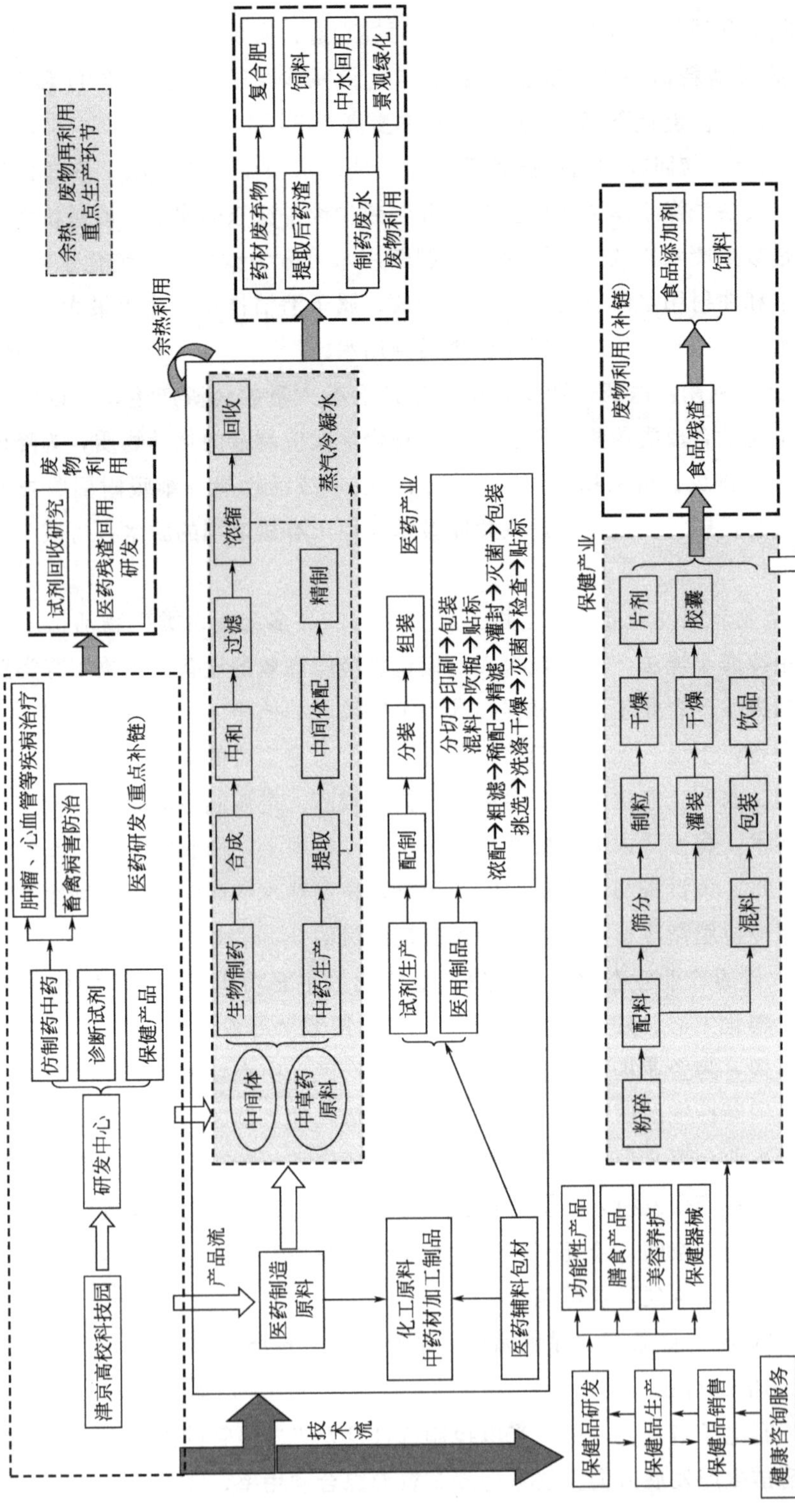

图 6-15 产业开发区 W 大健康产业绿色循环体系框架示意

① 原辅材料绿色环保替代：控制产品中铅（Pb）与其化合物、镉（Cd）与其化合物、汞（Hg）与其化合物、六价铬（Cr^{6+}）与其化合物、溴代阻燃剂、甲醛、总卤等有毒有害物质的含量。

② 废物回收与循环利用：建立废物分类回收再利用系统，完善企业一体化资源管理系统。将可循环使用的资源尽量在企业内部循环，提高废物原位再生能力，电子信息产业废物循环利用模式如图 6-16 所示。

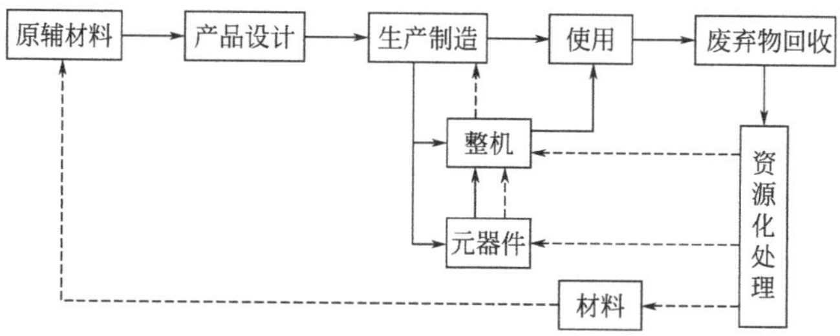

图 6-16　电子信息产业废物循环利用模式示意

③ 能量梯级利用：首先需要引进先进节能技术和管理手段，加强能源梯级利用，降低企业生产能耗，实现节能发展。在下一步招商引资中，应注重引进软件开发、关键电子零部件、控制系统电子产品等科技含量高、生产能耗低、产品附加值高的企业，从产品结构优化升级角度推进电子产业链的能源节约和梯级利用。

④ 产业链优化：以消费类电子产品制造为主，进一步拓展计算机及网络设备、数字通信设备、平面显示技术产品、汽车电子、光纤通信产品等项目，增强电子产业中关键部件生产能力。积极支持开发具有自主知识产权软件的产业，并加快信息技术向经贸、金融、交通、医疗等产业的辐射和渗透，大力扶持一批科技实力雄厚、经济效益显著的软件企业。加快引进电子行业协会、信息产业在区内设立地区总部，发挥总部经济带动辐射作用，促进产品研发、概念展示等配套服务业发展。

⑤ 完善电子废物回收循环：通过信息平台构建使区内外电子信息企业和电子废物处理回收企业建立稳定合作关系，实现废物资源化与无害化处理。

产业开发区 W 电子信息产业绿色循环体系如图 6-17 所示。

（4）装备制造业

① 原辅材料减量化：优化装备制造企业工艺，减少工艺选择不当造成的原料损失，同时从原材料选取和利用上考虑减少表面处理工艺。强化原料检验与保存管理，减少来料质量问题和保存不当造成原料损失或者影响产品质量，造成废料产生。

② 水资源节约利用：生产用水节约利用的措施主要是喷漆、打磨工序用水循环使用，如在水旋吸收漆雾用水环节设置循环水系统，零部件机加工后脱脂清洗水循环使用，直到水质无法就地回用后再排放；增加蒸汽凝结水回收，从源头提高水资源利用率。

③ 废物循环利用：首先在企业内部建立固体废物分类回收体系，便于通过废物交换信息平台将废物用于再利用循环体系；此外根据产业模块协助区内企业完成废物循环利用，通过建立物资回收利用体系公布平台，借助区内现有物资回收公司，将可再利用的

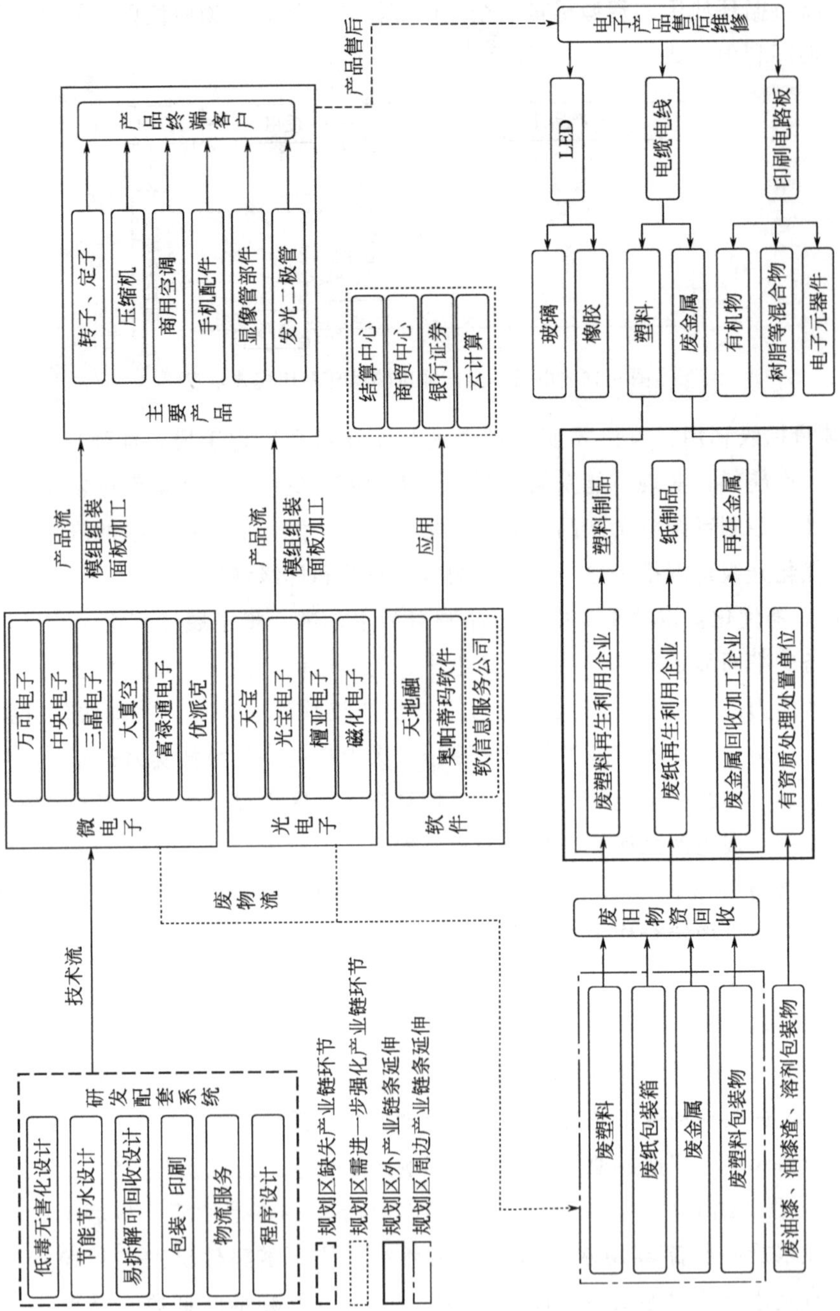

图 6-17 产业开发区 W 电子信息产业绿色循环体系示意

废物分类收集后由有资质的回收公司统一接收，进入区内物资循环体系。引导企业优化厂区布局，充分考虑物流，减少搬运费用，有效节约固体废物储存、运输和再利用的资源能源消耗。装备制造产业产品循环利用体系如图 6-18 所示。

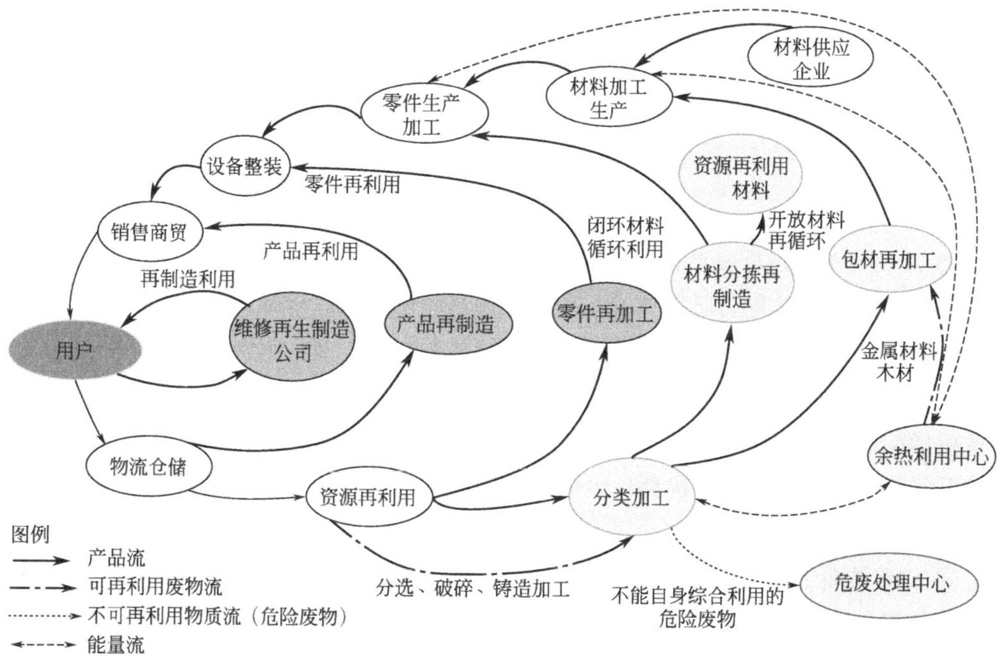

图 6-18 装备制造产业产品循环利用体系示意

④ 开展服务业节能：在办公场所，对于一些耗电设备如空调、电梯、热水器等，优先选购节能型产品。开展建筑节能，优化空调、电梯、饮水机、照明灯等的使用，加装光、热感应自动开关。在汽车维修场所，首先选择节能维修设备，其次对有污染物产生的工序，主要是喷漆工序，选择高效的喷漆设备以降低喷漆时的损失，对喷漆产生的废气采取有效的污染物防治措施进行治理，减少有害气体的排放。

⑤ 广泛使用节能技术和设备：推广燃烧装置节能措施，包括选用先进节能炉（熔化炉和精炼炉），蓄热式燃烧提高热效率，炉体保温减少散热，通过炉内温度在线监控系统，保证产品质量的同时，提高热利用率。完善能源计量装置，通过电能和各种气体计量装置，达到节约能源的目的。

⑥ 充分利用工业余热：金属包装生产企业有印刷、涂料工序，配套有涂料烘房，烘房排放的烟气温度在 150～250℃之间。与此同时，涂料烘房在产品加工过程中，涂料中有机溶剂形成有机蒸汽，烘房排出的废气中，有机物污染物通过催化燃烧，产生相当的热量，有些成分的热值甚至比普通燃料的热值还高。将废气产生的热量送回至涂料烘房再利用，补充了涂料在固化时消耗的热量，由废气（溶剂蒸汽）净化返回的热量达到了涂层固化时热量消耗的 30%以上，从而大幅度地降低了生产线的运行成本；系统余热再供给一条印铁烘房进行使用，提高废气净化系统的热利用效率。装备制造产业工业余热回用方式如图 6-19 所示。

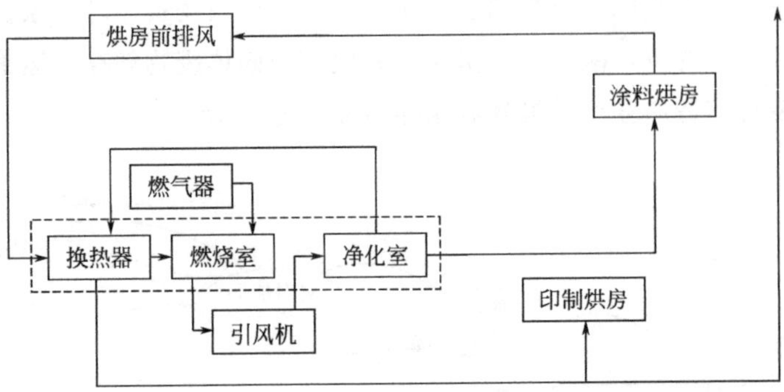

图 6-19　装备制造产业工业余热回用示意

⑦ 发展装备制造配套产品群：汽车装备制造方面，重点发展关键零部件、高新技术零部件在内的汽车高端配套产品，在汽车零部件生产、汽车零配件再生等方面建立开放式产业链，形成汽车配套服务产品群。机械装备制造方面，借助区内装备制造企业总部落户区内机遇，巩固机电设备优势，实现集群化、规模化发展。巩固区内温控设备、专业机械配件领域的优势，树立区内特色品牌和特色产品，并提升服务质量，推动区域产业升级。利用机场与港口优势，争取国家出口基地试点，发展以维修配套环节为主的装备零部件出口基地。

⑧ 完善装备制造产业链网：重点完善机械装备制造、汽车配套加工生产以及配件和废料的再生与梯级利用的生态循环产业链。拓展汽车配套加工制造行业产品结构，完善汽车产品零部件加工过程，可以根据产品等级进行分类回收利用，建立以废金属为主的废物资源化及循环利用模式。通过金属零件的再冶炼、再加工，完成资源高质高用、低质低用的再加工利用的过程，拓展与轨道交通产品加工相关的产业链。在机械装备制造上游形成钢铁加工-机械初加工-机械零部件制造-机械制造产业链，在研发服务行业形成机械产品研发-机械试生产-机械销售-机械维修-机械拆解回收产业链。产业开发区 W 装备制造业绿色循环产业体系如图 6-20 所示。

（5）食品加工业

① 原辅材料绿色健康：食品加工业对原辅材料的选择依据重点是加工过程中的环境友好性、资源效率性、能源节约性。原材料的采购注意质量的控制，采购量不应过多或过少。加强科技研发，开展产品生态化设计，逐步增加绿色食品在产品结构中的比例，培养自主品牌，提高产业竞争力和出口竞争力。

② 废物循环利用：开展生态设计，强化设备维护，提高副产品原位再生能力，提高原料利用效率，从源头减少废物产生。如引进碱液在线过滤系统，过滤机对洗瓶机碱液实现在线过滤，及时将洗瓶机连续产生的纤维和铝盐去除，使洗瓶机碱液始终保持清洁状态，提高了清洗效果，延长了碱液的使用寿命。同时可降低废水中碱液浓度，降低污水处理难度。奶制品企业对加工过程产生的料头料尾进行回收，利用顶水（液态奶生产过程中，每一个工段结束后都要进行“水顶奶”和“奶顶水”的操作，保证管道无菌无杂质）中所含有的残奶和水，深加工制成高附加值的饲料，并延长了保存时间。产业开发区 W 食品加工业原辅材料利用体系如图 6-21 所示。

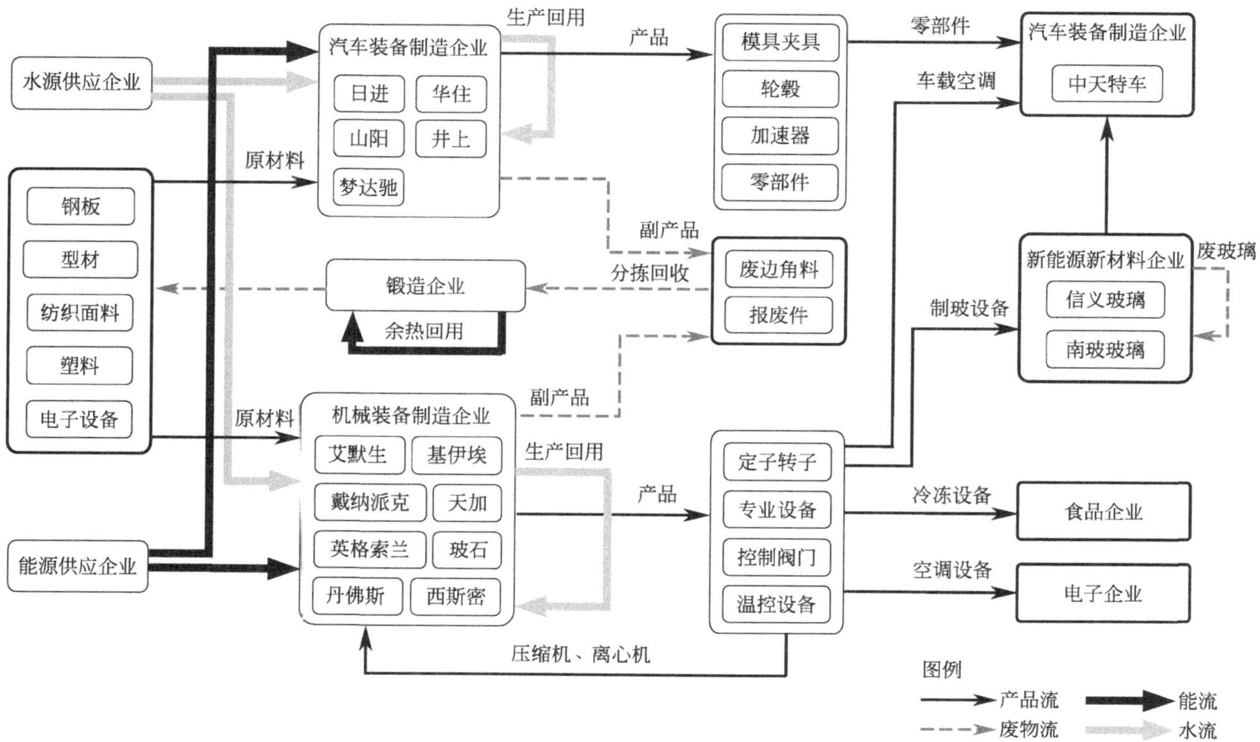

图 6-20 产业开发区 W 装备制造业绿色循环产业体系示意

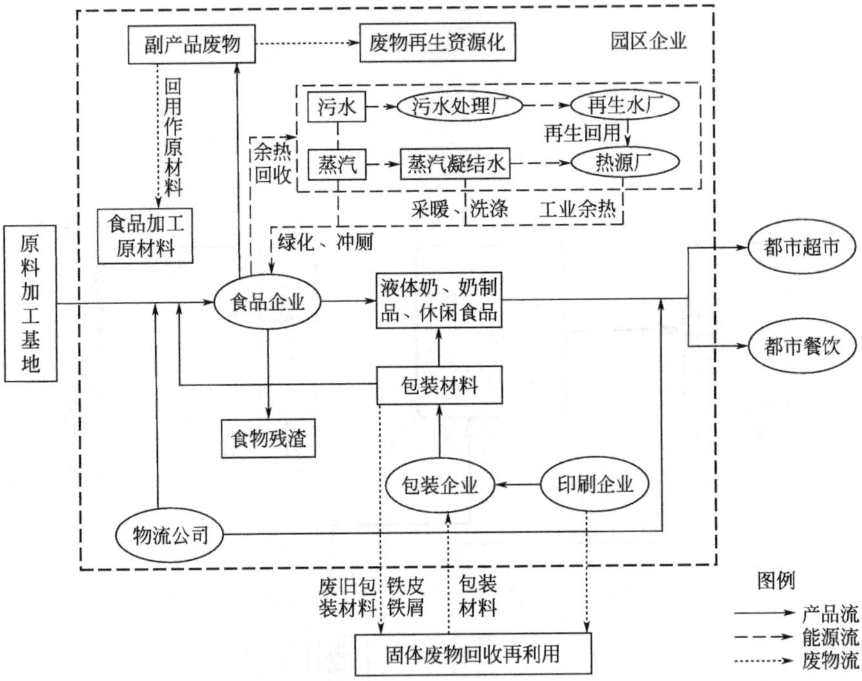

图 6-21　产业开发区 W 食品加工业原辅材料利用体系示意

③ 食品残渣代谢链：食品加工类企业生产过程中会产生大量的蔬果废物。食品加工产生的垃圾如不能及时清运则会腐败，而就地晾晒不仅需要暂存场，同时还会对环境造成污染，即使随时卖出在经济上也不合算，同时对资源也是一种浪费。所以针对食品生产特点，企业对食物残渣开展资源化再利用。借助规模效应，对食品加工各步骤的副产品、废料充分挖掘利用价值，同时对生产过程余热、废水实行梯级利用、循环利用，从而做到原料与资源“从农场到餐桌”的循环利用。形成“农贸物流→原料加工→初始加工→产品销售”，“初始原料→深加工→分装→灌装”，“奶制品原料→食品→餐饮”，“副产品深加工→化工原料→饲料添加剂”等多条生态产业链，在区内食品加工企业间形成稳定交错的产业共生网。产业开发区 W 食品加工绿色循环产业体系如图 6-22 所示。

（6）新材料、新能源行业

① 提高物质循环利用率：资源能源消耗较高的玻璃加工行业，通过应用自动化配料系统，高精度称量，准确合理配料，并加入节能型玻璃料方，采用可靠的碎废玻璃原料，提高碎玻璃加入量，可以降低玻璃加工过程能源和资源消耗。新材料产业具有包装体积大、数量多的特点，应注重减轻各种包装材料的重量、体积等，采用可再生的材料作为产品包装材料，搭建企业间的关联平台，可以充分整合和共享包装材料。

② 突出龙头企业的支撑和引领作用：通过强强联合，推动具有规模优势和比较优势、掌握核心技术的新材料企业形成聚集效应，提高产业竞争力，鼓励原材料工业企业大力发展精深加工和新材料产业，延伸产业链，提高附加值，推动传统材料工业企业转型升级。发挥优势龙头企业的引领带动作用，联合产业链上下游核心企业的产业联盟，提高中小企业对大企业、大项目的配套能力，发挥中心企业创新作用，打造一批新材料“小巨人”企业，形成以新材料为主体、上下游紧密结合的产业体系。

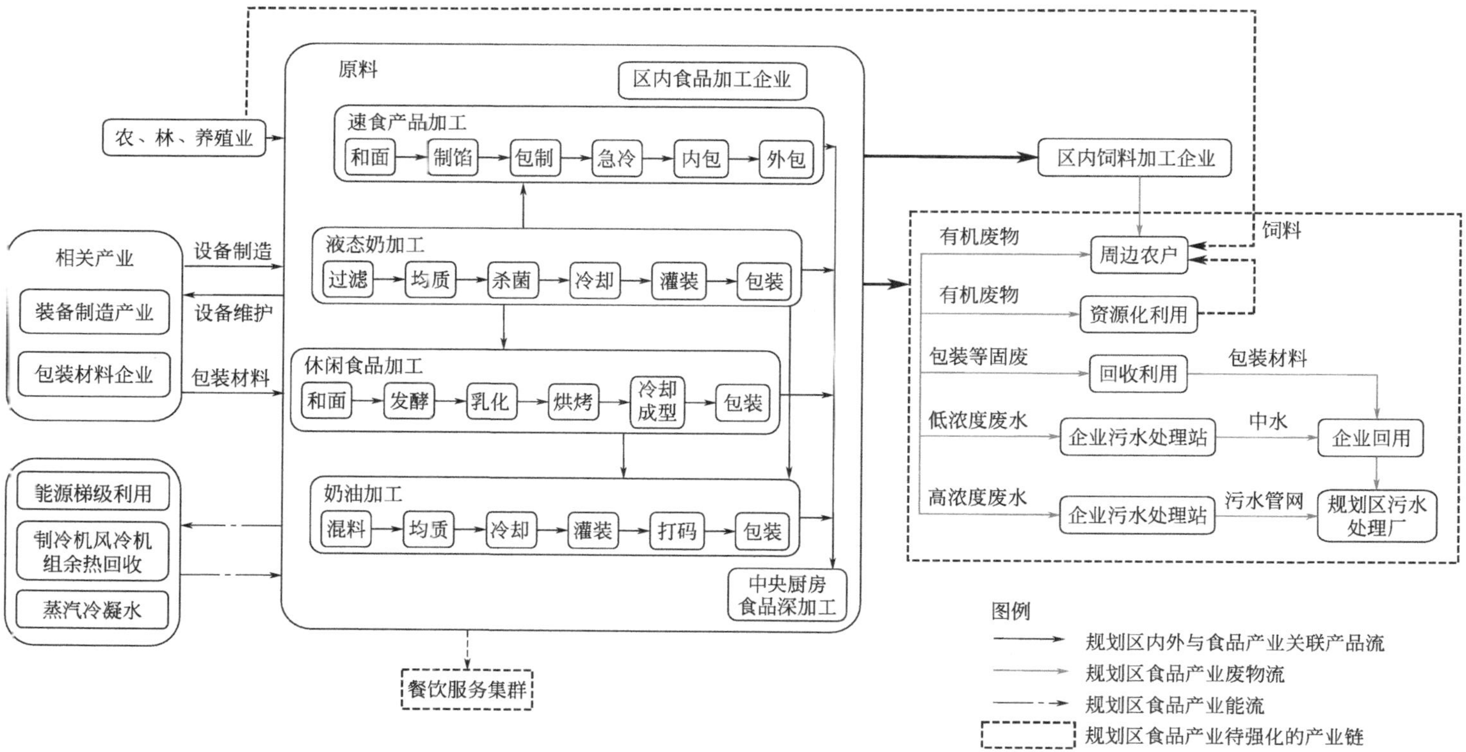

图 6-22 产业开发区 W 食品加工绿色循环产业体系示意

③ 产品结构向深加工、高附加值产品加工延伸：结合区内主导产业为装备制造和电子信息产业，各类型加工企业较多，生产基础较好的现状，重点将产品结构向汽车用材料、电子产品所用材料、建筑用节能玻璃等高端特种材料方向延伸。与区内外汽车生产企业开展合作，建立长期合作机制，一方面可以保持汽车企业原材料质量稳定，另一方面可及时了解厂家需要，针对需求开展研发。

产业开发区 W 新能源、新材料绿色循环产业体系如图 6-23 所示。

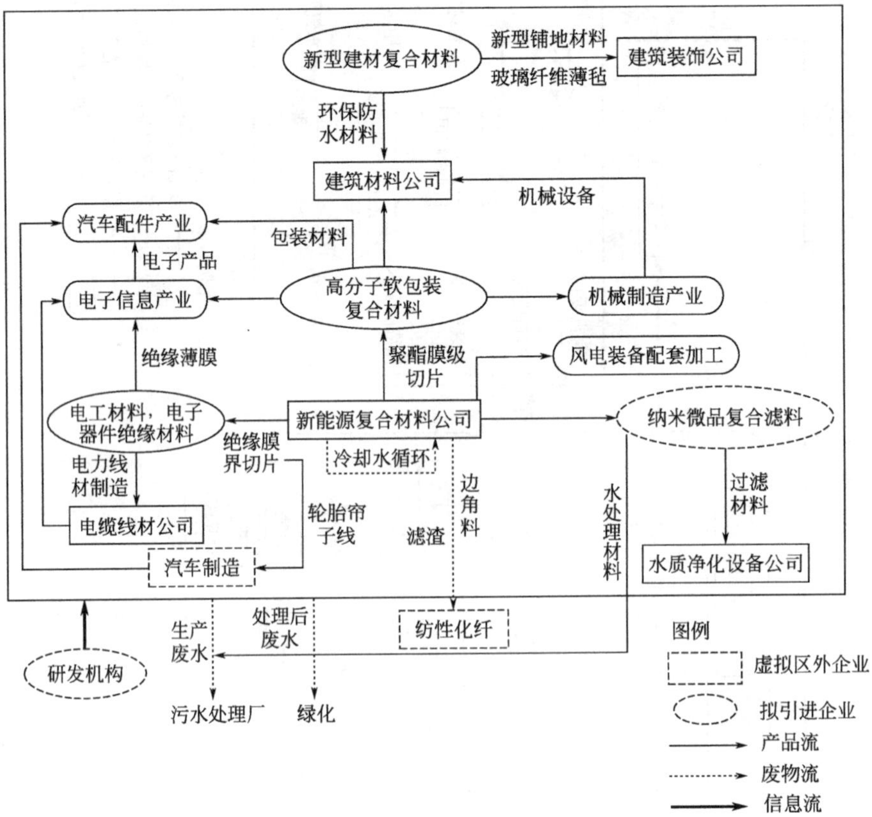

图 6-23 产业开发区 W 新能源、新材料绿色循环产业体系示意

第7章 提升期产业园区典型案例分析

7.1 高新产业区 G

7.1.1 园区概况

高新产业区 G 是经国务院批准的首批国家级高新区，核心区总面积近 240km^2，是首批国家创新型科技园区，核心区未来科技城是中组部、国务院国资委牵头率先建设的中国 4 个未来科技城之一。2014 年经国务院批准建设国家自主创新示范区，2017 年获批建设国家双创示范基地。

建区以来，高新产业区 G 以改革激发内生动力，以开放聚合全球资源，以创新驱动区域发展。园区经济发展综合实力日趋增强，已经成为对外开放的重要窗口和新的经济增长点，在环渤海区域乃至中国北方经济发展中发挥着重要的服务、辐射和带动作用。园区牢牢把握高新技术产业园区特色，始终将科技创新作为园区发展的动力，建立全国第一家火炬创业园；成为全国第一个国家知识产权试点园区；全国首家在未来科技城试行“项目准入制”，打造产城融合生态宜居科技新城；全国首推“创通票”，支持科技型中小企业创新创业。

7.1.2 绿色循环政策体系

（1）制定管理政策

为促进园区绿色、低碳、循环发展出台《高新产业区 G 企业实施节能减排鼓励办法（试行）》《企业通过 ISO 14001 环境管理体系认证资助办法》，设立“节能减排”专项资金，对区内进行工商注册、生产经营、税务登记，以本单位为主体实施节能减排的购地建厂的企事业单位予以资金支持。

出台《高新产业区 G 绿色建筑促进办法》。全面推进园区绿色建筑设计和建设，新建国家机关办公建筑、2 万平方米及以上大型公共建筑、10 万平方米及以上新建财政投资的所有民用建筑全面执行绿色建筑标准，最低标准为绿色建筑一星。为推进建筑节能，高新区每年开展节能建筑的评比工作，积极推广节能示范工程，并对优秀工程实施奖励。

组织修订《未来科技城入区项目环保准入指南（2014 版）》，帮扶项目开展前期环保论证，为大项目、好项目落户提供环保政策咨询和预评价服务。

（2）制定产业发展政策

在扶持科技创新型企业发展方面，制定《高新产业区 G 加快绿色能源产业发展的鼓励办法》《支持产业技术创新鼓励办法》《加快发展百、十亿企业的政策措施》《支持科技型中小企业发展的鼓励政策》；在中小企业孵化以及创新创业方面，制定《科技企业孵化器管理办法》《加快创新创业载体建设的若干举措（试行）》；针对科技创新型企业发展规律和金融需求，高新区制定了《支持投贷联动试点的六条政策（试行）》等鼓励政策。

在促进高新技术人才引进方面，积极出台并实施《鼓励海外高层次留学人员创新创业暂行办法》。在推进产业结构升级方面，出台《加快动漫产业发展的鼓励办法》《加快软件与服务外包产业发展的鼓励办法》《科技企业孵化器管理办法》以及《加快绿色能源产业发展的鼓励办法》等一系列鼓励政策。配合以上政策，设立“动漫产业发展专项资金”“鼓励软件与服务外包产业发展专项资金”“孵化事业促进基金”“绿色能源专项资金”，重点用于支持动漫创意产业、软件与服务外包产业、孵化器产业、绿色能源产业的企业入区发展，并奖励这些产业的高级技术和管理人员。

（3）搭建服务平台

高新产业区 G 为服务区内企业、鼓励创新，积极搭建研发服务平台。建立起以天津市集成电路设计中心、动漫公共技术平台等为代表的一批产业共性技术平台，涉及科技中介、科技咨询、专业技术服务、知识产权服务、投融资服务等领域。加大引进风险投资、技术产权交易、知识产权评估等中介机构的力度，为科技型中小企业的发展提供载体支撑。建立中国滨海国际知识产权信息服务中心，扶持科技型企业实施知识产权战略。鼓励联合建立研发机构、孵化器、加速器等各类创新载体，开展附加性创新服务业务，建立高效的协同创新网络。搭建中小科技企业孵化服务网络，提供专利、法律、信用共同体等共性服务平台。此外为支撑软件信息业发展，园区建设了较成熟的公共服务平台和公共技术支撑平台体系，包括国家软件出口基地平台、集成电路设计中心公共技术平台等，软件行业协会、软件评测中心、集成电路设计中心等服务机构入区近距离为企业提供优质服务，为信息产业的发展提供了较完善的服务功能体系。

（4）鼓励公众参与

成立环保俱乐部，高新区环保俱乐部的成员以区内企业的环保管理人员为主。管委会以俱乐部为载体，不定期组织培训、讲座、交流会等内容和形式丰富多彩的活动。到目前为止，已举办企业环境管理人员培训班、ISO 14000 内审员培训班，聘请专家进行废水达标排放管理培训，清洁生产、低碳经济的专题讲座。

以建设国家生态工业示范园区、国家循环化改造示范园区工作为契机，建立生态工业信息平台，发布各类企业的废物信息、废物价格等，为各企业间的废物交换提供平台。此外，按照信息公开的要求，发布高新区的污染物排放量、空气质量，ISO 14000 环境管理体系、生态工业、低碳经济、循环经济、清洁生产的相关内容。

7.1.3 绿色循环产业体系

（1）新能源光伏

高新产业区 G 是国家发改委批准的新能源产业高新技术产业基地，出台了《高新产业区 G 加快绿色能源产业发展的鼓励办法》，多方面促进新能源产业发展，鼓励上下游企业入区。目前高新产业区 G 新能源产业围绕“光、电、风”三大主题，形成以光伏发电、绿色电池、风力发电为代表的新能源产业集群，吸引了尤尼索拉、中国电子科技集团第十八所等重要的光伏发电生产及研发机构入区发展，进一步丰富了产业链。

目前，高新产业区G光伏发电产业以蓝天太阳、友达太阳能电池、尤尼索拉等核心企业为代表，上下游延伸产业链，形成从晶硅光伏到薄膜光伏、聚光光伏组件，从单晶拉制到太阳能电池，从产品研发到安装服务的综合性光伏产业链。核心研发力量强大，拥有关键技术设备，产品可应用于大型厂房、航天设备等，具有广阔的市场空间。利用研发优势开发新光伏材料产品线，形成以砷化镓、铜铟镓硒等为新光伏材料的聚光光伏产品已覆盖外延材料、电池片、接收器、组件和系统的全产业链，同时积极拓展晶硅电池、薄膜电池、储能电池和光伏应用的产品和服务。高新产业区G绿色循环光伏产业链如图7-1所示。

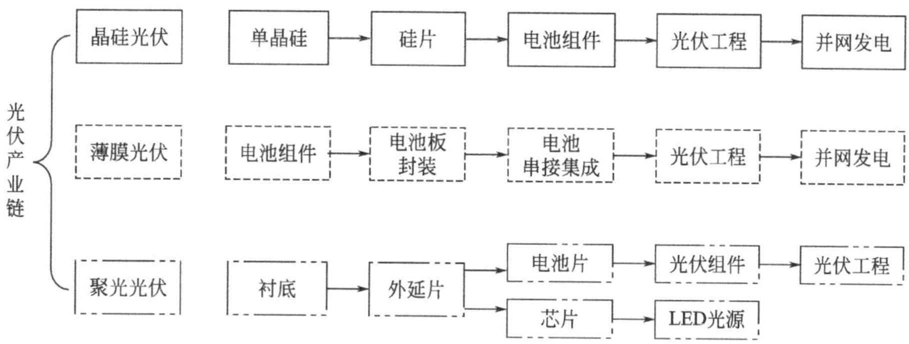

图7-1 高新产业区G绿色循环光伏产业链示意

（2）新能源电池

绿色电池领域，高新产业区G拥有以力神电池为核心的锂电池生产企业，在此基础上开拓创新，将产业链扩展到覆盖各个行业的整体电源解决方案体系，同时构建了绿色电源服务平台，形成包括生产销售、跟踪服务、技术支持、产品研发的新能源电池绿色循环产业体系（见图7-2）。截至2016年年底，整个高新产业区G的新能源电池集群企业数量达到156家，以锂离子电池为代表的主导及关联产品国内市场占有率超过7%。一大批国际国内有影响力的重点龙头企业，在动力电池、储能技术、智能电网等

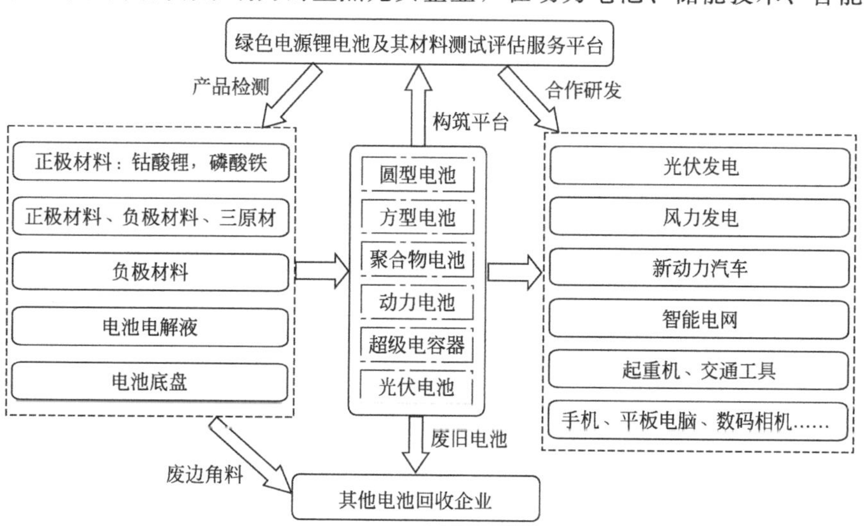

图7-2 高新产业区G新能源电池绿色循环产业体系示意

领域具备行业领先优势。其中力神电池成为国内投资规模最大、技术水平最高的锂离子电池生产企业，市场份额稳居全球前五。

结合新能源电池领域发展优势，高新产业区 G 把产业发展重点向新能源汽车领域转移。园区已引入国能新能源汽车、华泰汽车、波士顿电池等企业，联合构建新能源汽车全产业链的有效集聚，产业规模和发展水平也跃升到新的台阶。

（3）制造业

高新产业区 G 现代信息技术产业打造出高性能计算机、数据库与信息安全、安防物联网、软件服务外包等细分领域优势，形成了数字内容与创意、云计算、大数据、移动互联等新兴业态。

1）高端集成电路制造

以中环半导体为龙头的信息制造产业集群在高新产业区 G 日臻成熟，逐步壮大，已形成以环欧—中环—领先为主体的产业链，技术先进，实力雄厚，是国内通信、家电、电气设备制造等企业的主要供应商。同时配合高新区光伏发电上游硅材料的生产，发展起独具特色的硅材料＋半导体器件＋新能源产业链（见图 7-3）。

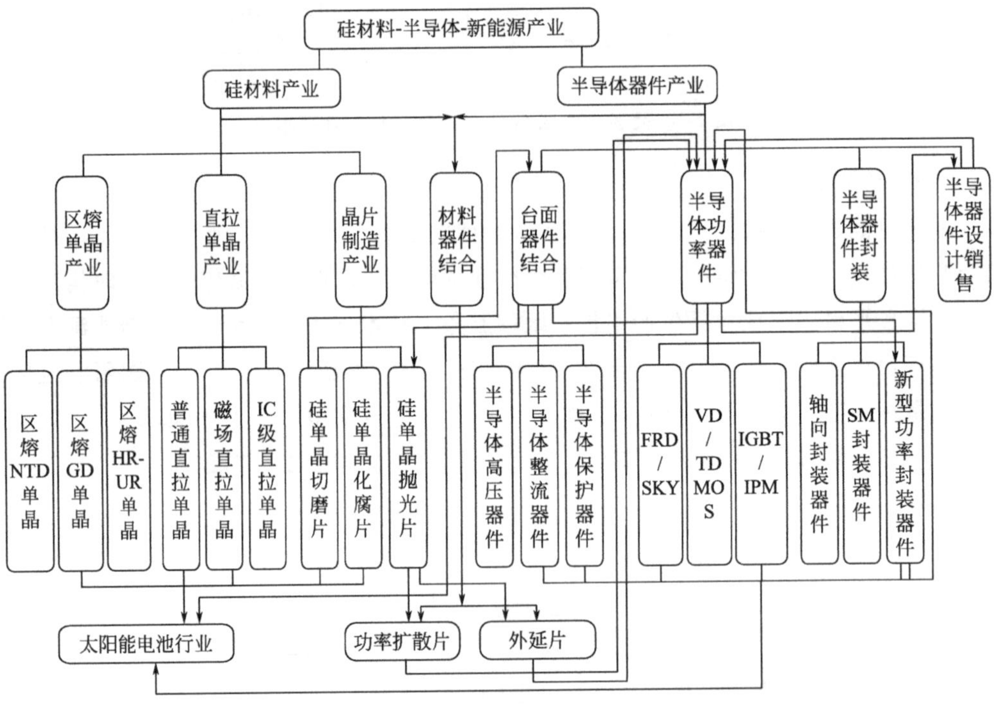

图 7-3　硅材料＋半导体器件＋新能源产业链示意

产业链前端的环欧半导体，是从事半导体材料硅单晶、硅片生产的企业，形成了以直拉硅单晶、区熔硅单晶、直拉硅片、区熔硅片为主的四大产品系列，是中国硅单晶品种最齐全的厂家之一。环欧半导体生产的高品质大直径区熔产品转入天津中环领先材料技术有限公司，该公司生产的大直径区熔硅抛光片则转入中环半导体，应用于制作半导体功率器件。而单晶拉制过程中的边角料则用于普通民用太阳能电池制造。其中中环半导体器件产业经过多年技术创新的积淀，掌握了从芯片到封装的全套核心技术；节能型半导体功率器件产业在净化间设计、动力配套、装备水平、产品品种、产品技术方面均处于国内同行业领先水平。

2）高新信息硬件制造

一批具有自主知识产权的高新信息制造企业为高新区发展注入了新的活力。在高新信息硬件制造方向形成了以集成电路、高端计算机为代表的国产自主创新链，以互联网连接个人、生活、产业形成“互联网＋”概念的智能硬件产业链。此外依托飞腾 CPU 项目和软件园、信息安全产业园为载体，重点发展电子核心部件、IC 设计制造、封装测试等，形成完整的电子核心基础部件产业链。

充分利用集成电路设计中心平台，面向全市集成电路设计、测试等企业提供全方位的技术支持与服务，构建 EDA 软硬件、MPW/硅知识产权、集成电路设计验证与测试、人才培训和全方位的企业创业服务支撑平台。以建成领先的集成电路产业集聚区为目标，做大做强电子核心基础部件产业链环节。

现代信息技术两大核心产业链如图 7-4 所示。

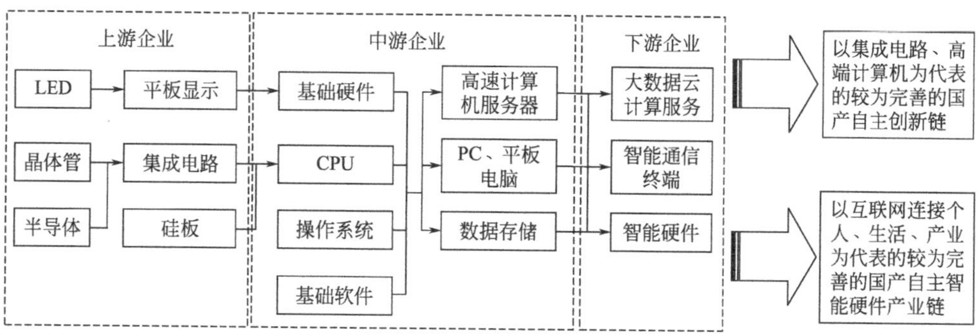

图 7-4　现代信息技术核心产业链示意

（4）装备制造业

高新产业区 G 初步打造了航空航天和智能装备制造两大产业集群。航空航天领域集聚一批国内核心领军企业和研发机构，在超大型航天器和特种飞行器研发、制造、测试、环境试验等领域技术水平和服务能力全国领先，资本、人才等创新要素聚集力度强大，拥有极高的战略位势。智能装备制造领域中，以亿美博为代表的数字液压细分领域核心技术处于世界领先水平，产品应用范围广泛，发展潜力巨大。

航空航天装备领域，充分发挥龙头企业的带动作用，着力打造航空航天研发及产业化发展平台。强化发展空间飞行器总体设计、非系统研制生产、总装测试、环境试验等关键环节，重点发展航天器推动系统、有效载荷系统、结构机构系统等核心环节，突破发展无人机制造、测试、后端服务等环节，不断拓展航空航天产业发展领域。

高档数控机床和机器人领域，以智能装备研发生产基地建设为契机，以重点项目为依托，积极推进具有高精度、高可靠性的中高档数控装置、伺服电机、伺服驱动装置等关键部件的研发及产业化进程。探索发展个性化定制、敏捷制造等新型生产模式，逐步构建与周边地区装备制造产业的长效合作机制，着力提升关键部件在本地企业成套装备中的应用水平和规模。

(5) 现代服务业

现代服务业是高新产业区 G 重点发展产业。园区有各类科技服务机构，行业涉及研发服务、科技中介、科技咨询、专业技术服务、知识产权服务等领域，位居天津市前列。

文化创意领域，集聚卡梅隆-佩斯集团、百泰珠宝、神界漫画等代表企业，初步形成集内容、设计制作、营销服务于一体的立体化产业结构。“文化＋金融”新型产业组织模式助推资源快速集聚，为产业超常规发展提供了重要支撑。

生命健康领域，聚集药物研究院、稀宝博为等代表企业，在医药研发、检测服务、健康咨询等领域逐渐形成发展特色。

生产性服务业、科技服务业领域集聚一批技术研发、服务外包、创业孵化、科技金融及科技中介骨干企业，对实体经济的支撑作用日益凸显。

节能环保服务业方面，盾安（天津）节能系统有限公司作为再生能源行业的先锋军，拥有国际领先的节能环保专利技术优势，主要致力于城市原生污水源、水源（井水、海水、湖水）、土壤源热泵系统，工业余热回收、电厂废热回收的集中供热（冷）工程的系统设计、设备供应、工程施工、运行管理以及售后维护等全方位的服务。该公司的非常规水源热泵项目被列入国家火炬计划，能有效解决利用城市原生污水及江、河、湖、海水为建筑提供冷热源的世界性重大课题，在全球性节能减排、环保、水资源利用等方面取得了开创性的成果。

软件服务业方面，在软件服务外包、信息安全软件、嵌入式软件、动漫游戏等特色领域突显出强大的行业聚集效应。以数字内容、信息安全服务、电子商务为代表，打造新兴信息服务链。

7.1.4 水资源绿色循环体系

(1) 推进分质供水体系建设

高新产业区 G 重视水资源集约节约利用，分四个步骤实施多项工程，促进中水替代新鲜水使用，构建“集中处理、分质供水”的供水模式，实现水资源优质优用、低质低用和梯级利用。高新产业区 G 水资源循环利用系统如图 7-5 所示。

第一步，规划建设中水先行。

高新产业区 G 重视水资源集约节约利用，将中水利用作为一项重点工作，自建区之初便将中水管网建设及中水利用设施纳入规划考虑之中。中水主干管网随主干道路同步规划、同步设计、同步施工，同步完成中水利用的基础设施建设。因此区内中水利用具有完善的基础设施，环外区各个地块均有中水管线覆盖，为此后在区内推广中水使用奠定下坚实的基础条件。

第二步，积极提供再生水源。

所辖地块或自建污水处理和再生水利用设施，或积极洽谈区外再生水厂，将中水引入园区，并对中水水质和出水稳定性进行考核，确保中水保质保量供应，满足企业生产生活需求。园区建立了自来水和中水两套供水设备和管网系统，原有市政供水管网负责提供对水质要求较高的生产生活用水，以再生水厂的中水作为园区的第二水源，提供低质用水。

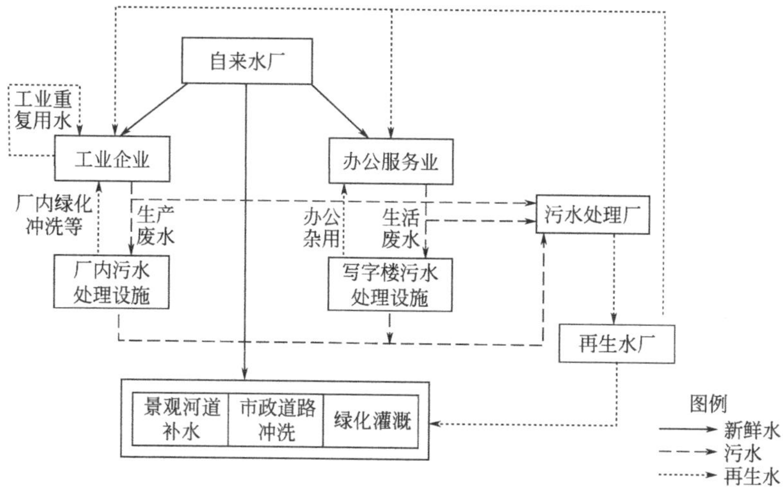

图 7-5　高新产业区 G 水资源循环利用系统示意

第三步，工程中水接入到户。

为切实提高中水利用率，在中水管网铺设工程基础上实施中水接入等一系列具体工程，促进中水替代新鲜水使用。所有企业中水到户，公共设施中水到点，形成了企业积极使用中水，公共设施能够大面积利用中水的局面（见图 7-6）。

① 接入基础设施：主要用于环外区市政道路冲洗、公共绿地及厂内绿地灌溉、景观河道补水。接入工程分期实施，完善了中水管网的使用功能，完成了绿化浇灌点 82 处、环卫加水点 4 处、河道补水点 8 处。

② 接入企业：通过企业中水接入点工程和中水管道连接工程，实现中水全覆盖，工业企业厂区内部的绿地也以中水作为灌溉用水。此外部分企业绿化用水还与雨水收集利用相结合，进一步节约新鲜水。

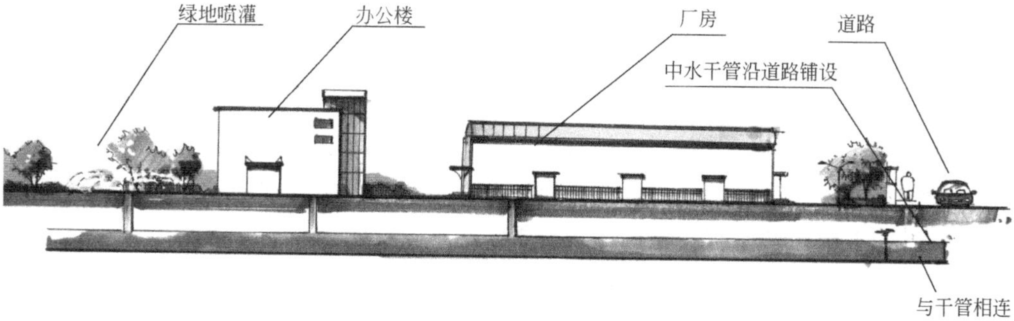

图 7-6　中水接入工程实施示意

第四步，加强宣传政策引导。

管委会通过管理、财政、宣传等手段鼓励中水使用。

① 管理手段：项目审批环节，要求企业在项目建设过程中同步建设中水管线等中水回用设施，为企业中水利用打好基础。

② 财政手段：一方面充分利用工业自来水和中水差价，发挥企业自主积极性；另一方面，为鼓励中水的利用，管委会制定并颁布了《企业实施节能减排鼓励办法（试行）》，对使用中水的企业予以资金支持。

③ 宣传手段：利用环保宣传日、网上信息平台、企业家俱乐部、社会监督员等方式，向区内企业宣传中水利用。

（2）采取节水及回用措施

节约用水是提高水资源利用效率、从源头减排的根本途径。高新产业区 G 的企业积极采取节水措施，部分企业还采用污水原位再生技术，有效节约水资源。

① 节约生产用水：对区内主要耗水企业，如中环半导体和环欧半导体开展审核，督促其改进用水工艺，优化管理，优化循环冷却水工艺，实现水资源的循环利用和再生利用。

② 节约办公用水：加强节水宣传，通过宣传画等形式促使用水完毕及时关闭用水器具；办公楼宇管理中定期检查用水器具的“跑、冒、滴、漏”现象，及时维修；在办公楼、公建设施、商业设施广泛使用红外控制水龙头、延时自闭冲洗阀、节水型水箱、红外控制节水器等节水器具，鼓励企业采用节水型淋浴器、坐便器。

③ 节约绿化用水：在绿化面积较大，绿化用水量较多地块，优化灌溉方式具有很大节水潜力。除推行中水灌溉外，目前高新区市政部门和企业内部都在节水型灌溉上下功夫，采取喷淋等方式压缩绿化用水量。此外西门子等企业充分挖掘雨水利用潜力，将雨水收集在雨水井内，补充绿化用水。在采取以上方式后，绿化用新鲜水量可节约80％以上。

④ 污水原位再生回用：协和干细胞基因工程有限公司内部设有污水处理站，公司产生的主要是办公、生活污水，以及少量的冲洗实验器皿的蒸馏水，全部进入厂内污水处理站。经过处理后的出水作为企业内部绿地灌溉及道路浇洒的生态用水，通过中水回用可节约大量新鲜水。

7.1.5 绿色循环能源体系

（1）优化能源利用途径

推广分布式新能源，提高非常规能源利用量。按照“清洁高效、多能互补、先进适用、综合协调”的原则，发挥园区自身科技、人才优势，充分利用三安光电、英利新能源、明阳风电、盾安节能等区内企业的产品和技术力量，鼓励太阳能、风能、地热能、非常规水源热能等非常规能源在园区的应用和推广，提高非常规能源利用率。制定并实施未来科技城北区分布式能源规划，采用成熟稳定的新能源技术，构建先进可靠的能源利用体系，实现光、地热及燃气等新能源的综合利用和优化调度。

推广能源梯级利用技术，加大工业余热利用。推广普及余热余压回收利用等能源梯级利用技术，优先支持使用非常规水源热泵利用工业余热、能量梯级利用等节能低碳新技术的开发与应用，鼓励相关企业开展余热回收利用工程。

（2）强化生产过程改造

推行全流程低碳设计，构建低碳产业链。围绕园区主导产业，通过绿色招商、产业链招商、工艺升级和技术研发等，推行生产过程全流程低碳设计，构建低碳产业链，提升工业生产低碳化水平。重点搭建废旧电池回收体系和平台，积极开展废旧电池拆解技术研发和示范，建设以企业为主体的产业创新体系，促进绿色二次电池回收、锂电池再生等先进技术的研发和产业化。

强化企业节能技术改造，提高企业能效水平。高新产业区 G 在企业内推行 ISO 14000 体系管理和合同能源管理，鼓励企业对生产设备、工艺过程进行节能改造。高新区内企业、服务业积极配合，开展大批低碳改造工程。根据《国家重点节能技术推广目录》和园区自身特点与未来产业发展走势，筛选先进节能技术在区内予以推广。鼓励企业通过国际合作交流以及与国内其他高新区、工业园区之间的交流，引进同行业先进生产工艺技术并逐步推广。推进重点企业清洁生产审核，鼓励企业在优化生产工艺流程、提高工艺技术水平方面不断挖掘节能低碳潜力，从源头减少能源消耗和污染物的产生，提高清洁生产水平，减少碳排放。

（3）基础设施低碳化建设

优化交通设计规划，完善公共交通系统。强化物流综合管理，建立物流信息系统，提高车辆运输效率。大力倡导绿色出行，开设园区内部及区域之间的免费班车线路，接送企业职工上下班。优化交通站点设置，在公交站点设置人性化设施，提供遮阳、座椅及无障碍设施。完善非机动车绿色通道建设，增加人行道、自行车道等慢行系统，慢行系统与景观、城市空间相结合，慢行系统与机动车道间设置隔离带，形成林荫道。推广新能源汽车，降低交通工具碳排放。

开展公共照明系统节能改造，增强低碳服务功能。建成区道路路灯安装智能节能控制柜，在未来科技城规划建设区域，政府投资类工程、区内路灯、信号灯、指示牌、景观灯等公共照明系统中使用 LED 高效节能灯管等绿色节能设备。

强化园区绿化建设，增加城市碳汇能力。坚持见缝插绿的原则，充分利用一切可绿化的土地，强化园区绿化建设，合理设置乔灌草比例，增加园区碳汇能力。在工业用地与商务、居住用地之间合理设置防护隔离绿化带，在主干道两侧建设景观道路绿化带，推行屋顶绿化和垂直绿化，提高园区绿化水平。

推广普及绿色建筑，建成区推动既有建筑节能改造。启动既有厂房的节能改造计划，充分利用园区光伏发电、地源热泵、非常规水源热泵等技术优势和合同能源管理等节能服务，有计划有步骤地开展对既有工业厂房的低碳化改造。全面开展大型公共建筑节能诊断，逐步实施既有建筑节能改造工程，实行用能分类计量、用能定额管理。利用现代信息技术和管理技术，推广能源合同管理模式，降低建筑暖通空调能耗。推广建筑节能技术，促进节能建筑和节能标准厂房建设。

7.2 开发区 T

7.2.1 园区概况

开发区 T 成立于 1984 年，是国务院批复的全国首批 14 个国家级经开区之一。经过 30 多年的发展，开发区 T 已由一片年产值仅为 300 万元的盐碱荒地发展成为年产值超过 8000 万元的产业新城，规划面积已达 460km^2，是中国（天津）自由贸易试验区重要组成部分，国家自主创新示范区、国家新型工业化产业示范基地、国家金融创新运营示范区、全国首批双创示范基地、全国首批产融合作试点城市（区），主要经济指标和综合发展水平在国家级经开区中位居前列。开发区 T 已形成以汽车、电子、石化、装备制造、医药大健康为支柱的产业集群，正在发展以总部经济、现代金融、文化创意、跨境电商、现代物流为代表的现代服务业产业集群，和以新一代信息技术、智能制造、新能源新材料、节能环保、海洋经济为代表的新兴产业集群。

开发区 T 自建区以来一直注重发展的效益和质量，在经济发展的同时，致力于走一条绿色、创新发展之路（见图 7-7）。2000 年以来先后成为 ISO 14000 国家示范区、中欧环境合作首批生态工业试点园区、首批国家循环经济试点园区和首批国家生态工业示范园区、国家循环化改造示范试点园区、首批国家低碳工业试点园区、气候友好型环境管理试点园区和首批国家绿色园区。现已成为中国经济规模最大、外向型程度最高、综合投资环境最优的国家级开发区。

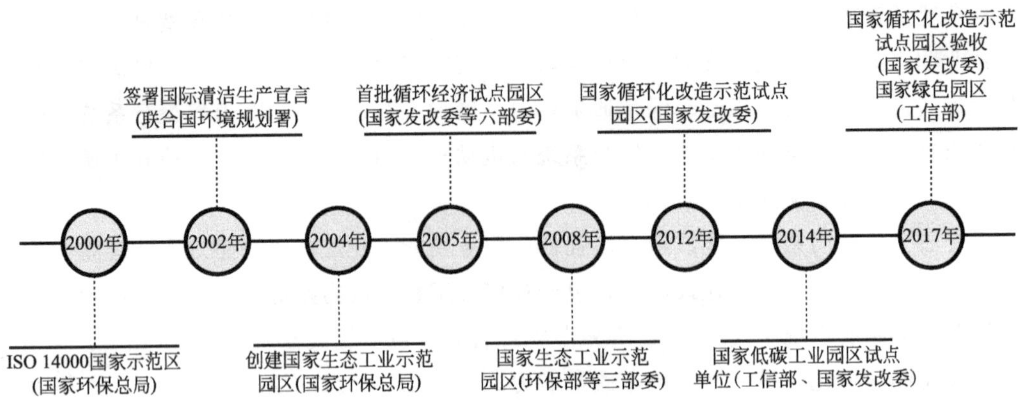

图 7-7 开发区 T 绿色、创新发展之路

开发区 T 是典型的综合型一区多园模式的产业聚集区，根据区域发展的具体需要，推进园区绿色低碳循环经济建设大致可以划分为三个阶段，即以建设集约化基础设施为支撑的区域资源能源循环系统建设；以促进补链项目投资建设为抓手的支柱产业循环链条建设；以管理机制创新为依托的循环经济网络建设。绿色低碳循环经济建设是一个循序渐进的过程，需要理念的引入、项目的实施和管理的创新相辅相成系统推进。开发区 T 绿色低碳循环经济建设的三个阶段也是相互交融的，没有明确的界限，特别是管理机制创新的探索一直伴随着循环经济建设的全过程。

7.2.2 绿色循环基础设施建设

开发区 T 加强基础设施建设，提升共享与集约化运行水平，重点且有序地针对水资源供应、能源供应、固体废物处置与综合利用、交通运输设施等与绿色发展息息相关的基础设施，实施生态化工程项目，推进园区内物质流、水流、能量流、交通流的循环顺畅流动和有效共享。开发区 T 基础设施共享体系如图 7-8 所示。

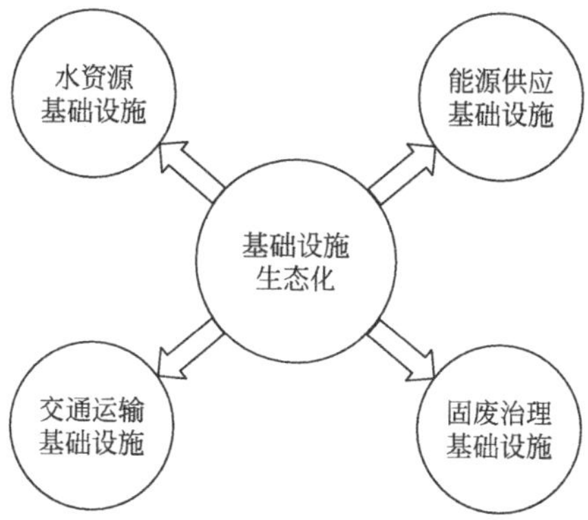

图 7-8　开发区 T 基础设施共享体系示意

（1）水资源循环系统

开发区 T 从扩大再生水利用和水环境改善两方面入手，开展水资源基础设施生态化建设。先后实施再生水厂建设、再生水管网建设、污水深度处理及人工湿地等项目，在提高再生水生产和输送能力的同时，保证污水的安全排放，保障了水环境生态系统的安全与修复。

园区把污水集中再利用工程作为延伸水务产业链的重要措施，再生水主干网络已经覆盖东区，建成全国首个以再生水为补充水源的人工湿地和人工湖。人工湿地工程对处理达标的污水进行深度处理后用于景观和绿化，形成较为完整的区域水资源处理-再生-再利用模式（见图 7-9）。

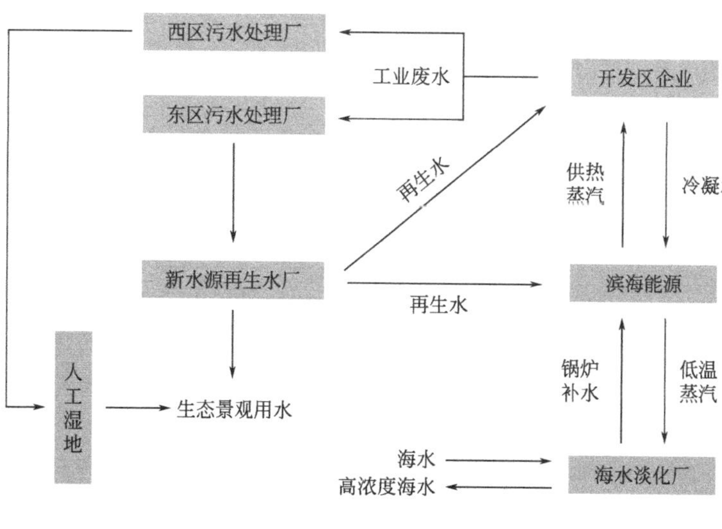

图 7-9　开发区 T 水资源循环系统示意

（2）能源基础设施产业链

开发区 T 开展企业间能源共享设施项目建设，积极推进能源基础设施共享，为资源能源优化高效利用提供支撑。园区改善能源结构，不断实施地源热泵、污水源热泵等新能源利用项目。推进卡博特、东海炭素公司实施了炭黑排放的可燃尾气综合利用等项目，实现企业余热与园区的共享。开展能流分析，强化能源计量，组织符合条件的大型公共建筑安装能耗监测系统。

园区通过资源能源基础设施建设形成了以污水处理、再生水利用和能源供应为核心，独具特色的共生产业链。通过这些产品和废物代谢关系，物质在开发区各组成企业间稳定循环，很大程度上实现了横向耦合、纵向闭合以及区域整合的跨产业生态共生关系。

（3）固体废物资源化设施

开发区T加强固废污染防治基础设施建设，搭建园区污染“零排放”的支撑平台。推进投资建设一般工业固体废物分拣中心项目，为园区生产型企业提供物业化的废物管理服务。建设区域危险废物处置中心，保证化工产业废物安全处理、处置，同时还与周边区域建设的垃圾焚烧厂、污泥综合利用公司签署合作意向书，实现污泥100%综合利用以及餐厨垃圾的综合利用。建设电子废弃物资源综合利用项目和废旧家电回收处置生产线、废铅酸蓄电池资源综合利用项目、废钢资源综合利用项目、废铝资源综合利用项目，有效地提高区域物质循环利用率。

（4）交通运输设施清洁化

推行绿色交通，实施公交车改燃、轻轨、导轨电车等绿色交通项目。2004年，当时中国线路最长、以电力为能源的津滨轻轨正式开通；2004年，泰达公交公司更换40多辆燃气公交车上路；2007年，有着“小轻轨”之称的导轨电车开通。倡导绿色出行的生活方式，现在摩拜、ofo、哈罗等共享单车运行成熟，已基本形成共享单车系统化管理机制。

7.2.3 绿色循环产业体系

开发区T实施以“点、线、面”相结合为特色的绿色循环产业发展模式，同时优化“点、线、面”，共同构建“产业链、产品链、废物链”，同步实施“集团化、基地化、链条化”，以全方位、系统化的产业绿色化发展战略，探索打造清洁高效的绿色循环产业体系（见图7-10）。

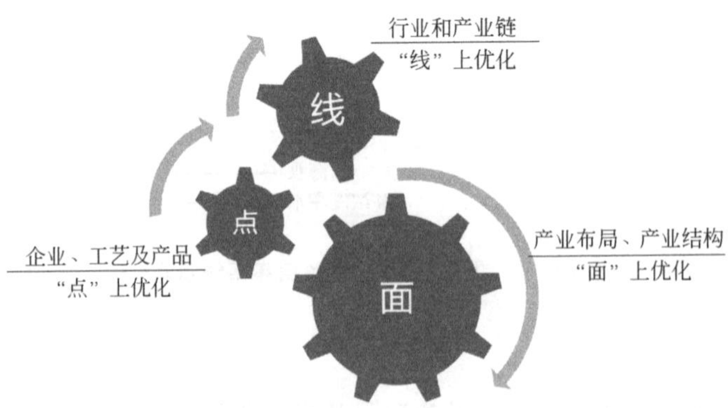

图7-10 开发区T产业化生态发展示意

（1）以“点”示范，实施绿色循环改造项目

引导和鼓励企业实施绿色循环改造项目，鼓励企业开展生态化管理，绿色循环改造案例不断涌现。如奥的斯公司建成天津市首个绿色工厂，在追加投资不超过7%的条件下，综合能耗降低25%；诺维信公司加强能源管理，削减二氧化碳排放；矢崎天津工厂开展了能源审计，预计每年可实现节能收益约150万元；丰田公司生活污水和工业污水经处理后，回用于生产和绿化，节省绿化用水费用约500万元/年等。还有部分企业开展生态设计，如康师傅饮品的减量化包装设计等。

以“点”示范的方针充分发挥对全区的带动作用，在示范企业带动下，企业配合积极性提高，2008～2016年，园区企业共实施节能改造类项目250余个，年节约标准煤约11万吨。全区创建两家国家环境友好企业、7家省级环境友好企业、3家省级清洁生产示范企业，完成能源审计工作的企业120余家次，完成清洁生产审核的企业100余家次，建立ISO 14001环境管理体系的企业430余家。

（2）以“线”为纲，延伸生态产业链

开发区T促进产业结构优化升级，围绕电子通信、装备制造、生物医药、食品饮料、石化产业等支柱产业，不断引入高水平补链项目。发展动静结合的产业体系，引入静脉产业，围绕主导产业及共性废物，引进电子废物、废铅酸蓄电池、汽车拆解和废钢的资源综合利用等静脉产业项目，带动产业链条不断延伸和完善。

园区推行绿色供应链管理，以三星、丰田、诺维信等大企业为核心实施绿色供应链管理。通过环境管理体系认证、生态设计、主动公开环境和社会责任信息等手段，带动上下游相关企业开展节能减排和清洁生产活动，促进产业链和产品链优化。全区产业关联度稳步提高，形成以下4个产业链。

① 电子信息产业链。以三星等移动通信跨国公司为核心，联合相关企业，包括新型电子元器件、视像设备、汽车电子和微电子等生产企业，并与电子废弃物资源化利用公司开展合作，引入泰鼎电子废弃物综合利用项目，形成了企业间以产品、副产品交换为特征的互利共生关系，完善电子信息行业循环经济产业链。

② 装备制造产业链。围绕汽车制造业，吸引包括日本、韩国企业在内的一大批汽车零部件配套生产企业落户开发区，引入静脉产业，如围绕汽车产业废钢、废铝的虹钢铸钢、丰通再生铝项目等。资源再生利用企业的进驻完善了汽车行业循环经济产业链，形成了“资源-产品-废物-再生资源”的闭路循环流动。

③ 生物医药产业链。主要是将医药生产中的固体废物，如生物发酵残渣和污水处理产生的活性污泥，加工改造成为优质有机肥，应用于开发区及其周边的绿地和农田。此外还将生产中的废水经处理后用于开发区的绿化灌溉及道路冲洗，这些对废物和废水的转化和利用延长了产业链。

④ 食品饮料产业链。围绕核心企业的主导产品形成上下游产品的生产及资源的综合、循环利用模式，如推动高能耗的食品行业与区域供热公司开展冷凝水回用工程，建立能源的梯级利用体系。顶新集团围绕核心产品方便面生产形成了与上下游企业的群簇发展模式，并对废面、其他食品废物、废水等进行综合处理和循环利用。

（3）全“面”优化，构建绿色循环产业体系

① 源头优化。实施环保、节能、安全一票否决制，禁止引入“三高两低”（高消耗、高污染、高危险和低产出、低效益）的项目。积极引进如一汽丰田、三星等的大集团和行业龙头项目，实施集团化、基地化、链条化战略。

② 结构升级。编制支柱产业发展规划，配套出台相关产业政策，以提高产业集聚水平。大力发展先进制造业和现代服务业。延伸产业链，由简单的加工制造向研发设计和销售两端延伸，促进科技发展，鼓励自主创新，转变发展方式。

③ 发展新兴产业。建设滨海新区云计算产业基地、新能源产业基地（维斯塔斯、东汽风电、京瓷太阳能、中兴能源）、新药研发和产业化基地以及新一代运载火箭研制生产和产业化、军民结合的重要航天基地。

开发区T绿色循环低碳产业体系构建如书后彩图4所示。

7.2.4 绿色循环管理创新

（1）创新管理制度：一般工业固体废物全过程管理制度

作为全国循环经济示范园区和循环化改造示范试点园区，开发区长期以来坚持3R原则，2011年实施了“一般工业固体废物全过程管理制度创新项目”，借鉴日本关于工业固体废物的管理经验，开展“一般工业固体废物联单管理制度”“开发区T一般工业固体废物生态管理标识（LOGO）认证活动”以及“工业固体废物源头减量化”培训活动。开发区T已形成完善的一般工业固体废物转移联单制度，如图7-11所示。

2011～2015年，区内30余家大型生产型企业参与此项管理创新项目，这些企业在产业分类上涵盖了电子通信、机械制造、食品饮料等开发区支柱产业，一般工业固废产量估计达开发区总量的30%以上，具有很强的代表性。截至2018年，已经近70家企业参与一般工业固体废物生态管理标识（LOGO）评选活动，说明了“一般工业固体废物全过程管理制度创新项目”逐渐被区内企业认同（见图7-12）。此项目在一定程度上规范了开发区T重点企业中一般工业固体废物管理，提升了废物综合利用率，促进了工业固体废物的减量化和无害化处理处置。开发区T实施的一般工业固体废物全过程管理制度创新，是区域循环经济建设的有效尝试。

（2）创新促进政策：1亿元节能环保鼓励资金

2007年开发区T发布《鼓励节能降耗、环境保护暂行规定》，设立“节能降耗、环境保护专项资金”，每年预算1亿元。根据每年更新的《开发区T节能降耗、环境保护重点鼓励项目名录》，支持区内企业节能、节水、环境保护改造和相关示范工程项目，以及相关培训和宣传工作。截至2018年年底，节能环保鼓励项目达1300多个，各级财政累计向企业兑现补贴超过9亿元。

（3）创新公共服务：线上+线下双平台服务

2010年创建开发区T低碳经济促进中心作为线下平台，开展技术推广、专业培训、国际合作和科普教育等工作。以实施欧盟“转变亚洲”项目为契机，引入英国国家产业共生管理模式，针对企业间关于废物资源综合利用的信息不对称的问题，通过组织培

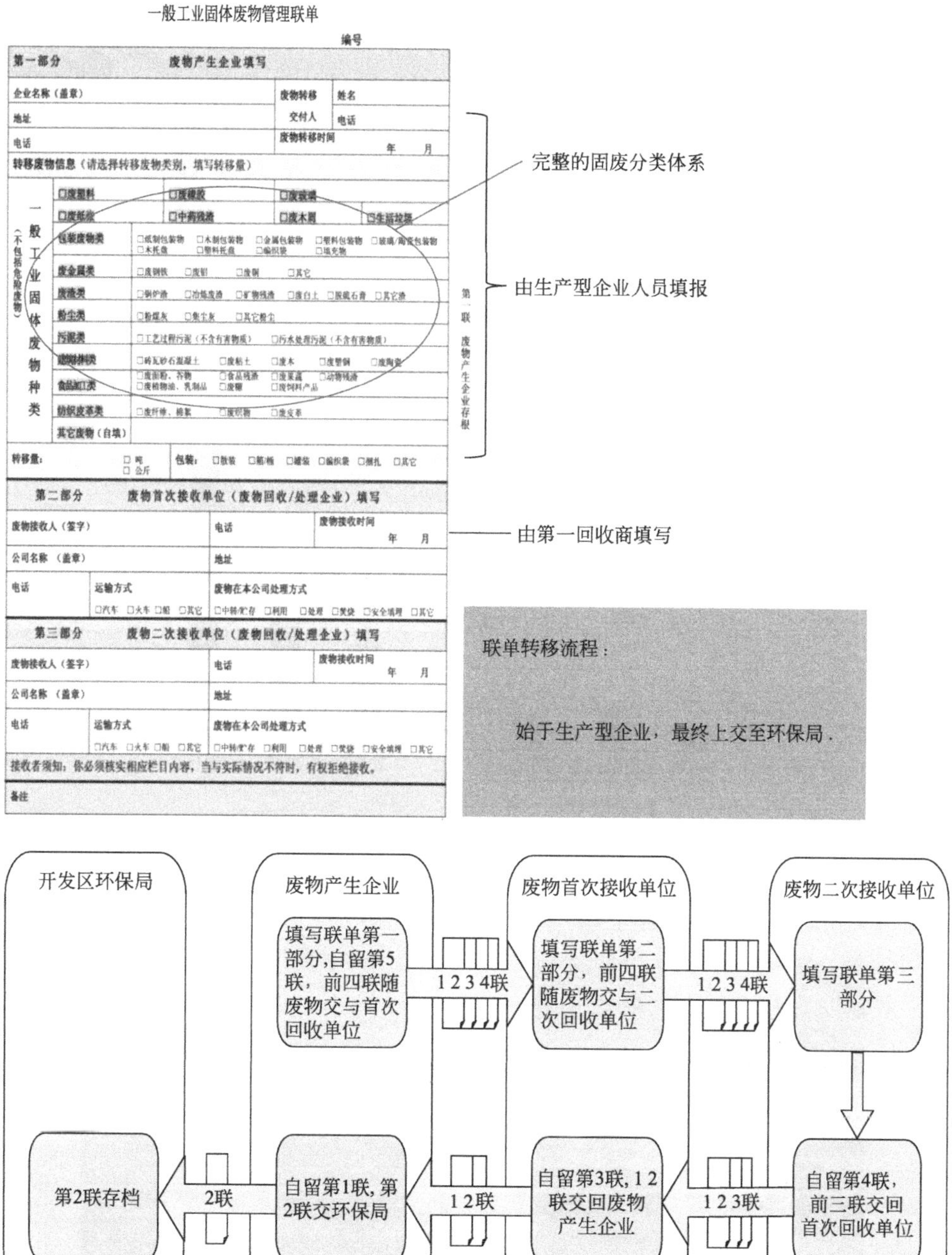

图 7-11 开发区 T 一般工业固体废物转移联单制度

训、废物速赢研讨会、信息网络建设的方式，在 4 年的项目实施期间，吸引了 900 多家企业（包括周边区域企业）参与产业共生项目，实现 99 组废物资源对接；减少了 98.1 万吨垃圾填埋量、16.8 万吨二氧化碳排放量。截至 2016 年总计开展 100 场节能环保主题培训会（见图 7-13），2015~2016 年累计受众达到 6261 人。

建成产业共生信息服务平台作为线上平台，成为园区循环经济公共服务平台的核心内容。2016 年结合园区循环化改造，对原有平台进行升级，开发建设绿色发展信息服务平台（见图 7-14）。

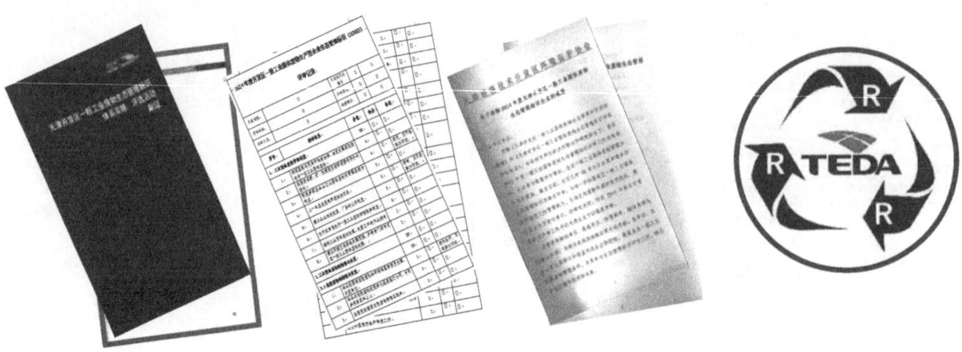

图 7-12　开发区 T 一般工业固体废物生态管理标识

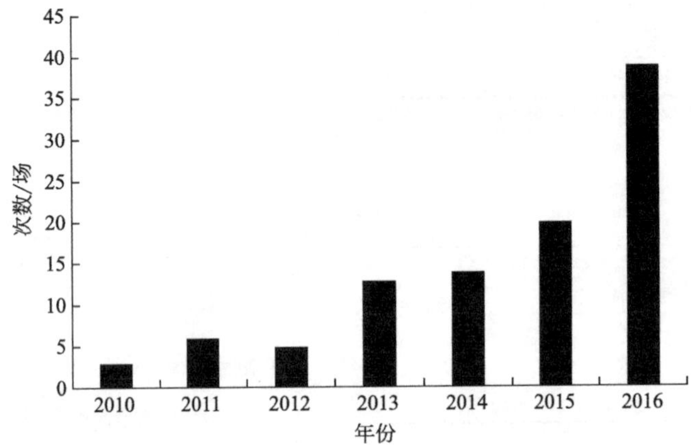

图 7-13　开发区 T 低碳经济促进中心节能环保主题培训统计

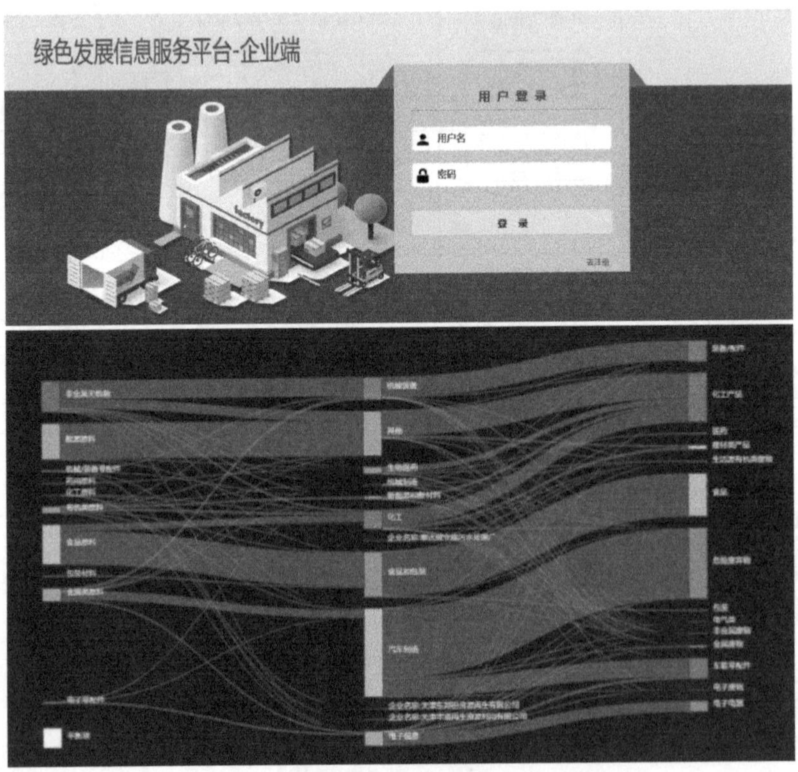

图 7-14　开发区 T 绿色发展信息服务平台

该信息服务平台建设面向企业、产业链和园区三大循环化改造主体的实际需求，自底向上，以企业数据为核心，基于企业数据调研，进行系统化构建，具体有以下3个方面。

① 对于企业，引入循环化改造技术数据库和信息服务模块，诊断分析企业工艺优化路径，并定制推动政策扶持、废物交换、技术支撑等的信息。解决企业对副产品及废弃物流向信息、行业技术信息、政策信息、项目信息等掌握不足的问题，辅助企业进行技术改造升级和废物共生交换。

② 对于园区主导产业链条，通过产业模型诊断方法、产业共生热点识别算法、废物交易信息智能搜索与在线竞价法，解决了园区由于产品原料众多带来的产业链条发展路径不明晰、产业共生热点识别困难、物质交易信息不对称等一系列问题。

③ 对于园区管理者，平台构建物质、水、热的共生识别方法和工具，辅助管理者发现物质、水、热等耦合共生热点和机会，结合产业链产业大数据库生成园区强链补链项目清单，支撑定向的招商引资。通过园区物质、水和能源流向的模拟，实现对园区主要废物、污染物的统计、核算和诊断，实现园区循环化改造成果的可视化展示，构建智能化的指标核算、项目管理与资金管理系统，全过程服务于园区的验收考核、招商引资和成效管理。

附　录

附录一　国家生态工业示范园区标准（HJ 274—2015）

1　适用范围

本标准规定了国家生态工业示范园区的评价方法、评价指标和数据采集与计算方法等内容。

本标准适用于国家生态工业示范园区的建设和管理，可作为国家生态工业示范园区的评价依据，建设规划编制、建设成效评估的技术依据，也可作为其他相关生态工业建设咨询活动的参考依据。

2　规范性引用文件

本标准内容引用了下列文件中的条款。凡是不注日期的引用文件，其有效版本适用于本标准。

GB/T 2589—2008 综合能耗计算通则

《关于印发国家突发环境事件应急预案的通知》（国办函〔2014〕119 号）

《清洁生产审核暂行办法》（国家发展和改革委员会、国家环保总局令 第 16 号）

《关于印发＜高新技术企业认定管理办法＞的通知》（国科发火〔2008〕172 号）

《企业事业单位环境信息公开办法》（环境保护部令 第 31 号）

3　术语和定义

下列术语和定义适用于本标准。

3.1　生态工业　ecological industry

指综合运用技术、经济和管理等措施，将生产过程中剩余的能量和产生的物料，传递给其他生产过程使用，形成企业内或企业间的能量和物料传输与高效利用的协作链网，从而在总体上提高整个生产过程的资源和能源利用效率、降低废物和污染物产生量的工业生产组织方式和发展模式。

3.2　国家生态工业示范园区　national demonstration eco-industrial park

指依据循环经济理念、工业生态学原理和清洁生产要求，符合本标准和《国家生态工业示范园区管理办法》及其他相关要求，并按规定程序通过审查，被授予相应称号的新型工业园区。

3.3　生态工业链　eco-industrial chain

指工业园区内开展了传送和利用废物或剩余能量活动的两个生产单元的组合。生态工业链上的生产单元既可以在同一个企业内，也可以属于工业园区内不同的企业。

其中，生产单元指能够单独计量资源、能源消费和产出的单一生产环节，其产出可为产品或部件、中间产品等。废物指在产品生产过程中产生的、对于本生产单元已没有利用价值的固态、液态和气态的物料。

4　国家生态工业示范园区评价指标与评价方法

4.1　评价指标

本标准的评价指标包括必选指标和可选指标。国家生态工业示范园区评价指标见附表1。

附表1　国家生态工业示范园区评价指标

分类	序号	指标	单位	要求	备注
经济发展	1	高新技术企业工业总产值占园区工业总产值比例	%	≥30	4项指标至少选择1项达标
	2	人均工业增加值	万元/人	≥15	
	3	园区工业增加值三年年均增长率	%	≥15	
	4	资源再生利用产业增加值占园区工业增加值比例	%	≥30	
产业共生	5	建设规划实施后新增构建生态工业链项目数量	个	≥6	必选
	6	工业固体废物综合利用率①	%	≥70	2项指标至少选择1项达标
	7	再生资源循环利用率②	%	≥80	
资源节约	8	单位工业用地面积工业增加值	亿元/平方公里	≥9	2项指标至少选择1项达标
	9	单位工业用地面积工业增加值三年年均增长率	%	≥6	
	10	综合能耗弹性系数	—	当园区工业增加值建设期年均增长率>0,≤0.6 当园区工业增加值建设期年均增长率<0,≥0.6	必选
	11	单位工业增加值综合能耗①	吨标煤/万元	≤0.5	2项指标至少选择1项达标
	12	可再生能源使用比例	%	≥9	
	13	新鲜水耗弹性系数	—	当园区工业增加值建设期年均增长率>0,≤0.55 当园区工业增加值建设期年均增长率<0,≥0.55	必选
	14	单位工业增加值新鲜水耗①	立方米/万元	≤8	3项指标至少选择1项达标
	15	工业用水重复利用率	%	≥75	
	16	再生水(中水)回用率	%	缺水城市达到20%以上 京津冀区域达到30%以上 其他地区达到10%以上	

续表

分类	序号	指标	单位	要求	备注
环境保护	17	工业园区重点污染源稳定排放达标情况	%	达标	必选
	18	工业园区国家重点污染物排放总量控制指标及地方特征污染物排放总量控制指标完成情况	—	全部完成	必选
	19	工业园区内企事业单位发生特别重大、重大突发环境事件数量	—	0	必选
	20	环境管理能力完善度	%	100	必选
	21	工业园区重点企业清洁生产审核实施率	%	100	必选
	22	污水集中处理设施	—	具备	必选
	23	园区环境风险防控体系建设完善度	%	100	必选
	24	工业固体废物(含危险废物)处置利用率	%	100	必选
	25	主要污染物排放弹性系数	—	当园区工业增加值建设期年均增长率＞0，≤0.3 当园区工业增加值建设期年均增长率＜0，≥0.3	必选
	26	单位工业增加值二氧化碳排放量年均削减率①	%	≥3	必选
	27	单位工业增加值废水排放量①	吨/万元	≤7	2项指标至少选择1项达标
	28	单位工业增加值固废产生量①	吨/万元	≤0.1	
	29	绿化覆盖率	%	≥15	必选
信息公开	30	重点企业环境信息公开率	%	100	必选
	31	生态工业信息平台完善程度	%	100	必选
	32	生态工业主题宣传活动	次/年	≥2	必选

① 园区中某一工业行业产值占园区工业总产值比例大于70%时，该指标的指标值为达到该行业清洁生产评价指标体系一级水平或公认国际先进水平。

② 第4项指标无法达标的园区不选择此项指标作为考核指标。

4.2 评价方法

国家生态工业示范园区应完成附表1内全部必选指标和相应的可选指标，至少23项。园区根据自身发展特点自行选择适合的可选指标。

5 指标数据的获取和计算方法

5.1 指标数据的获取

园区管理机构应指定或专门设立职能部门，负责评价指标涉及数据的调查收集、汇总统计工作，并协调各关联单位开展相关工作。

测算评价指标所需的相关数据，应尽量从法定统计渠道或统计文件中获取；无法获取的，园区管理机构应建立相应的数据收集统计工作机制。

5.2 指标的计算方法

5.2.1 高新技术企业工业总产值占全区工业总产值比例

指园区内高新技术企业的工业总产值之和与园区工业总产值的比值。其计算公式如下：

$$\text{高新技术企业工业总产值占园区工业总产值比例}(\%)=\frac{\text{高新技术企业的工业总产值之和(万元)}}{\text{工业园区的工业总产值(万元)}}\times100\%$$

式中，高新技术企业是指依据《高新技术企业认定管理办法》认定的工业范畴的高新技术企业。

5.2.2 人均工业增加值

指园区内工业企业从业人员人均创造的工业增加值。其计算公式如下：

$$\text{人均工业增加值(万元/人)}=\frac{\text{园区工业增加值(万元)}}{\text{园区年末工业企业从业人数(人)}}$$

5.2.3 园区工业增加值三年年均增长率

指园区工业增加值的三年年均增长率。其计算公式如下：

$$\text{园区工业增加值三年年均增长率}(\%)=\left[\left(\frac{\text{当年工业增加值(万元)}}{\text{上三年前工业增加值(万元)}}\right)^{\frac{1}{3}}-1\right]\times100\%$$

5.2.4 资源再生利用产业增加值占园区工业增加值比例

指园区内的资源再生利用产业的增加值与园区工业增加值的比值。其计算公式如下：

$$\text{资源再生利用产业增加值占园区工业增加值比例}(\%)=\frac{\text{资源再生利用产业增加值(万元)}}{\text{园区工业增加值(万元)}}\times100\%$$

式中，资源再生利用产业是以保障环境安全为前提，以节约资源、保护环境为目的，运用先进的技术，将生产和消费过程中产生的废物转化为可重新利用的资源和产品，实现各类废物的再利用和资源化的产业，包括废物转化为再生资源及将再生资源加工为产品两个过程。

5.2.5 建设规划实施后新增构建生态工业链项目数量

指自国家生态工业示范园区建设规划基准年以来（含基准年），园区建设规划范围内新增以构建生态工业链为目的的基本建设工程项目和设备更新及技术改造工程项目，如资源循环、梯级利用项目，配套基础设施项目和园区工业企业间资源、代谢物梯级利用项目等。项目在验收年应实现稳定运行。

5.2.6 工业固体废物综合利用率

指工业固体废物综合利用量和工业固体废物总产生量的比值。其计算公式如下：

$$\text{工业固体废物综合利用率}(\%)=\frac{\text{工业固体废物综合利用量(吨)}}{\text{工业固体废物总产生量(吨)}+\text{综合利用往年储存量(吨)}}\times100\%$$

式中，工业固体废物综合利用量指工业园区内工业企业产生的和园区外运送至园区内的，通过回收、加工、循环、交换等方式转化为可以利用的资源、能源和其他原材料的固体废物量（含危险废物），以及当年利用往年的工业固体废物储存量，如用作农业肥料、生产建筑材料、筑路等。工业固体废物总产生量包括园区内企业产生的工业固体废物量（含危险废物），以及园区外运送至园区内的工业固体废物量（含危险废物）。

5.2.7 再生资源循环利用率

指园区内资源再生利用产业企业对再生资源的循环利用程度，即园区内资源再生利用产业企业再生资源的循环利用量与再生资源收集量的比值。其计算公式如下：

$$\text{再生资源循环利用率}(\%)=\frac{\text{园区资源再生产业再生资源循环利用量(吨)}}{\text{园区资源再生产业再生资源收集量(吨)}}\times 100\%$$

式中，资源再生产业是以保障环境安全为前提，以节约资源、保护环境为目的，运用先进的技术，将生产和消费过程中产生的废物转化为可重新利用的资源和产品，实现各类废物的再利用和资源化的产业，包括废物转化为再生资源及将再生资源加工为产品两个过程。

再生资源是指废旧金属、报废电子产品、报废机电设备及其零部件、废造纸原料（如废纸、废棉等）、废轻化工原料（如橡胶、塑料、农药包装物、动物杂骨、毛发等）、废玻璃等再生资源。

5.2.8 单位工业用地面积工业增加值

指园区内工业企业的单位工业用地面积产生的工业增加值。其计算公式如下：

$$\text{单位工业用地面积工业增加值(亿元/平方公里)}=\frac{\text{园区工业增加值(亿元)}}{\text{园区工业用地面积(平方公里)}}$$

式中，工业用地面积指园区内工业企业按照土地利用规划作为工业用地并已投入生产的土地面积，包括工矿企业的生产车间、库房及其附属设施等的用地，以及专用的铁路、码头和道路等设施的用地，不包括露天矿用地。

5.2.9 单位工业用地面积工业增加值三年年均增长率

指园区内工业企业单位工业用地面积产生工业增加值的三年年均增长率。其计算公式如下：

$$\begin{aligned}&\text{单位工业用地面积工业增加值三年年均增长率}(\%)\\&=\left[\left(\frac{\text{当年单位工业用地面积工业增加值(亿元/平方公里)}}{\text{上三年前单位工业用地面积工业增加值(亿元/平方公里)}}\right)^{\frac{1}{3}}-1\right]\times 100\%\end{aligned}$$

5.2.10 综合能耗弹性系数

指园区内工业企业综合能耗总量建设期年均增长率与工业增加值建设期年均增长率的比值。其计算公式如下：

$$\text{综合能耗弹性系数}=\frac{\text{园区工业综合能耗总量建设期年均增长率}\%}{\text{园区工业增加值建设期年均增长率}\%}$$

$$\begin{aligned}&\text{园区工业综合能耗总量建设期年均增长率}(\%)\\&=\left[\left(\frac{\text{验收年工业综合能耗总量(吨标煤)}}{\text{规划基准年工业综合能耗总量(吨标煤)}}\right)^{\frac{1}{\text{验收年}-\text{基准年}}}-1\right]\times 100\%\end{aligned}$$

园区工业增加值建设期年均增长率(%)

$$=\left[\left(\frac{\text{验收年工业增加值总量(亿元)}}{\text{规划基准年工业增加值总量(亿元)}}\right)^{\frac{1}{\text{验收年}-\text{基准年}}}-1\right]\times 100\%$$

式中，综合能耗总量指园区内所有工业企业消耗的能源总和，包括煤、油、电等各种形式能源的消耗量，并按国家统计局规定的系数折算成标准煤进行统计。

5.2.11　单位工业增加值综合能耗

指园区内工业企业产生的单位工业增加值所消耗的综合能耗量。其计算公式如下：

$$\text{单位工业增加值综合能耗(吨标煤/万元)}=\frac{\text{园区工业综合能耗总量(吨标煤)}}{\text{园区工业增加值总量(万元)}}$$

5.2.12　可再生能源使用比例

指园区内工业企业的可再生能源使用量与综合能耗总量的比值。其计算公式如下：

$$\text{可再生能源使用比例(%)}=\frac{\text{工业企业可再生能源使用量(吨标煤)}}{\text{工业企业综合能耗总量(吨标煤)}}\times 100\%$$

式中，可再生能源是指在自然界中可以不断再生并有规律地得到补充或重复利用的一次能源。包括太阳能、水能、生物质能、地热能、氢能、风能、波浪能以及海洋表面与深层之间的热循环等非化石能源。仅包括人们通过一定技术手段获得的，并作为商品能源使用的部分。

5.2.13　新鲜水耗弹性系数

指园区内工业企业的工业用新鲜水量建设期年均增长率与工业增加值建设期年均增长率的比值。其计算公式如下：

$$\text{新鲜水耗弹性系数}=\frac{\text{园区工业用新鲜水耗量建设期年均增长率 (%)}}{\text{园区工业增加值建设期年均增长率 (%)}}$$

园区工业用新鲜水耗量建设期年均增长率(%)

$$=\left[\left(\frac{\text{验收年工业用新鲜水耗总量(立方米)}}{\text{规划基准年工业用新鲜水耗总量(立方米)}}\right)^{\frac{1}{\text{验收年}-\text{基准年}}}-1\right]\times 100\%$$

式中，工业用新鲜水耗量指园区内工业企业的用水单元或系统取自任何水源被该企业第一次用于生产和生活的水量总和，不包括生活用水单独计量且生活污水单独排放（不与工业废水混合）的部分。

5.2.14　单位工业增加值新鲜水耗

指园区内工业企业产生单位工业增加值所消耗的新鲜水资源量。其计算公式如下：

$$\text{单位工业增加值新鲜水耗(立方米/万元)}=\frac{\text{园区工业用新鲜水耗总量(立方米)}}{\text{园区工业增加值总量(万元)}}$$

5.2.15　工业用水重复利用率

指园区内工业企业在生产过程中使用的工业重复用水量与工业用水总量的比值。其计算公式如下：

$$\text{工业重复用水率(%)}=\frac{\text{园区工业重复用水量(立方米)}}{\text{园区工业用水总量(立方米)}}\times 100\%$$

式中，工业重复用水量指园区内工业企业在确定的用水单元或系统内，使用的所有未经处理和处理后重复使用的水量的总和，即循环水量和串联水量的总和。循环水量指在确定的用水单元或系统内，生产过程中已用过的水，再循环用于同一过程的水量。串联水量指在确定的用水单元或系统，生产过程中产生的或使用后的水，在用于另一单元或系统的水量。

工业用水总量指园区工业企业在确定的用水单元或系统内，使用的各种水量的总和，即工业用新鲜水量和工业重复用水量之和。

5.2.16 再生水（中水）回用率

指园区内再生水（中水）的回用量与污水处理厂排放总量的比值。其计算公式如下：

$$再生水(中水)回用率(\%)=\frac{园区再生水(中水)回用量(吨)}{园区污水处理厂排放总量(吨)}\times 100\%$$

式中，再生水（中水）指对经过或未经过污水处理厂处理的集纳雨水、工业排水、生活排水进行适当处理，达到规定水质标准，可以被再次利用的水。在此指经过园区内污水处理厂处理，再经再生工艺净化处理后，达到再生水水质标准的水。回用指用于地下水回灌，工业、农业、林业、牧业、城市非饮用水，景观环境用水等用途。

5.2.17 工业园区重点污染源稳定排放达标情况

指园区内重点污染源的污染物稳定达标排放的情况。

其中，重点污染源是指环境统计中的“重点调查工业企业”，按“环境统计报表制度说明”的解释界定。污染物排放稳定达标是指主要污染物及特征污染物稳定达到排放标准。

5.2.18 工业园区国家重点污染物排放总量控制指标及地方特征污染物排放总量控制指标完成情况

指园区国家重点污染物排放总量及地方特征污染物排放总量，应均不超过国家或地方的总量控制指标要求。

其中，重点污染物指从建设规划基准年到验收年国家总量控制要求的污染物种类为准。

5.2.19 工业园区内企事业单位发生特别重大、重大突发环境事件数量

园区从建设规划基准年以来（含基准年），发生特别重大或重大突发环境事件的次数。

其中，特别重大、重大突发环境事件指根据《关于印发国家突发环境事件应急预案的通知》中的规定的特别重大和重大突发环境事件的分级标准。

5.2.20 环境管理能力完善度

指园区环境管理能力的完善程度。以下 4 项内容每一项完成完善度为 25%，4 项均达到则完善度为 100%。(1) 园区设有环境保护职能部门；(2) 具备明确的环境管理职能；(3) 将园区环境保护工作纳入园区行政管理机构领导班子政绩考核内容，并建立相应的考核机制；(4) 具备专门机构或专人负责国家生态工业示范园区建设工作。

5.2.21 工业园区重点企业清洁生产审核实施率

指园区内重点企业依法开展清洁生产审核并通过评估的总数占重点企业总数的比例。

其中，重点企业是指《清洁生产审核暂行办法》中规定的，由省级环境保护行政主管部门每年发布的强制性清洁生产审核名单的企业（包括园区从建设规划基准年到验收年公布的重点企业清洁生产审核名单中的全部企业）。

计算公式如下：

$$\text{重点企业清洁生产审核实施率}(\%)=\frac{\text{通过清洁生产审核评估的重点企业数(个)}}{\text{园区重点企业总数(个)}}\times 100\%$$

5.2.22　污水集中处理设施

指园区内所有工业企业废水都经预处理达到集中处理要求后进入安装有自动在线监控装置的污水集中处理设施（区内或区外）。

5.2.23　园区环境风险防控体系建设完善度

指园区环境风险防控体系建设完善程度。以下4项内容每一项完成完善度为25%，4项均达到则完善度为100%。园区管理机构应：(1) 开展园区环境风险评估；(2) 编制较完善的园区环境风险应急预案；(3) 整合园区应急资源，建立综合性或者专业环境应急救援队伍，储备必要的环境应急物资和装备；(4) 组织对环境应急预案进行专项培训，定期组织开展跨行业、综合性的应急演练。

化工、电镀、印染等园区或者上述企业较为集中的园区应在上述4项的基础上，增加 (5) 建立环境风险监测预警平台，每项20%，5项均达到则完善度为100%。

5.2.24　工业固体废物（含危险废物）处置利用率

指园区范围内各工业企业安全处置、综合利用及安全储存的工业固体废物量（含危险废物）之和与当年工业固体废物总产生量的比值。其计算公式如下：

$$\begin{aligned}&\text{工业固体废物(含危险废物)处置利用率}(\%)\\&=\frac{\text{园区当年工业固体废物处置利用量(含危险废物)(吨)}}{\text{园区当年工业固体废物总产生量(吨)}}\times 100\%\end{aligned}$$

式中，工业固体废物（含危险废物）安全处置、综合利用及安全储存量包括园区内以及运送至园区外进行安全处置、综合利用及安全储存的废物量。

工业固体废物总产生量包括园区内企业产生的工业固体废物量（含危险废物），以及园区外运送至园区内的工业固体废物量（含危险废物）。

5.2.25　主要污染物排放弹性系数

指园区内工业企业排放的各类主要污染物排放弹性系数的算术平均值。其计算公式如下：

$$\begin{aligned}&\text{某种污染物排放量建设期年均增长率}(\%)\\&=\left[\left(\frac{\text{验收年某种污染物排放量(吨)}}{\text{规划基准年某种污染物排放量(吨)}}\right)^{\frac{1}{\text{验收年}-\text{基准年}}}-1\right]\times 100\%\end{aligned}$$

$$\text{某种污染物排放弹性系数}=\frac{\text{某种污染物排放量建设期年均增长率}(\%)}{\text{园区工业增加值建设期年均增长率}(\%)}$$

$$\text{主要污染物排放弹性系数}=\left(\sum_{1}^{n}\text{某种污染物排放弹性系数}\right)/n$$

式中，主要污染物指从建设规划基准年到验收年，国家政策明确要求总量减排和控制的污染物，包括 COD、SO_2、氨氮、NO_x 等。

某种主要污染物排放弹性系数，指园区内工业企业排放的某一种主要污染物排放总量的建设期年均增长率与工业增加值建设期年均增长率的比值。

5.2.26 单位工业增加值二氧化碳排放量年均削减率

指园区内工业企业产生单位工业增加值所排放的二氧化碳量的建设期年均削减率。此处二氧化碳排放量主要包括园区内化石能源燃烧、生物质能源燃烧排放的二氧化碳量，以及电力调入调出间接排放二氧化碳量。其计算公式如下：

$$\text{单位工业增加值二氧化碳排放量年均削减率(\%)}=\left[1-\left(\frac{\text{验收年单位工业增加值二氧化碳排放量(吨/万元)}}{\text{规划基准年单位工业增加值二氧化碳排放量(吨/万元)}}\right)^{\frac{1}{\text{验收年}-\text{基准年}}}\right]\times 100\%$$

$$\text{单位工业增加值碳排放量(吨/万元)}=\frac{\text{园区工业企业二氧化碳排放总量(吨)}}{\text{园区工业增加值总量(万元)}}$$

园区工业企业二氧化碳排放总量(吨)＝化石能源燃烧排放二氧化碳量(吨)＋生物质能源燃烧排放二氧化碳量(吨)＋电力调入调出二氧化碳间接排放量(吨)

二氧化碳排放量核算方法为：

(1) 化石能源燃烧二氧化碳排放量

化石能源燃烧二氧化碳排放量＝[燃料消费量(热量单位)×单位热值燃料含碳量－固碳量]×燃料燃烧过程中的碳氧化率

式中，燃料消费量＝生产量＋进口量－出口量－国际航海（航空）加油－库存变化；燃料消费量（热量单位)＝燃料消费量×换算系数（燃料单位热值)；燃料含碳量＝燃料消费量（热量单位）×单位燃料含碳量（燃料的单位热值含碳量)；固碳量＝固碳产品产量×单位产品含碳量×固碳率；净碳排放量＝燃料总的含碳量－固碳量；实际碳排放量＝净碳排放量×燃料燃烧过程中的碳氧化率。固碳率是指各种化石燃料在作为非能源使用过程中，被固定下来的碳的比率，由于这部分碳没有被释放，所以需要在排放量的计算中予以扣除；碳氧化率是指各种化石燃料在燃烧过程中被氧化的碳的比率，表征燃料的燃烧充分性。燃料单位热值换算系数见《综合能耗计算通则》(GB/T 2589—2008)，单位热值含碳量和碳氧化率见附表 2。

附表 2 单位热值含碳量与碳氧化率参数

类别	名称	单位热值含碳量/(吨碳/TJ)	碳氧化率
固体燃料	无烟煤	27.4	0.94
	烟煤	26.1	0.93
	褐煤	28.0	0.96
	炼焦煤	25.4	0.98
	型煤	33.6	0.90
	焦炭	29.5	0.93
	其他焦化产品	29.5	0.93

续表

类别	名称	单位热值含碳量/(吨碳/TJ)	碳氧化率
液体燃料	原油	20.1	0.98
	燃料油	21.1	0.98
	汽油	18.9	0.98
	柴油	20.2	0.98
	喷气煤油	19.5	0.98
	一般煤油	19.6	0.98
	NGL	17.2	0.98
	LPG	17.2	0.98
	炼厂干气	18.2	0.98
	石脑油	20.0	0.98
	沥青	22.0	0.98
	润滑油	20.0	0.98
	石油焦	27.5	0.98
	石化原料油	20.0	0.98
	其他油品	20.0	0.98
气体燃料	天然气	15.3	0.99

(2) 生物质能源燃烧二氧化碳排放量

生物质能源燃烧二氧化碳排放量(克)=燃料消费量(千克)×生物质燃料燃烧二氧化碳排放因子

式中，燃料消费量为秸秆、薪柴、木炭、动物粪便等生物质燃料的燃烧量；生物质燃料燃烧二氧化碳排放因子见附表 3。

附表 3　生物质燃料燃烧的二氧化碳排放因子 (克/千克燃料)

生物质种类	二氧化碳			
	省柴灶	传统灶	火盆火锅等	牧区灶具
秸秆	14.3	7.7	—	—
薪柴	7.4	6.6	—	—
木炭	—	—	16.5	—
动物粪便	—	—	—	9.9

(3) 电力调入调出二氧化碳间接排放量

园区由于电力调入或调出所带来的间接二氧化碳排放量的核算方法：

电力调入(出)二氧化碳间接排放量(千克)=调入(出)电量(千瓦·时)×区域电网供电平均排放因子

式中，调入电量为园区内所有工业企业消耗电量之和，调出电量为园区内火力发电厂发电的上网电量，以千瓦·时为单位；其中电力调入排放量为正号，调出排放量为负号。区域电网供电平均排放因子可由东北、华北、华东、华中、西北和南方电网内各省区市发电厂的化石燃料二氧化碳排放量除以电网总供电量获得，并以千克二氧化碳/千瓦·时为单位。本标准提供了2010年我国区域电网单位供电平均二氧化碳排放（见附表4），园区核算该指标应以国家应对气候变化战略研究和国际合作中心公开发布的区域电网供电平均排放因子的最新数据为准。

附表4　2010年我国区域电网单位供电平均二氧化碳排放

电网名称	覆盖省区市	二氧化碳排放/[kg/(kW·h)]
华北区域电网	北京市、天津市、河北省、山西省、山东省、蒙西(除赤峰、通辽、呼伦贝尔和兴安盟外的内蒙古其他地区)	0.8845
东北区域电网	辽宁省、吉林省、黑龙江省、蒙东(赤峰、通辽、呼伦贝尔和兴安盟)	0.8045
华东区域电网	上海市、江苏省、浙江省、安徽省、福建省	0.7182
华中区域电网	河南省、湖北省、湖南省、江西省、四川省、重庆市	0.5676
西北区域电网	陕西省、甘肃省、青海省、宁夏回族自治区、新疆维吾尔自治区	0.6958
南方区域电网	广东省、广西壮族自治区、云南省、贵州省、海南省	0.5960

5.2.27　单位工业增加值废水排放量

指园区工业企业产生单位工业增加值排放的工业废水量，不包括企业梯级利用的废水和园区内居民排放的生活废水。其计算公式如下：

$$单位工业增加值废水排放量(吨/万元)=\frac{园区工业废水排放总量(吨)}{园区工业增加值总量(万元)}$$

5.2.28　单位工业增加值固废产生量

指园区内工业企业产生单位工业增加值所产生的工业固体废物量。其计算公式如下：

$$单位工业增加值固废产生量(吨/万元)=\frac{园区工业固体废物区内产生量(吨)}{园区工业增加值总量(万元)}$$

式中，工业固体废物区内产生量指园区内企业产生的工业固体废物量，不包括园区外运送至园区内的工业固体废物量。

5.2.29　绿化覆盖率

指园区内各类绿地的总面积和园区规划范围内用地总面积的比值。其计算公式如下：

$$绿化覆盖率(\%)=\frac{园区内各类绿地的总面积(平方米)}{园区用地总面积(平方米)}\times 100\%$$

5.2.30　重点企业环境信息公开率

指园区内，按照《企业事业单位环境信息公开办法》要求，公开环境信息的企业事业单位数量，占园区纳入该办法要求的重点排污单位名录的企业事业单位数量的比例。各企业环境信息应当通过园区统一的平台予以公开。其计算公式如下：

$$重点企业环境信息公开率(\%)=\frac{按要求公开环境信息的企业数量(个)}{园区内纳入重点排污单位名录的企业数量(个)}\times 100\%$$

5.2.31　生态工业信息平台完善度

指园区在园区管委会网站创建生态工业园区信息专栏或建立园区专门生态工业信息

网站，以及该信息平台建设的完善程度。其中，生态工业信息平台是指依托于互联网技术用于发布生态工业园区建设相关信息的网络信息平台。

以下5项内容每一项完成完善度为20%，5项均达到则完善度为100%。(1) 定期发布生态工业园区推进和管理的各项工作信息，以及年度评价报告等；(2) 每年发布生态工业园区创建各项指标数据和达标情况；(3) 发布工业园区内企业在生态工业、清洁生产方面的先进技术、经验总结（主要指资源、能源高效利用等方面）；(4) 园区内废物或剩余能量产生、供需和流向信息；(5) 定期公开园区内重点排污单位的相关信息，公开信息的内容和要求见《企业事业单位环境信息公开办法》。

5.2.32　生态工业主题宣传活动

指园区管理机构应对建设生态工业园区的理念进行宣传，组织开展的以生态工业园区建设为主题（包括生态工业、节能减排、循环经济、低碳环保等）的宣传活动，活动形式多样（包括讲座，发放宣传手册、宣传单，展板海报等），宣传活动每次参与人数不少于园区从业人口的千分之一。园区管理机构应把每次活动的相关材料、照片进行存档保留。

附录二　2017年园区循环化改造实施方案编制指南

为推动园区循环化改造工作的顺利开展，指导地方编制园区循环化改造实施方案，制定本编制指南。

一、总体要求

（一）深入贯彻落实党的十八大和十八届三中、四中、五中、六中全会精神，以循环经济“减量化、再利用、资源化”和“减量化优先”为原则，以推动经济绿色转型为主线，把园区改造为“经济持续发展、资源高效利用、环境优美清洁、生态良性循环”的循环发展示范区。

（二）紧密结合当地产业基础、资源禀赋和环境状况，统筹规划园区空间布局和产业布局，突出构建清晰的循环经济产业链，具有现实可操作性。

（三）以表格形式细化年度投资计划、具体项目实施期限和达产年限、规模，清晰界定年度实施范围和进度，便于进行年度评价和验收。

（四）清晰列明园区各类污染物的排放和处理情况，便于环境保护部门监督检查。

（五）以2016年为实施方案编制的基准年，实施期限为3～5年。

二、实施方案的主要内容

（一）园区现状和发展基础

1.当地经济社会发展情况及本地区资源禀赋、环境状况简述。

2.园区概况。主要包括园区地理位置、交通条件、占地面积、自然条件、功能区划等内容。要附园区区位图和园区功能区划图。

3.经济发展和产业基础。描述园区经济、产业发展水平以及园区主导行业、重点企业及其发展状况（要附相关图表）。

4. 社会发展和基础设施。描述园区内人口状况，科、教、文、卫状况，基础设施状况、道路交通状况等。

5. 园区与周边区域的产业关联、基础设施和服务平台共享等情况。

6. 资源环境现状。园区主要能源和资源的消耗水平及其与国内外的比较；资源产出率情况，近三年节能减排目标完成情况；污染源数量和分布；主要污染物特征和产生、排放量；重点污染源排放达标情况；潜在的环境风险和应急方案；园区建址的环境敏感性分析；区域环境质量；区域环境容量和环境承载力；环境法律法规的贯彻执行；环保投入；环境管理等。对一些资源环境指标要用表格形式列出近三年的指标值。

（二）园区发展循环经济的基础及下一步发展面临的问题

1. 园区发展循环经济的进展及成效。

2. 园区发展面临的主要问题。有针对性地分析园区发展面临的问题和主要挑战。

3. 园区循环化改造的意义。从促进产业结构合理调整、园区综合竞争力提高、资源约束改善、资源产出率提高、环境质量改善、区域生态环境优化等方面分析循环化改造对当地经济社会发展和园区的影响和意义。

（三）循环化改造的有利条件和制约因素

1. 有利条件分析。从产业基础、资源环境、基础设施、科技创新、公共服务、人才培养、政策机制、园区管理、周边产业配套等方面分析园区循环化改造的有利条件。

2. 制约因素分析。要深入分析制约园区循环化改造和园区发展的制约因素。

（四）总体思路、原则和目标

1. 总体思路。

2. 基本原则。

3. 主要目标。

（1）总体目标。从园区空间布局、产业结构调整、循环经济产业链构建、资源利用效率提高、环境保护、基础设施、科技创新、管理机制等方面，提出园区改造的总体目标。

（2）主要指标。在开展物质流分析（要有循环化改造前和改造后物质流比较分析）的基础上，合理设定体现园区循环化改造成效、可量化的指标。指标应包括园区经济发展、产业结构调整、产业关联度、能源资源节约与循环利用、污染控制和管理、环境质量改善等方面。国家“十三五”规划纲要中的有关约束性指标要进行科学测算。具体指标体系可参考附表。

（3）目标可达性分析。根据园区发展趋势，结合园区循环化改造中重点支撑项目的引进和保障体系的建设，分析主要目标的可达性。

（五）主要任务

按照可复制、可推广、可借鉴的要求，对园区循环化改造进行总体框架设计，从空间布局优化、产业结构调整、企业清洁生产、公共基础设施建设、环境保护、组织管理创新等方面，提出切实可行的任务，推进循环化改造。要附园区循环化改造总体框架图。

1.空间布局方面。根据物质流和产业关联性，开展园区布局总体设计或进行布局优化，改造园区内的企业、产业和基础设施的空间布局，体现产业集聚和循环链接效应，实现土地的节约集约高效利用（要附园区空间优化布局图）。

2.产业结构调整方面。结合本区域的产业和资源的比较优势，考虑园区环境承载力和地方发展需求，围绕提高资源产出率和提高园区综合竞争力，提出传统产业改造升级、培育和发展战略性新兴产业等方面的主要任务。

3.循环经济产业链构建方面。围绕实现项目间、企业间、产业间有机衔接、物料闭路循环，促进原料投入和废物排放的减量化、再利用和资源化，以及危险废物的资源化和无害化处理，提出产业链招商、补链招商，以及建设和引进产业链接或延伸的关键项目等方面的主要任务（要附循环经济产业链总体框架图、具体产业链图、物质循环利用图）。

4.能源资源高效利用方面。按照循环经济减量化优先的原则，推行清洁生产，促进源头减量；开发能源资源的清洁高效利用技术，开展清洁能源替代改造，提高可再生能源利用率；推动余热余压利用、企业间废物交换利用和水循环利用；推进水资源替代，沿海地区的园区适当开展海水淡化，减少淡水使用。

5.污染集中治理方面。加强污染集中治理设施建设及升级改造。培育专业化第三方改造和治理公司，实现污染治理的专业化、集中化和产业化。强化园区的环境综合管理，开展企业环境管理体系认证，构建园区、企业和产品等不同层次的环境治理和管理体系，最大限度地降低污染物排放水平。

6.基础设施方面。按照园区各类基础设施的共建共享、集成优化，降低基础设施建设和运行成本，提高运行效率，使园区生态环境优美的要求，提出园区内运输、供水、供电、照明、通讯、建筑和环保等基础设施的改造任务。

7.运行管理方面。要突出管理体制机制创新，明确园区循环化改造管理机构，建设园区能源资源环境管理平台和统计体系，园区废物交换平台，循环经济技术研发及孵化中心等公共服务设施，进行物质流分析和管理。制定并实施循环经济相关技术研发和应用的激励政策，制定入园企业、项目的准入标准等实现运行管理规范化。

（六）重点支撑项目

针对园区循环化改造的目标和任务，提出拟建设的重点支撑项目：

1.项目建设总表。将重点支撑项目分列为“拟申请中央财政资金支持的项目”和“自主实施的项目”两个表，其中“拟申请中央财政资金支持的项目”表主要筛选和提出以下三类项目：①园区污染物集中处理、中水回用、能量梯级利用、综合管廊、集中供热供气供物料等园区基础设施改造提升项目；②园区能源资源环境管理平台、循环经济技术研发及孵化中心等公共服务平台项目；③支撑园区内主导产业链、能明显提升园区资源环境绩效的关键补链项目。

2.项目基本情况。每个项目建设的背景、必要性与园区循环化改造的关系，比较详细的建设内容、产能、工艺流程及先进性分析，主要技术设备及先进性分析，资金筹措方案，效益分析等。分年度说明建设安排及投资计划。

3.项目投资估算及构成。要以表格形式详细列明每个项目的投资估算（不含土地购置费）。估算范围至少应包括厂房建设（建筑面积、总额等）、设备购置（设备名称、台套数、价格等）、辅助生产装置和公用工程等。

（七）园区循环化改造效益分析

重点对园区循环化改造的综合效益进行分析评价，对园区循环化改造的各项成本及收益进行初步地核算，评估园区循环化改造的成效。

1.经济效益分析。包括物质减量、循环利用的直接经济效益；污染减排带来的间接经济效益；促进园区本身经济总量稳定增长，同时带动园区所在地区经济增长；增强园区活力，提高园区综合竞争能力等方面。

2.环境效益分析。园区及周边地区水、大气和土壤环境质量的改善；废弃物资源化利用率的提高；降低对自然资源的需求，减少能源消耗；污染物排放量的减少。

3.社会效益分析。包括扩大社会就业，促进居民生活质量的全面提高，促进当地社会和谐等方面。

（八）保障措施

主要包括：组织保障体系、政策保障体系、技术支撑体系、公共服务平台建设、统计评价考核体系、污染防治监督管理体制、产业链接的风险分担和保障体系、公众参与、宣传教育与交流以及能够保障园区循环化改造顺利开展的其他措施。

附表1　园区循环化改造参考指标

附表2　园区循环化改造项目汇总表

附表1　园区循环化改造参考指标

分类	指标名称	单位	2016年	2019年	2021年
资源产出指标	园区GDP	万元			
	*主要资源产出率	元/吨			
	*能源产出率	万元/吨标煤			
	*建设用地产出率	万元/公顷			
	*水资源产出率	元/吨			
资源消耗指标	*能源消耗总量	吨标煤			
	*水资源消耗总量	吨			
	主要产品1:单位能耗	吨标煤/吨			
	…				
	主要产品1:单位水耗	立方米/吨			
	…				
资源综合利用指标	一般工业固体废物综合利用量	万吨			
	*一般工业固体废物综合利用率	%			
	*规模以上工业企业重复用水率	%			

续表

分类	指标名称	单位	2016年	2019年	2021年
废物排放指标	*二氧化硫排放量	万吨			
	*化学需氧量排放量	万吨			
	*氨氮排放量	万吨			
	*氨氮化物排放量①	万吨			
	*单位地区生产总值 CO_2 排放量	吨/万元			
	工业固体废物处置量	万吨			
	工业废水排放量	万吨			
其他指标	*非化石能源占一次能源消费比重	%			
	可再生能源所占比例	%			
特色指标					

① 应为氮氧化物排放量。

注：1.标*为重点指标，属必填项。

2.有关指标计算方法请参照《关于印发＜循环经济发展评价指标体系（2017年版）＞的通知》(发改环资〔2016〕2749号)。

附表2 拟申请专项资金支持的园区循环化改造项目汇总表

园区名称：　　　　省级循环经济发展综合管理部门公章

项目类别	序号	项目单位	项目名称	项目内容	总投资/万元	建设期限	实施条件	社会效益
关键补链项目	1							
	2							
	…							
公共服务设施建设	1							
	2							
	…							
总计/万元	—	—	—	—		—	—	—

说明：1.本表一律用EXCEL制作，要加盖省级循环经济发展综合管理部门公章；
2.项目内容主要包括项目建设的主要内容和规模，采用的主要工艺技术，购置的主要技术装备等（不超过150字）；
3.实施条件主要包括项目立项情况、环评批复情况、土地批复情况；
4.社会效益指项目建成后，预期节能、节水、资源循环利用、污染物减排量等综合效益。

附录三　绿色园区评价要求

一、总则

（一）基本要求

1.国家和地方绿色、循环和低碳相关法律法规、政策和标准应得到有效的贯彻执行。

2. 近三年，未发生重大污染事故或重大生态破坏事件，完成国家或地方政府下达的节能减排指标，碳排放强度持续下降。

3. 环境质量达到国家或地方规定的环境功能区环境质量标准，园区内企业污染物达标排放，各类重点污染物排放总量均不超过国家或地方的总量控制要求。

4. 园区重点企业100%实施清洁生产审核。

注：重点企业是指《清洁生产促进法》中规定的应当实施强制性清洁生产审核的企业（评审期当年及之前公布的重点企业清洁生产审核名单中的企业）。

5. 园区企业不应使用国家列入淘汰目录的落后生产技术、工艺和设备，不应生产国家列入淘汰目录的产品。

6. 园区建立履行绿色发展工作职责的专门机构，配备两名以上专职工作人员。

7. 鼓励园区建立并运行环境管理体系和能源管理体系，建立园区能源监测管理平台。

8. 鼓励园区建设并运行风能、太阳能等可再生能源应用设施。

（二）评价指标构成

绿色园区评价指标体系包括能源利用绿色化指标、资源利用绿色化指标、基础设施绿色化指标、产业绿色化指标、生态环境绿色化指标、运行管理绿色化指标6个方面。具体如附表1所示。

附表1　绿色园区评价指标体系

一级指标	序号	二级指标	单位	引领值	类型
能源利用绿色化指标（*EG*）	1	能源产出率	万元/tce	3	必选
	2	可再生能源使用比例	%	15	必选
	3	清洁能源使用率	%	75	必选
资源利用绿色化指标（*RG*）	4	水资源产出率	元/m^3	1500	必选
	5	土地资源产出率	亿元/km^2	15	必选
	6	工业固体废物综合利用率	%	95	必选
	7	工业用水重复利用率	%	90	必选
	8	中水回用率	%	30	4项指标选2项
	9	余热资源回收利用率	%	60	
	10	废气资源回收利用率	%	90	
	11	再生资源回收利用率	%	80	
基础设施绿色化指标（*IG*）	12	污水集中处理设施	—	具备	必选
	13	新建工业建筑中绿色建筑的比例	%	30	2项指标选1项
	14	新建公共建筑中绿色建筑的比例	%	60	
	15	500m公交站点覆盖率	%	90	2项指标选1项
	16	节能与新能源公交车比例	%	30	
产业绿色化指标（*CG*）	17	高新技术产业产值占园区工业总产值比例	%	30	必选
	18	绿色产业增加值占园区工业增加值比例	%	30	必选
	19	人均工业增加值	万元/人	15	2项指标选1项
	20	现代服务业比例	%	30	

续表

一级指标	序号	二级指标	单位	引领值	类型
生态环境绿色化指标（HG）	21	工业固体废物（含危废）处置利用率	%	100	必选
	22	万元工业增加值碳排放量消减率	%	3	必选
	23	单位工业增加值废水排放量	t/万元	5	必选
	24	主要污染物排放弹性系数	—	0.3	必选
	25	园区空气质量优良率	%	80	必选
	26	绿化覆盖率	%	30	3项指标选1项
	27	道路遮荫比例	%	80	
	28	露天停车场遮荫比例	%	80	
运行管理绿色化指标（MG）	29	绿色园区标准体系完善程度	—	完善	必选
	30	编制绿色园区发展规划	—	是	必选
	31	绿色园区信息平台完善程度	—	完善	必选

（三）评价方法

工业园区绿色指数的计算方法如下面公式所示。

$$GI=\frac{1}{24}\left[\sum_{i=1}^{3}\frac{EG_i}{EG_{bi}}+\sum_{j=1}^{6}\frac{RG_j}{RG_{bj}}+\sum_{k=1}^{3}\frac{IG_k}{IG_{bk}}+\sum_{f=1}^{3}\frac{CG_f}{CG_{bf}}+\sum_{l=1}^{6}\frac{HG_l}{HG_{bl}}\left(\text{或}\frac{HG_{bl}}{HG_l}\right)+\sum_{p=1}^{3}\frac{MG_p}{MG_{bp}}\right]\times 100$$

式中：

GI 为工业园区绿色指数；

EG_i 为第 i 项能源利用绿色化指标值，EG_{bi} 为第 i 项能源利用绿色化指标引领值；

RG_j 为第 j 项资源利用绿色化指标值，RG_{bj} 为第 j 项资源利用绿色化指标引领值；

IG_k 为第 k 项基础设施绿色化指标值，IG_{bk} 为第 k 项基础设施绿色化指标引领值；

CG_f 为第 f 项产业绿色化指标值，CG_{bf} 为第 f 项产业绿色化指标引领值；

HG_l 为第 l 项生态环境绿色化指标值，HG_{bl} 为第 l 项生态环境绿色化指标引领值；

MG_p 为第 p 项运行管理绿色化指标值，MG_{bp} 为第 p 项运行管理绿色化指标引领值。

注：正向指标（越大越好的指标）和逆向指标（越小越好的指标）数值的无量纲化分别采用指标值/引领值、引领值/指标值。在全部指标中，单位工业增加值废水排放量和主要污染物弹性系数属于逆向指标，无量纲化方法采用引领值/指标值。

二、能源利用绿色化指标（3个必选指标）

能源利用绿色化指标包括能源产出率和可再生能源使用比例、清洁能源使用率3个必选指标。

（一）能源产出率（必选）

指标解释：指报告期内园区工业增加值与能源消耗总量的比值，该项指标越大，表明能源产出效率越高。能源主要包括原煤、原油、天然气、核电、水电、风电等一次能源。工业增加值采用2010年不变价，下同。

计算公式：能源产出率=园区工业增加值（万元不变价）/能源综合消耗总量（tce）。

（二）可再生能源使用比例（必选）

指标解释：园区内工业企业的可再生能源使用量与综合能耗总量的比值。可再生能源包括太阳能、水能、生物质能、地热能、氢能、波浪能等非化石能源。

计算公式：可再生能源使用比例（%）=工业企业可再生能源使用量（tce）/工业企业综合能耗总量（tce）×100%。

（三）清洁能源使用率（必选）

指标解释：指清洁能源使用量与园区终端能源消费总量之比，能源使用量均按标煤计。其中，清洁能源包括用作燃烧的天然气、焦炉煤气、其他煤气、炼厂干气、液化石油气等清洁燃气、电和低硫轻柴油等清洁燃油（不包括机动车用燃油）。

计算公式：清洁能源使用率（%）=清洁能源使用量（tce）/终端能源消费总量（tce）×100%。

三、资源利用绿色化指标（4个必选指标+2个可选指标）

资源利用绿色化指标包括水资源产出率、土地资源产出率、工业固体废物综合利用率、工业用水重复利用率4个必选指标，以及从中水回用率、余热资源回收利用率、废气资源回收利用率、再生资源回收利用率4个可选指标中选取的2个指标。

（一）水资源产出率（必选）

指标解释：指报告期内园区消耗单位新鲜水量所创造的工业增加值。工业用新鲜水量：指报告期内企业厂区内用于生产和生活的新鲜水量（生活用水单独计量且生活污水不与工业废水混排的除外），它等于企业从城市自来水取用的水量和企业自备水用量之和。

计算公式：水资源产出率=园区工业增加值（万元不变价）/园区工业用新鲜水量（m^3）。

（二）土地资源产出率（必选）

指标解释：指报告期内园区单位工业用地面积产生的工业增加值。工业用地面积指工业园区规划建设范围内按照土地规划作为工业用地并已投入生产的土地面积。工业用地指工矿企业的生产车间、库房及其附属设施等用地，包括专用的铁路、码头和道路等用地，不包括露天矿用地。

计算公式：土地产出率=园区工业增加值（万元不变价）/园区工业用地面积（km^2）。

（三）工业固体废物综合利用率（必选）

指标解释：指工业固体废物综合利用量占工业固体废物产生量（包括综合利用往年储存量）的百分率。工业固体废物综合利用量指报告期内企业通过回收、加工、循环、交换等方式，从固体废物中提取或者使其转化为可以利用的资源、能源和其他原材料的固体废物量（包括当年利用往年的工业固体废物储存量），如用作农业肥料、生产建筑材料、筑路等。综合利用量由原产生固体废物的单位统计。

计算公式：工业固体废物综合利用率（%）=工业固体废物综合利用量（t）/[工业固体废物产生量（t）+综合利用往年储存量（t）]×100%。

（四）工业用水重复利用率（必选）

指标解释：指工业重复用水量占工业用水总量的百分率。工业重复用水量指报告期内企业生产用水中重复再利用的水量，包括循环使用、一水多用和串级使用的水量（含经处理后回用量）。工业用水总量指报告期内企业厂区内用于生产和生活的水量，它等于工业用新鲜水量与工业重复用水量之和。

计算公式：工业用水重复利用率(%)＝工业重复用水量(m^3)/工业用水总量(m^3)×100%。

（五）中水回用率（可选）

指标解释：指园区内再生水的回用量与污水处理厂处理量的比值。其中，再生水（中水）是指二级达标水经再生工艺净化处理后，达到中水水质指标要求，满足某种使用要求的水。

计算公式：中水回用率(%)＝园区再生水(中水)回用量(万吨)/园区污水处理厂处理量(万吨)×100%。

（六）余热资源回收利用率（可选）

指标解释：已回收利用的余热占园区余热资源的比重。它是反映企业余热资源回收利用程度的重要指标。余热回收利用是回收生产工艺过程中排出的具有高于环境温度的气态（如高温烟气）、液态（如冷却水）、固态（如各种高温钢材）物质所载有的热能，并加以利用的过程。园区余热资源量按照 GB/T 1028 计算。

计算公式：余热资源回收利用率(%)＝回收利用的余热资源量(kJ)/园区总余热资源量(kJ)×100%。

（七）废气资源回收利用率（可选）

指标解释：回收利用的废气资源量占园区废气资源量的比重。废气资源量为经技术经济分析确定的可回收利用的废气量。园区中可回收利用的废气资源包括但不限于焦炉煤气、高炉煤气、转炉煤气、电石尾气、黄磷尾气、化工合成驰放气。

计算公式：废气资源回收利用率(%)＝回收利用的废气资源量(万立方米)/园区可回收利用总废气资源量(万立方米)×100%。

（八）再生资源回收利用率（可选）

指标解释：本指标主要适用于再生资源类园区，是指园区内再生资源的循环利用量与再生资源收集量的比值。再生资源主要包括但不限于废钢铁、废有色金属、废纸、废塑料、废旧纺织品、废旧木材、废旧轮胎、废矿物油、废弃电器电子产品、报废汽车等。

计算公式：再生资源回收利用率(%)＝再生资源循环利用量(万吨)/再生资源收集量(万吨)×100%。

四、基础设施绿色化指标（1 个必选指标＋2 个可选指标）

基础设施绿色化指标包括污水集中处理设施 1 个必选指标，以及从新建工业建筑中绿色建筑的比例、新建公共建筑中绿色建筑的比例 2 个可选指标中选取 1 个指标，从 500 米公交站点覆盖率、节能与新能源公交车比例 2 个可选指标中选取 1 个指标。

（一）污水集中处理设施（必选）

指标解释：园区内所有工业废水经预处理达到集中处理要求后进入安装有自动在线监控装置的污水集中处理设施（园区内或园区外）。

（二）新建工业建筑中绿色建筑的比例（可选）

指标解释：园区新建工业建筑中的绿色建筑是按照 GB/T 50878—2013《绿色工业建筑评价标准》评价，获得二星及以上评级的工业建筑。

计算公式：新建工业建筑中绿色建筑的比例(%)＝新建工业建筑中绿色建筑的面积(m^2)/园区新建工业建筑面积(m^2)×100%。

（三）新建公共建筑中绿色建筑的比例（可选）

指标解释：园区新建公共建筑中的绿色建筑是按照 GB/T 50378—2014《绿色建筑评价标准》评价，获得二星及以上评级的公共建筑。

计算公式：新建公共建筑中绿色建筑的比例(%)＝新建公共建筑中绿色建筑的面积(m^2)/园区新建公共建筑面积(m^2)×100%。

（四）500 米公交站点覆盖率（可选）

指标解释：园区公共交通车站服务覆盖面积的总和占园区建成区面积的百分比。

计算公式：具体根据 GB 50220 计算。

（五）节能与新能源公交车比例（可选）

指标解释：新能源公交车是指采用新型动力系统，完全或主要依靠新型能源驱动的公交车。非插电式混合动力公交车是指没有外接充电功能的混合动力公交车。新能源公交车和非插电式混合动力公交车合称节能与新能源公交车。

计算公式：节能与新能源公交车比例(%)＝节能与新能源公交车数量(辆)/园区公交车总数量(辆)×100%。

五、产业绿色化指标（2 个必选指标＋1 个可选指标）

产业绿色化指标包括高新技术产业产值占园区工业总产值比例、绿色产业增加值占园区工业增加值比例 2 个必选指标，以及从人均工业增加值和现代服务业比例 2 个可选指标中选取 1 个指标。

（一）绿色产业增加值占园区工业增加值比例（必选）

指标解释：园区内绿色产业的增加值与园区工业增加值的比值。其中，绿色产业增加值是依据国家统计局《战略性新兴产业分类（2012）》（试行）中关于节能环保产业和新能源产业的具体分类统计得到。

计算公式：绿色产业增加值占园区工业增加值比例(%)＝绿色产业增加值(万元)/园区工业增加值(万元)×100%。

（二）高新技术产业产值占园区工业总产值比例（必选）

指标解释：园区内高新技术企业的工业总产值与园区工业总产值的比值。其中，高新技术企业是指依据《高新技术企业认定管理办法》认定的工业范畴的高新技术企业。

计算公式：高新技术产业产值占园区工业总产值比例(%)＝高新技术企业的工业总产值(万元)/园区工业总产值(万元)×100%。

（三）人均工业增加值（可选）

指标解释：园区工业增加值与园区内工业企业从业人数的比值。

计算公式：人均工业增加值(万元/人)＝园区工业增加值(万元)/园区年末工业企业从业人数(人)。

（四）现代服务业比例（可选）

指标解释：为适应现代园区发展的需求，而产生和发展起来的具有高技术含量和高文化含量的服务业。主要包括基础服务（包括通信服务和信息服务）、生产和市场服务（包括金融、物流、批发、电子商务、农业支撑服务以及中介和咨询等专业服务）、个人消费服务（包括教育、医疗保健、住宿、餐饮、文化娱乐、旅游、房地产、商品零售等）和公共服务（包括政府的公共管理服务、基础教育、公共卫生、医疗以及公益性信息服务等）。

计算公式：现代服务业比例(%)＝现代服务业增加值(万元)/园区 GDP(万元)×100%。

六、生态环境绿色化指标（5 个必选指标＋1 个可选指标）

生态环境绿色化指标包括工业固体废物（含危废）处置利用率、万元工业增加值碳排放量消减率、单位工业增加值废水排放量、主要污染物弹性系数、园区空气质量优良率 5 个必选指标，以及从绿化覆盖率、道路遮荫比例、露天停车场遮荫比例 3 个可选指标选取 1 个指标。

（一）工业固体废物（含危废）处置利用率（必选）

指标解释：园区范围内各工业企业安全处置、综合利用及安全储存的工业固体废物量（含危险废物）之和与当年工业固体废物总产生量的比值。

计算公式：工业固体废物(含危废)处置利用率(%)＝园区当年工业固体废物处置利用量(含危险废物)(t)/园区当年工业固体废物总产生量(t)×100%。

（二）万元工业增加值碳排放量消减率（必选）

指标解释：园区内工业企业产生单位工业增加值所排放的二氧化碳当量的创建期年均消减率。创建期是指绿色园区创建周期。

计算公式：万元工业增加值碳排放量消减率(%)＝$\{1-[$验收年单位工业增加值二氧化碳排放量($t_{CO_2 e.q.}$/万元)/创建基准年单位工业增加值二氧化碳排放量($t_{CO_2 e.q.}$/万元)$]^{1/\text{创建周期}}\}\times 100\%$。

（三）单位工业增加值废水排放量（必选）

指标解释：指园区单位工业增加值排放的工业废水量，不包括企业梯级利用的废水和园区内居民排放的生活废水。

计算公式：单位工业增加值废水排放量(t/万元)＝园区工业废水排放总量(t)/园区工业增加值总量(万元)。

（四）主要污染物排放弹性系数（必选）

指标解释：指园区内工业企业排放的各类主要污染物排放弹性系数的算术平均值。其中，主要污染物指从创建基准年到验收年，国家政策明确要求总量减排和控制的污染物，包括 COD、SO_2、氨氮、NO_x 等。某种主要污染物排放弹性系数，指园区内工业企业排放的某一种主要污染物排放总量的三年年均增长率与工业增加值三年年均增长率的比值。

计算公式：某种污染物排放弹性系数＝某种污染物排放量创建周期年均增长率（%）/园区工业增加值创建周期年均增长率（%）；主要污染物排放弹性系数＝主要污染物排放弹性系数之和/污染物个数。

（五）园区空气质量优良率（必选）

指标解释：指空气质量优良天数占全年天数的比例。空气质量优良等级按照 GB 3095《环境空气质量标准》确定。

（六）绿化覆盖率（可选）

指标解释：园区内各类绿地总面积与园区规划范围内用地总面积的比值。

计算公式：绿色覆盖率(%)＝园区内各类绿地总面积(m^2)/园区用地总面积(m^2)×100%。

（七）道路遮荫比例（可选）

指标解释：指道路两旁树冠垂直投影遮蔽的总阴影面积与步行道路总面积的比值。

计算公式：道路遮荫比例(%)＝道路两旁树冠垂直投影遮蔽的总阴影面积(m^2)/步行道路总面积(m^2)×100%。

（八）露天停车场遮荫比例（可选）

指标解释：指露天停车场树冠垂直投影遮蔽的总阴影面积与露天停车场总面积的比值。

计算公式：露天停车场遮荫比例(%)＝露天停车场树冠垂直投影遮蔽的总阴影面积(m^2)/露天停车场总面积(m^2)×100%。

七、运行管理绿色化指标（3 个必选指标）

运行管理绿色化指标包括绿色园区标准体系完善程度、编制绿色园区发展规划、绿色园区信息平台完善程度 3 个必选指标。

（一）绿色园区标准体系完善程度（必选）

指标解释：主要考核是否建立与其产业链和主导产业相适应的绿色园区标准体系，具体包括能源利用绿色化标准、资源利用绿色化标准、基础设施绿色化标准、产业绿色化标准、生态环境绿色化标准等；是否制定监管强制性绿色相关标准执行的有关制度文件；是否开展绿色相关标准的宣贯和培训等。

（二）编制绿色园区发展规划（必选）

指标解释：按照本实施方案的创建内容编制绿色园区发展规划，原则上每五年编制一次。

（三）绿色园区信息平台完善程度（必选）

指标解释：主要考核是否创建局域网；是否定期在园区管委会网站、局域网或相关网站上发布绿色园区建设和改造信息；是否在园区局域网上有园区主导行业清洁生产技术信息（主要包括原材料选择、节水、节能、环保等方面）、废物资源化技术信息、绿色建筑技术信息、绿色交通技术信息等。

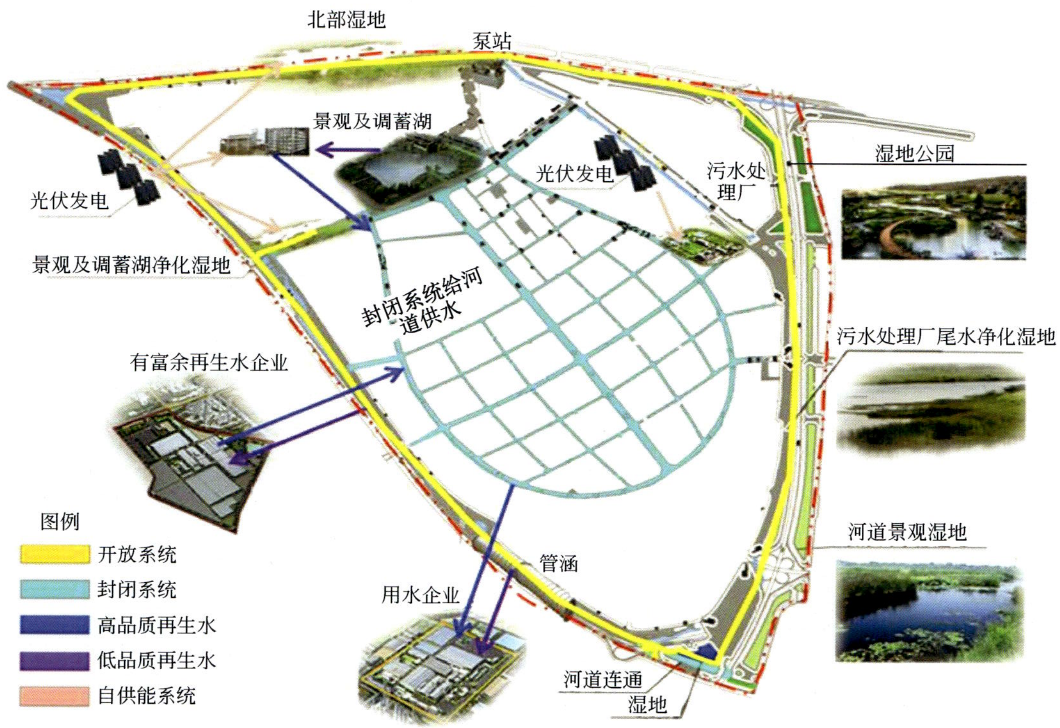

彩图 1　再生水总线水系循环和互补方式示意

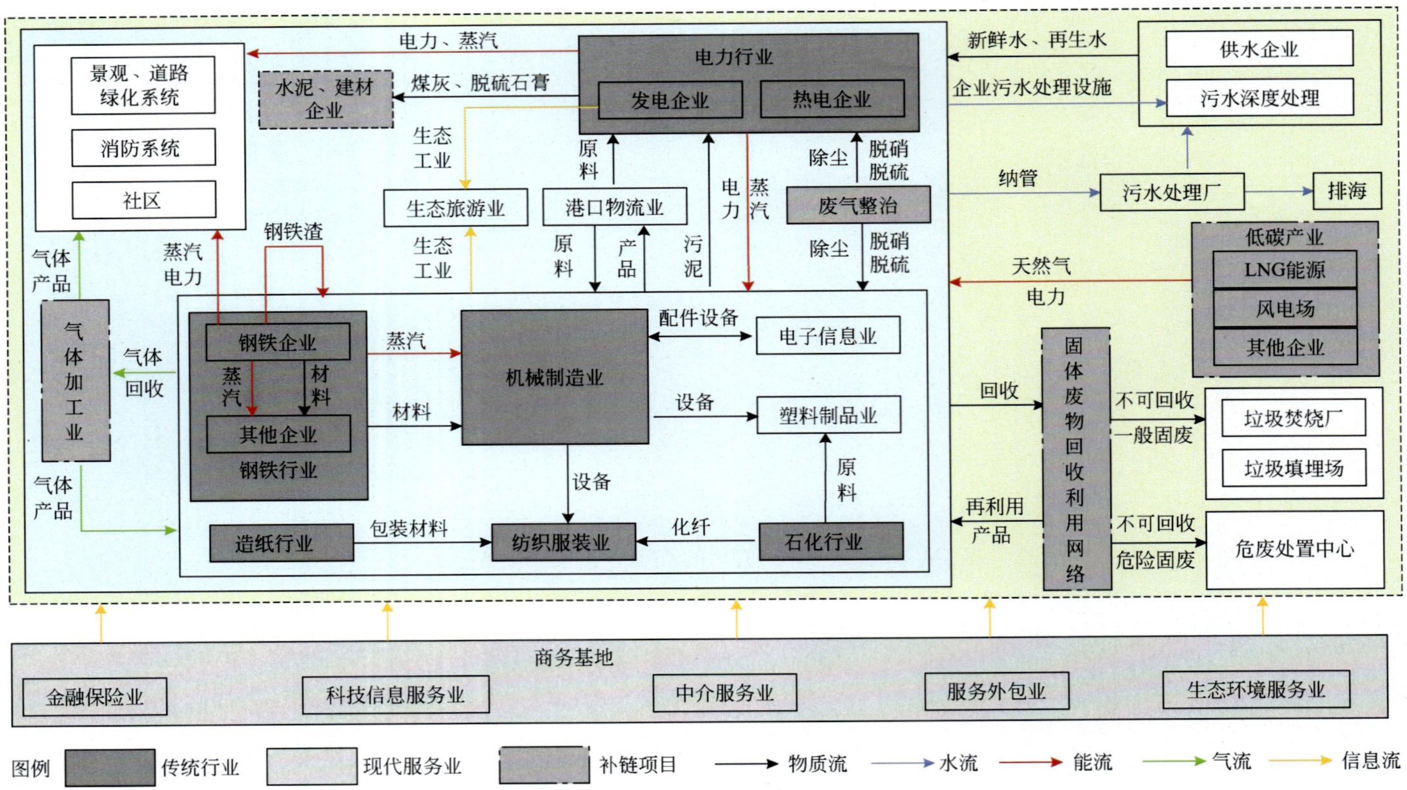

彩图2　N开发区多主导行业绿色循环产业链网示意（刘家平，2011）

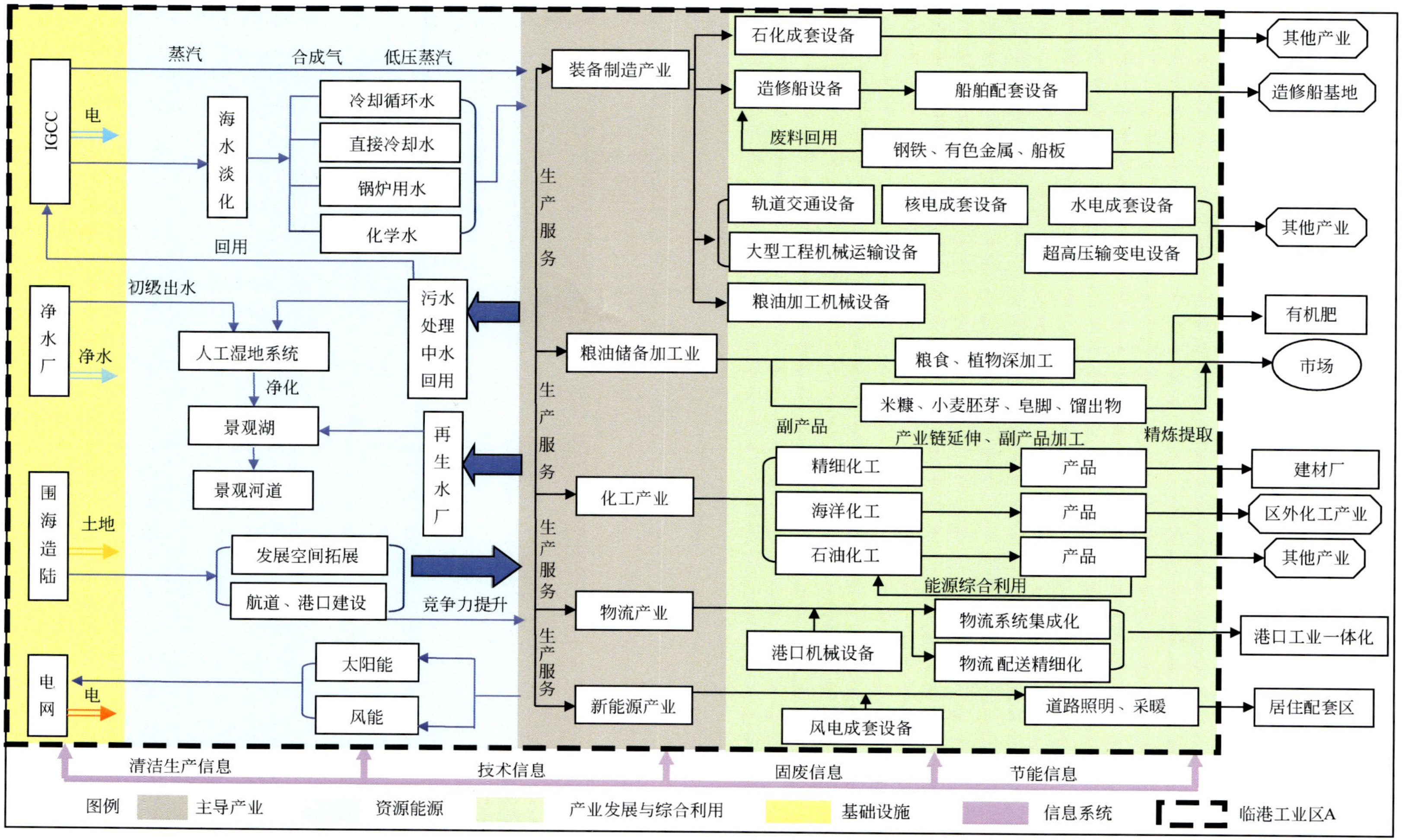

彩图 3　临港工业区 A 整体绿色循环体系示意

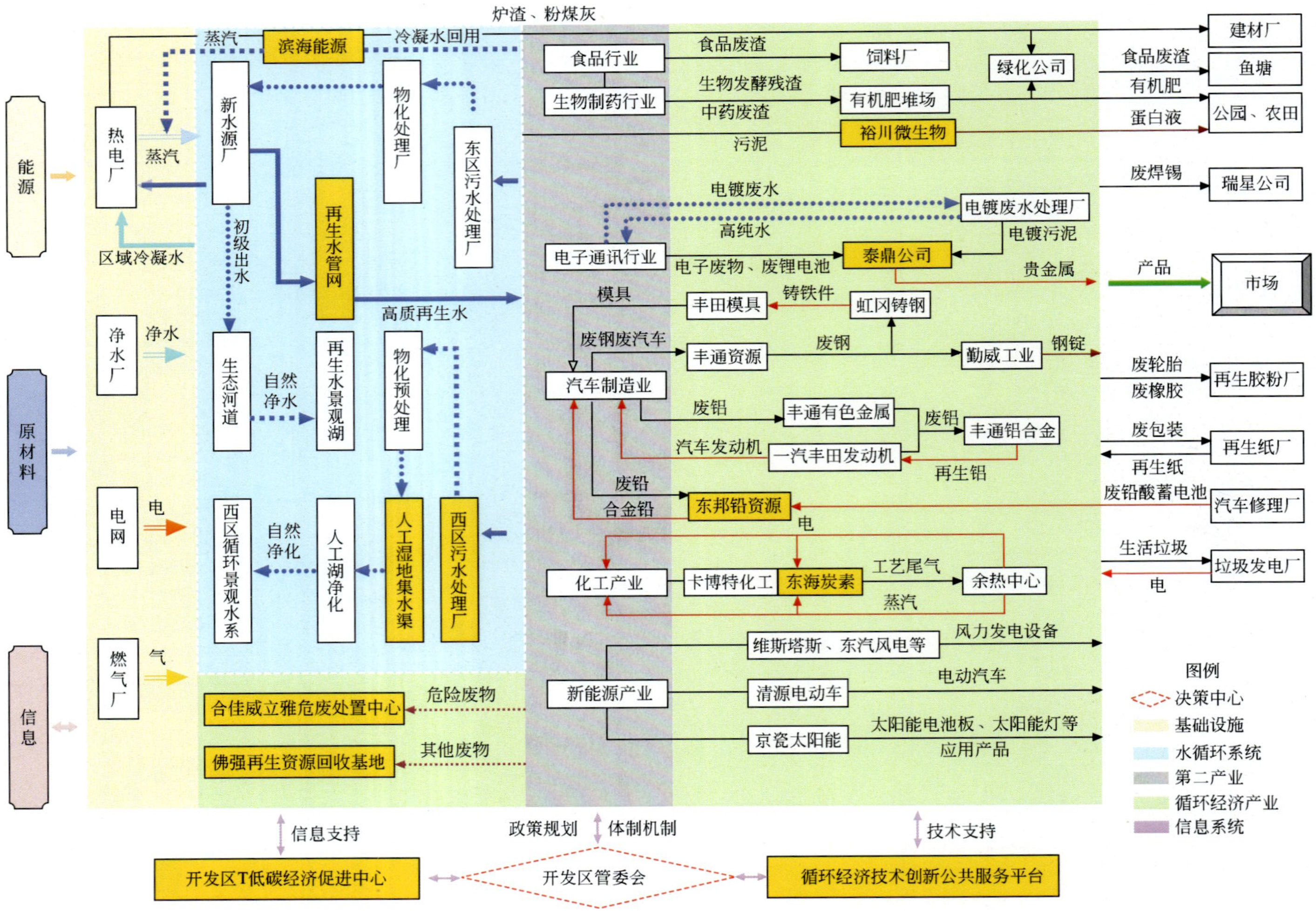

彩图 4　开发区 T 绿色循环低碳产业体系构建示意